Lee Strobel
Dem Himmel auf der Spur

Über den Autor

Lee Strobel hat viele Jahre als Journalist für die *Chicago Tribune* und andere Zeitungen gearbeitet. Von 1987 bis 2000 war er Pastor in der *Willow Creek Community Church*, anschließend lehrte er in der *Saddleback Church*. Danach widmete er sich verstärkt seiner Schriftstellertätigkeit. Bekannt wurde er vor allem durch den Bestseller *Der Fall Jesus*.
Lee Strobel und seine Frau Leslie sind seit 40 Jahren verheiratet. Sie haben zwei erwachsene Kinder und auch bereits eine Reihe von Enkeln.

LEE STROBEL
DEM HIMMEL AUF DER SPUR

Ein Journalist auf der Suche nach Indizien für ein Leben nach dem Tod

Aus dem Englischen von Martina Merckel-Braun

Inhalt

Einleitung: Können wir wissen, dass es einen Himmel gibt?	9
Kapitel 1: Das Verlangen nach Unsterblichkeit	15
Kapitel 2: Auf der Suche nach der Seele	41
Kapitel 3: Nahtoderfahrungen	73
Kapitel 4: Die Pyramide zum Himmel	105
Kapitel 5: Der Himmel: eine Einführung	139
Kapitel 6: Sieben Fragen zum Himmel	165
Kapitel 7: Die Logik der Hölle	193
Kapitel 8: Kommen wir irgendwie um die Hölle herum?	219
Kapitel 9: Die Reinkarnations-Sensation	255
Kapitel 10: An der Schwelle zur Ewigkeit	289
Welche Schlussfolgerungen ergeben sich für uns?	307
Was passiert, nachdem wir gestorben sind?	319
Die Bibel über Tod und Himmel	323
Danke	329
Anmerkungen	331

*Für Nabeel Qureshi.
Wir sehen uns auf der anderen Seite!*

Einleitung

Können wir wissen, dass es einen Himmel gibt?

Ist das Sterben? Das ist wunderbar ... Die Erde weicht zurück ...

Der Himmel öffnet sich ... Gott ruft ... ich muss gehen.

Dwight L. Moody kurz vor seinem Tod

Meine Augen zuckten. Sie öffneten sich und versuchten, sich zu fokussieren. Mein Verstand war völlig verwirrt. Ich lag auf dem Rücken, ausgestreckt auf einer festen Unterlage, über mir grelles Licht. In meinem Blickfeld erschien ein Gesicht, das mich anschaute – ein Arzt mit heruntergezogener OP-Maske.

„Sie sind nur einen Schritt vom Koma entfernt", sagte er, „und zwei Schritte vom Tod."

Meine Augenlider schlossen sich wieder. Ich glitt zurück in die Bewusstlosigkeit – eine willkommene Erlösung von den grotesken Halluzinationen, die mich gequält hatten.

Wenn wir in dem nebelhaften Zustand zwischen Leben und Tod schweben, ist die Frage nach dem Leben nach dem Tod nicht länger ein nüchternes wissenschaftliches Thema, das man erforschen, analysieren und diskutieren kann. Himmel und Hölle und die Frage nach dem, was uns im Jenseits erwartet, sind plötzlich unglaublich wichtig. Sie sind das Einzige, was zählt.

Ich weiß, was Sie jetzt denken: *Der arme Kerl, er wäre fast gestorben.* Wollen Sie wissen, was *ich* denke? *Warte mal ab, bis du in diese Situation kommst!*

Denn das werden Sie. Auf die eine oder andere Weise – vielleicht schon nächste Woche, vielleicht aber auch erst in ein paar Jahrzehnten – werden Sie sich der Grenze nähern, die die Gegenwart von der Ewigkeit trennt. Was werden Sie vorfinden, wenn Sie aus dieser Welt heraustreten? Ist dann alles vorbei und Ihre Existenz ist einfach ausgelöscht? Oder werden Sie ein dunkles Reich voller Reue und Schuldzuweisungen betreten? Oder werden Sie eine Realität vorfinden, die lebendiger, begeisternder, lohnenswerter und *realer* ist als alles, was Sie je gekannt haben? In jenem Moment, in jenem existenziellen Übergangszustand, wird es nichts mehr geben, das wichtiger ist als die Antwort auf diese Frage. Und wenn sie einmal so wichtig sein wird: Würde es sich da nicht lohnen, sich schon jetzt damit zu befassen?

Als ich Atheist war, dachte ich, ich wüsste, was mich erwartet, wenn mein Herz aufhört zu schlagen und meine Hirnwellen abflachen. *Nichts.* Ich würde aufhören zu existieren. Die Welt würde sich weiterdrehen, aber ich wäre nicht mehr dabei. Es war schwierig – und beunruhigend –, sich das vorzustellen.

Nachdem meine Frau verkündet hatte, dass sie sich entschlossen hatte, Jesus nachzufolgen, versuchte ich mithilfe meiner journalistischen und juristischen Fachkenntnisse herauszufinden, ob es irgendwelche schlüssigen Beweise dafür gab, dass am Christentum oder irgendeiner anderen Religion etwas dran ist. Nach fast zwei Jahren kam ich zu dem Ergebnis, dass es sehr überzeugende Hinweise darauf gibt, dass Jesus tatsächlich der wahre, einzigartige Sohn Gottes ist. Ich hängte meine Karriere als Journalist an den Nagel, um anderen von dem zu erzählen, was ich herausgefunden hatte.

Der christliche Glaube vermittelte mir ein völlig anderes Bild von der Ewigkeit. Die Bibel berichtet davon, dass wir nach unserem Tod in eine äußerst lebendige Sphäre eintreten. Obwohl die Hinweise darauf überall in der christlichen Theologie zu finden sind, hatte ich nie wirklich unter die Lupe genommen, ob es eindeutige Beweise oder logische Gründe gab, die diese Vorstellung von der Existenz eines Himmels untermauerten. Ich ließ das Thema eine Zeit lang auf sich beruhen. Ich war schließlich jung und gesund.

Dann kam jener Donnerstagabend im Sommer 2011, an dem mich Leslie bewusstlos auf dem Schlafzimmerboden fand. Der Rettungswagen brachte mich in ein nahe gelegenes Krankenhaus, wo mir der Arzt in der Notaufnahme die schreckliche Mitteilung machte, dass ich am Abgrund des Todes stand.

Es stellte sich heraus, dass ich unter der seltenen Elektrolytstörung Hyponatriämie litt, bei der es zu einem gefährlichen Abfall des Natriumspiegels im Blutserum kam, der mein Gehirn anschwellen ließ und mir das Lebenslicht auszublasen drohte. Plötzlich genügte es nicht länger, ein paar vage Vermutungen hinsichtlich der kommenden Welt zu hegen. Es genügte nicht länger, auf ein paar theoretische Glaubenssätze zurückzugreifen, die ich nie wirklich einer Prüfung unterzogen hatte. Ich musste mit Sicherheit wissen, was passiert, wenn ich in dieser Welt zum letzten Mal die Augen schließe.

Auf der Suche nach Beweisen

Nachdem ich mich von meinem medizinischen Trauma erholt hatte, beschloss ich, mich auf die Suche zu machen und Antworten auf die Fragen über das Leben nach dem Tod zu finden, die mir echten Halt und Trost geben würden. Ich reise nach South Bend, Indiana, und Portland, Oregon, nach San Antonio, Denver, Chicago und darüber hinaus, um mich mit Wissenschaftlern zu treffen und sie darüber auszufragen, woher sie das, was sie über dieses entscheidende Thema zu sagen haben, eigentlich wissen.

Ich sprach mit ihnen über den Himmel und über viele andere Themen: Kann die Neurowissenschaft uns verraten, ob wir eine Seele haben, die den Zerfall unseres Körpers überlebt? Können die faszinierenden Berichte von Nahtoderfahrungen uns Einblick in unsere Zukunft geben? Welche Informationen können Physik, Geschichte und Philosophie uns darüber vermitteln, ob wir diese irdische Welt überleben werden? Und was ist mit Jesus, der eindeutig tot war und dann ein paar Tage später lebendig angetroffen wurde, wie zahlreiche Zeugen berichteten? Welches Licht könnte er in diese Angelegenheit bringen?

Ich wollte wissen, ob es vernünftig ist, daran zu glauben, dass wir für immer an einem wunderbaren, paradiesischen Ort leben werden. Und falls ja: Wer kommt dann überhaupt in den Himmel? Manche Christinnen und Christen glauben ja, dass jeder eine Fahrkarte in den Himmel bekommt – sogar unsere Hunde. Und was ist mit der schrecklichen Realität jenes „anderen Ortes"? Wäre es nicht humaner, wenn Gott die Menschen, die auf dem Weg in die Hölle sind, einfach auslöschen würde, statt sie in alle Ewigkeit leiden zu lassen? Immer mehr Pastoren vertreten diese Ansicht.

Ich erforschte auch Alternativen zur christlichen Weltsicht – zum Beispiel die Reinkarnationslehre. Sollten wir nicht auf

Menschen hören, die behaupten, dass sie früher schon einmal gelebt haben? Vielleicht ist das Leben ja wirklich ein endloser Kreislauf, so wie fernöstliche Religionen lehren – eine unaufhörliche Abfolge von Geburt und Tod, bis wir am Ende in das Nirwana, die absolute Ruhe, eingehen? Millionen von Menschen glauben, dass es sich so verhält.

Seien wir ehrlich: Es gibt viele widersprüchliche Ansichten über das Leben nach dem Tod – und manchmal sind religiöse Führer keine große Hilfe. Als Serene Johnson, die Präsidentin des *Union Theological Seminary* in New York, von einem Reporter gefragt wurde, was passiere, wenn wir sterben, waren ihre ersten Worte: „Ich weiß es nicht! Vielleicht kommt noch etwas, vielleicht kommt auch nichts mehr."[1]

Wenn Sie einer zufälligen Auswahl von Amerikanern dieselbe Frage stellen, wird jede(r) Sechste die Schultern zucken. Sie haben keine Ahnung, was nach dem Tod passiert. Nur eine knappe Mehrheit (54 Prozent) glaubt, dass sie in den Himmel kommen wird.[2]

Was die Atheisten betrifft, so hege ich den Verdacht, dass viele von ihnen häufiger über den Tod nachdenken, als sie zugeben würden. Zumindest tat ich das, als ich ein Skeptiker war und mitten in der Nacht an die Decke starrte und bei der Vorstellung erschauerte, dass mein Körper am Ende ausgelöscht werden würde.

„Die Angst vor dem Tod ist für mich der bei Weitem erschreckendste und beunruhigendste Aspekt des Atheismus", meinte ein Humanist in der Zeitschrift *The Atlantic*. „Der Tod betrifft mich im tiefsten Inneren."[3] Selbst der agnostische Neutestamentler Bart Ehrman gab zu: „Die Angst vor dem Tod hatte mich jahrelang im Griff, und es gibt immer noch Momente, in denen ich nachts schweißgebadet aufwache."[4]

Wenn ihr Ende naht, werden viele Menschen von einer namenlosen Furcht gepackt, weil sie nicht die geringste Ahnung haben, was sie als Nächstes erwartet. Ein Autor berichtet, dass er einen 31-jährigen Freund auf dem Sterbebett fragte, wie es sei zu sterben. „Ich weiß es nicht", antwortete der Mann. „Ich weiß es wirklich nicht. Manchmal hat es den Anschein, als käme irgendwie eine Dunkelheit auf mich zu. Und manchmal kommt es mir vor, als wäre da überhaupt nichts."[5]

Das ist nicht gerade poetisch, aber es ist ehrlich. Er hatte keine Ahnung, was in diesen schicksalhaften Momenten mit ihm geschehen würde. Was war in dieser geheimnisvollen Dunkelheit verborgen, die auf ihn zukam? Was würde er spüren, nachdem er seinen letzten Atemzug getan hatte?

Mal ehrlich: Gibt es etwas Wichtigeres als die Antworten auf solche und ähnliche Fragen? Würden Sie sich nicht lieber jetzt mit diesen Themen beschäftigen, statt später auf dem Totenbett von Ihren Ängsten gequält zu werden? Denken Sie darüber nach, wie sich Ihr Leben heute verändern könnte – Ihre Prioritäten, Ihre Entscheidungen, Ihre Weltsicht –, sobald Sie Gewissheit darüber haben, was Sie erwartet, wenn Ihre Zeit auf dieser Erde abgelaufen ist. Denn wenn es wirklich ein Leben nach dem Tod gibt, dann wird es sicher sehr viel länger sein als Ihr aktuelles – und zwar eine Ewigkeit lang.

Aus diesem Grund möchte ich Sie einladen, gemeinsam mit mir auf Entdeckungsreise zu gehen. Prüfen Sie die Hinweise. Ziehen Sie Ihre Schlussfolgerungen. Suchen Sie offen nach der Wahrheit. Und finden Sie Ihre eigene, gut begründete Antwort auf die Frage, ob es einen Himmel gibt.

Kapitel 1

Das Verlangen nach Unsterblichkeit

Das verzweifelte Bemühen,
uns selbst zu überleben

Wie kann ich zur Ruhe kommen, wie kann ich Frieden finden? Verzweiflung ist in meinem Herzen ... Ich habe Angst vor dem Tod.
Gilgamesch-Epos (ca. 2100 v. Chr.),
ältestes bekanntes literarisches Werk

Keine Gottheit wird uns retten; wir müssen uns selbst retten.
Humanistisches Manifest II.

Es war eine Predigt des berühmten Evangelisten Billy Graham über Himmel und Hölle, die einen verängstigten Jungen namens Clay Jones zum Glauben an Jesus führte. Der Sohn eines Atheisten und Astrologen, von Kind an kränklich und von seinen Mitschülern gehänselt, beschrieb sich selbst als „rebellischen kleinen Wicht". Grahams Evangelisationsreise durch Südkalifornien wurde zum Wendepunkt seines Lebens.

Im Laufe der Zeit wurde Jones ein völlig neuer Mensch. Er heiratete seine Jugendliebe Jean E. und wurde Pastor und Hochschullehrer. Dann kam der Telefonanruf, der seine Welt erschütterte – Fachärzte hatten endlich die Ursache seiner Rückenschmerzen gefunden. Die Nachricht war niederschmetternd: Er litt an einer aggressiven Form von Knochenkrebs, die 100 Prozent ihrer Opfer innerhalb von zwei Jahren umbringt.

Drücken Sie kurz auf die Pausentaste. Versuchen Sie sich vorzustellen, Sie bekämen einen solchen Anruf. Wie würden Sie reagieren? Welche Gefühle würden in Ihnen hochkommen? Was wäre das Erste, was Sie tun würden?

Bei Clay und Jean E. war das Folgendes: Ihnen liefen Tränen übers Gesicht. Sie hielten sich an den Händen und dankten Gott gemeinsam für das, was er in ihrem Leben getan hatte, und dafür, dass er die Situation unter Kontrolle hatte. Sie beteten für Heilung.

„Das klingt wahrscheinlich seltsam", erzählte Jones später, „aber ich hatte keine Angst zu sterben. Manche spotten, wenn ich das sage, aber es ist wahr. Ja, ich war traurig darüber, dass ich meine Frau zurücklassen müsste. Aber wissen Sie, ich hatte ein klares Bild vom Himmel, und *das* machte einen Riesenunterschied. Genau, wie Paulus gesagt hat: ‚Christus ist mein Leben und Sterben ist mein Gewinn.'[1] Das Schlimmste, was passieren konnte, war, dass ich zu Gott kommen und für immer in seiner wunderbaren Gegenwart leben würde."

Wie jemand auf erschütternde Nachrichten wie diese reagiert, hängt von seiner (ihrer) Weltanschauung ab. Wenn es keinen Gott gibt, gibt es auch keine Hoffnung. Irvin D. Yalom, Psychiater an der Universität Stanford, sagt: „Trotz aller entschiedenen, aufrichtigen Abwehrversuche können wir die Furcht vor dem Tod nie völlig überwinden; sie ist immer gegenwärtig und lauert in irgendeiner verborgenen Gehirnwindung."[2] Tatsächlich war der Wunsch, dem Tod ein Schnippchen zu schlagen und für immer zu leben, von jeher eine treibende Kraft der Weltgeschichte.

Um noch einmal auf Jones zurückzukommen: Ein paar Wochen nach dem ursprünglichen Anruf fand ein Spezialist heraus, dass man eine falsche Diagnose gestellt hatte. Jones litt tatsächlich an Knochenkrebs, aber es handelte sich um eine viel mildere Form, die operativ behandelt werden konnte. Heute gilt Jones seit mehr als 15 Jahren als geheilt.

Dennoch haben seine eigenen gesundheitlichen Ängste, die fortwährenden Erkrankungen in der Kindheit und der Tod mehrerer Freunde ihm besondere Einsichten in das Thema „Sterben" vermittelt.

Ich begab mich zu seinem einfachen Haus im mediterranen Stil nach Orange County, Kalifornien, um mit ihm über sein letztes Buch zu sprechen – ein ebenso tiefgründiges wie provozierendes Werk, dessen Titel genau beschreibt, worüber ich mit ihm diskutieren wollte: *Immortal: How the Fear of Death Drives Us and What We Can Do about It* (dt.: *Unsterblich: Wie die Angst vor dem Tod uns antreibt und wie wir mit ihr umgehen können*).[3]

Interview Nr. 1: Dr. Clay Butler Jones, Theologe und Apologet

Jones verfügt über einen breit gefächerten Erfahrungsschatz als Führungsperson, Autor und Professor. Nachdem er an der *California State University* in Fullerton seinen Bachelor in Philosophie gemacht hatte, absolvierte er am *American Christian Theological Seminary* in Indianapolis sein Masterstudium und erwarb anschließend den Grad eines *Doctor of Ministry* an der *Trinity Evangelical Divinity School* in Illinois.

Er ist bekannt für seine Tätigkeit im Fachbereich Apologetik an der *Biola University* in Kalifornien, wo er seit 2004 lehrt. Am dazugehörigen *Talbot Seminary* lehrt er als außerordentlicher Professor zu verschiedenen Themen, unter anderem über die Auferstehung und die Frage, warum Gott das Böse zulässt. Zurzeit ist er dort als Gastdozent tätig.

Acht Jahre lang war er Moderator einer landesweit ausgestrahlten Radiosendung, zu der er Buddhisten, Scientologen, säkulare Humanisten, Muslime, Mormonen, Zeugen Jehovas und Vertreter anderer religiöser Strömungen einlud. Zurzeit ist er Vorstandsvorsitzender von *Ratio Christi*, einem christlichen Werk, das sich an mehr als 115 Colleges für den christlichen Glauben engagiert.

Sein 2017 erschienenes Buch *Why Does God Allow Evil?* (dt. *Warum Gott das Böse zulässt*) ist eine meisterhafte Abhandlung über ein bedrückendes Thema. Der Philosoph J. P. Moreland schrieb: „Jones nimmt furchtlos und fachmännisch alle schwierigen Fragen in Angriff. Er packt den Stier bei den Hörnern und weicht keinem Thema aus."[4] Der Apologet Frank Turek meinte, Jones' Buch über die Unsterblichkeit, das 2020 erschien, „könnte eines der wichtigsten Bücher sein, die Sie jemals lesen werden".[5]

Wir nahmen für unser Gespräch auf nebeneinanderstehenden Polstersesseln in Jones' Wohnzimmer Platz. Jones besitzt zwei Eigenschaften, die nur selten zusammen auftreten: einen glasklaren, analytischen Verstand und ein weiches, mitfühlendes Herz. Und ich kann nur bestätigen, was Moreland gesagt hat: Er packt den Stier bei den Hörnern und weicht keinem Thema aus. Er war lässig gekleidet, trat bescheiden auf und vertrat seine Überzeugungen mit Leidenschaft. Obwohl er schon über 60 war, war sein Haar noch fast schwarz (und leicht zerzaust), sein Bart hingegen war nahezu völlig ergraut.

Unser Gespräch dauerte ein paar Stunden. Wir vertieften uns in das Thema, wie sehr die Angst vor dem Tod die Menschen prägt und wie der Wunsch, Unsterblichkeit zu erlangen – welche Art von Unsterblichkeit auch immer –, viele Menschen unablässig umtreibt.

„Was hat Sie dazu veranlasst, sich mit diesem Thema zu beschäftigen?", fragte ich.

„Mir fiel das Buch ‚A Brief History of Thought' in die Hände, das der französische Philosoph und säkulare Humanist Luc Ferry verfasst hat", erklärte Jones. „Ferry schrieb: ‚Die Suche nach einer Erlösung ohne Gott steht im Mittelpunkt eines jeden großen philosophischen Modells, und es ist sein wesentliches und höchstes Ziel.'[6] Dieser Gedanke haute mich um. Er behauptete, dass das Kernanliegen der Philosophie die Suche nach einer Möglichkeit sei, den Tod ohne Gott zu bewältigen. Ich musste in Erfahrung bringen, ob andere Philosophen das auch so sahen."

„Und was haben Sie herausgefunden?"

„Dass Philosophie sich tatsächlich zu einem großen Teil mit dem Versuch beschäftigt, die Angst vor dem Tod zu überwinden. Plato schreibt zum Beispiel, dass sein Lehrer Sokrates in den letzten Stunden vor seinem Tod gesagt hatte: ‚In der Tat ... üben sich diejenigen, die die Philosophie richtig betreiben, in der Kunst des Sterbens.'[7] Der Philosoph Michel de Montaigne schrieb einen Essay mit dem Titel: ‚Zu philosophieren bedeutet, sterben zu lernen', in dem er sagte, dass alle Weisheit dieser Welt letztlich darauf abzielt, uns die Angst vor dem Tod zu nehmen.[8] Der deutsche Philosoph Arthur Schopenhauer sagte sinngemäß, wenn es den Tod nicht gäbe, würden die Menschen sich wohl kaum mit Philosophie beschäftigen.[9]

Philosophen, Anthropologen, Psychologen, Soziologen und Psychiater – sie alle befassen sich mit der Frage, wie der Tod sich auf unser Verhalten auswirkt", fuhr er fort. „Das Buch des Kulturanthropologen Ernest Becker ‚The Denial of Death' hat 1974 den Pulitzerpreis gewonnen.[10] Becker sagt, ‚die Vorstellung des Todes, die Angst vor ihm, verfolgt das menschliche Tier wie nichts anderes: Sie ist der Ursprung aller menschlichen Aktivität.'[11] Seine Grundprämisse war, dass jeder Mensch Angst vor seinem eigenen Tod hat und alles zu tun versucht, um diese zu kompensieren."

„Wie haben Ihre Freunde reagiert, als sie herausfanden, dass Sie ein Buch über den Tod schreiben?", erkundigte ich mich.

Jones grinste. „Sie meinten abwehrend: ‚Ich habe keine Angst vor dem Tod.'"

„Haben sie damit die Wahrheit gesagt?"

„Sie haben zumindest nicht direkt gelogen – weil sie nicht über ihren eigenen Tod nachdenken. Sie verdrängen ihn einfach."

„So lange, bis sie Schmerzen in der Brust bekommen", vermutete ich.

Er deutete auf mich, als hätte ich den Jackpot geknackt. „Bingo", sagte er. „Dann steht die Angst vor dem Tod plötzlich direkt vor ihnen – und lässt sie nicht mehr los."

Verleugnung, Ablenkung, Depressionen

Clay Jones zitiert in seinem Buch Sozialwissenschaftler, die sagen, die Angst vor dem Tod sei eine treibende Kraft der Kultur – manche behaupten sogar, dass jede Form von Kultur ausschließlich auf ihr beruhe. Wie der Sozialtheoretiker Zygmunt Bauman schrieb: „Es gäbe vermutlich keine Kultur, wenn die Menschen sich ihrer Sterblichkeit nicht bewusst wären."[12]

„Und, übertreiben diese Experten?", fragte ich.

„Nicht wirklich", antwortete er. „In Hebräer 2,15 steht, dass Jesus gekommen ist, um Menschen ‚zu befreien, die ein Leben lang durch die Angst vor dem Tod geknechtet wurden'. Die Bibel bestätigt also, dass uns die Angst vor dem Tod zutiefst belastet. Und ich glaube wirklich, dass genau das einen Großteil des menschlichen Verhaltens motiviert. Wenn Menschen Jesus nicht kennen – wer soll sie dann von ihrer Knechtschaft befreien? Sie müssen einen Weg finden, um sich selbst zu befreien – und das führt zu allen möglichen Problemen."

„Zum Beispiel?"

„Die Angst vor dem Tod zieht eine Fülle von Reaktionen nach sich. Das erste Mittel, zu dem man greift, ist Verleugnung. Die Menschen verdrängen das Problem und sagen sich: ‚Ich bin die Ausnahme. Wenn die Wissenschaft weiterhin Fortschritte macht und wenn ich lange genug lebe, wird die Medizin alles heilen, was mein Leben bedroht.' Eine weitere beliebte Methode ist die Ablenkung. Wir zahlen Entertainern und Spitzensportlern Unsummen, weil sie so wertvoll für uns sind – sie lenken uns von der Tatsache ab, dass wir sterben werden."

„Und dann die Depressionen", fuhr er fort. „Die Aussicht, dass wir selbst und die Menschen, die wir lieben, einmal sterben werden, ist *der* Hauptgrund für Depressionen. Staks Rosch schreibt in der ‚Huffington Post': ‚Depressionen stellen für die atheistische Gesellschaft ein ernsthaftes Problem dar und viel zu oft haben diese Depressionen zum Selbstmord geführt. Das ist etwas, das viele von uns Atheisten nicht gern zugeben, aber es ist wahr.'"[13]

„Ich kann verstehen, dass jemand Depressionen bekommt, aber wieso begeht man deswegen Selbstmord?", fragte ich. „Die Leute bringen sich um, weil sie Angst vor dem Tod haben? Das ergibt doch keinen Sinn."

„Na ja, im Grunde übernehmen sie nur die Kontrolle über das, was *sie* unter Kontrolle hat. Der spanische Philosoph Miguel de Unamuno hat gesagt: ‚Der Selbstmörder tötet sich selbst, weil er nicht auf den Tod warten will.'"[14]

Jones zitiert in seinem Buch Forschungsergebnisse, die im *American Journal of Psychiatry* veröffentlicht wurden: „Menschen ohne religiöse Bindung unternahmen in ihrem Leben deutlich mehr Selbstmordversuche und kannten wesentlich mehr nahe Verwandte, die Selbstmord begangen hatten, als Menschen, die einer religiösen Gemeinschaft angehörten (...). Außerdem sahen Menschen ohne religiöse Bindung weniger Sinn in ihrem Leben."[15]

Nach meinem Interview mit Jones veröffentlichten Wissenschaftler der Universität Harvard eine neue Studie, die ergab, dass der Besuch von Gottesdiensten Todesfälle durch Selbstmord, Drogen und Alkohol dramatisch reduziert. Bei Menschen, die mindestens einmal in der Woche einen Gottesdienst besuchten, kam es viel seltener zu diesem sogenannten „Tod aus Verzweiflung" – die Rate sank um bei den Männern um 33 Prozent, bei den Frauen sogar um sagenhafte 68 Prozent im Vergleich zu Personen, die nie einen Gottesdienst besuchten.[16]

„Die Leute sprechen oft von einer Selbstmord-Epidemie", erklärte Jones. „Aber die wahre Epidemie besteht darin, dass die Menschen nicht länger daran glauben, dass es ein Leben nach dem Tod gibt. *Das* ist es, was immer mehr Menschen in die Verzweiflung stürzt."

Hören Sie das Krachen?

Ich nahm meine Bibel und las aus Prediger 3,11 den Satz vor, in dem es heißt, dass „Gott ... die Ewigkeit in die Herzen der Menschen gelegt" hat. Ich fragte Jones: „Wie verstehen Sie diese Passage?"

„Dass es mehr gibt als nur die Angst vor dem Tod", erwiderte er. „Wir wollen ewig leben. Das steckt in unseren Genen. Wir wollen die Ewigkeit verstehen, wir wollen einen Platz in der Ewigkeit haben, wir *brauchen* die Ewigkeit."

Ich merkte an: „Die Menschen versuchen, ohne Gott unsterblich zu werden, indem sie sich damit befassen, wie sie immer länger leben können. So wollen sie dem Tod ein Schnippchen schlagen. Der Zukunftsforscher Ian Pearson hat gesagt: ‚Wir können realistischerweise erwarten, dass wir bis 2050 imstande sind, unser Gehirn in eine Maschine herunterzuladen, sodass unser Tod keinen größeren Karriereknick mehr darstellt.'[17] Was sagen Sie dazu?"

Jones seufzte. „Es spricht eine Menge Verzweiflung aus diesen Worten – man sieht sie in den Bioläden, wo die Käufer an den Regalen entlanghasten und sorgfältig darauf achten, dass die Waren gentechnisch unverändert sind und nicht mit Antibiotika behandelt wurden, als ob das ihr Leben wesentlich verlängern könnte.

Ich war mal bei einer Versammlung, in der die Leute ein Buch darüber herumreichten, wie man es schaffte, nicht zu sterben. Ich sagte damals: ‚Wisst ihr, wenn die Wissenschaft imstande wäre, alle Krebsarten zu besiegen, würden die Menschen statistisch gesehen im Schnitt zwei Jahre und zwei Monate länger leben.' Ein Demograf der Universität Harvard hat das berechnet. Es macht überhaupt keinen Unterschied – Sie werden eben stattdessen an etwas anderem sterben."

„Und der Transhumanismus?", fragte ich und bezog mich dabei auf die Art und Weise, wie Wissenschaftler unseren Körper und unser Gehirn verändern wollen, damit wir länger leben. Der Milliardär Elon Musk experimentiert bereits damit herum, Computerchips in Gehirne zu implantieren.[18]

„Ja, der Tanshumanismus – oder Humanismus plus – sagt Folgendes: Weil wir Menschen bloß Moleküle in Bewegung sind, können wir die Synapsen des Gehirns mithilfe elektrischer Schaltkreise duplizieren, die noch erfunden werden müssen. Und dass sie unser Gehirn in einen Computer hochladen können, sodass wir Avatare in einer virtuellen Welt oder in einen Roboter verwandelt werden können. Natürlich ist das bloß Science-Fiction."

„Wieso?"

„Weil wir Schaltkreise bräuchten, die mit den Verbindungen in unserem Gehirn identisch sind. Es gibt beinahe eine Billiarde Verbindungen im Gehirn, und wir sind noch nicht all ihren Geheimnissen auf die Spur gekommen. Wie ein Experte gesagt hat: Das Gehirn auf einem Computer nachzubilden ist nicht dasselbe, wie tatsächlich ein Gehirn zu erschaffen. Außerdem haben sie es noch nicht einmal fertiggebracht, das Gehirn eines Fadenwurms zu reproduzieren, das aus lediglich 302 Neuronen besteht. Ein anderer Experte hat gesagt, selbst wenn die Aufgabe zu 99 Prozent von künstlicher Intelligenz übernommen würde, würde es tausend Jahre dauern, das Gehirn zu kartografieren."

„Und außerdem", fügte er hinzu, „selbst wenn wir etwas erschaffen könnten, das genauso aufgebaut ist wie unser Gehirn, hat niemand eine Ahnung, wie ein solches System auch ein Bewusstsein haben könnte. Mal ehrlich: Wissenschaftler können nicht erklären, wie Dinge vom Unterbewusstsein ins Bewusstsein rücken. Selbst Michael Shermer von der Zeitschrift *Skeptic* sagt: ‚Wir wissen immer noch nicht, was die Basis des Bewusstseins ist.'[19] Wir sind mehr als unser Gehirn – unser Bewusstsein ist unser eigentliches Selbst, unsere wahre Identität. Darum ist diese ganze Geschichte nicht mehr als ein Wunschtraum."

Ich fragte Jones nach der Kryonik, einem Verfahren, bei dem man jemanden nach seinem Tod einfriert und ihn dann wieder auftaut, wenn die Wissenschaft ein Heilmittel für das gefunden hat, woran er gestorben ist. Theoretisch könnte man diesen Prozess endlos wiederholen. So sind zum Beispiel der Kopf und der Körper des bekannten Baseballspielers Ted Williams, der 2002 gestorben ist, in zwei unterschiedlichen Gefäßen mit flüssigem Stickstoff eingefroren. Seine Tochter sagte, Kryonik sei „wie eine Religion, etwas, woran wir glauben können".[20]

Viele Berühmtheiten haben gesagt, dass sie dieses ultimative Eisbad nehmen wollen, wenn sie sterben, so auch der Talkmaster Larry King, der nicht an ein Leben nach dem Tod glaubt. Er sagte in einer Sendung: „Die einzige Hoffnung, das einzige Fitzelchen Hoffnung besteht darin, sich einfrieren zu lassen."[21]

„Das bringt einen Haufen Probleme mit sich", erklärte Jones mir. „Zum einen muss man innerhalb von ein paar Minuten nach dem Tod eingefroren werden, sonst beginnt sich das Gehirn zu zersetzen. Das ist oft nicht gerade praktikabel. Und zum anderen gibt es da einen gewissen akustischen Bruch."

„Was meinen Sie damit?"

Jones beugte sich herüber und goss noch mehr Limonade über die Eiswürfel in meinem halb leeren Glas. Dann hielt er inne. „Hören Sie das Krachen?"

Ja, ohne Zweifel gab das Eis ein krachendes Geräusch von sich.

„Genau das passiert, wenn man versucht, ein Gehirn oder ein anderes Organ aufzutauen – *krach, krach, krach*", sagte er. „Niemand weiß, wie man dieses Brechen verhindern kann. Eine

Kryonik-Firma schlägt tatsächlich vor, die Teile zusammenzunähen oder zusammenzukleben. Das ist doch wohl ein Witz! Frankenstein lässt grüßen!"

„Warum funktionieren all diese Methoden zur Erlangung der Unsterblichkeit nicht?"

„Weil Gott bestimmt hat, dass jeder Mensch sterben muss. In Hebräer 9,27 steht, dass ‚es bestimmt ist, dass jeder Mensch nur einmal stirbt, worauf das Gericht folgt'. Adam und Eva beschlossen, das zu tun, wozu sie Lust hatten. Sie setzten sich über das Gebot Gottes hinweg und seitdem besuchen wir Menschen Beerdigungen. Wir *werden* sterben. Die große Frage ist jetzt: Wie können wir sicherstellen, dass wir die Ewigkeit mit Gott verbringen?"

In den Kindern weiterleben

Eine der faszinierendsten Erkenntnisse in Jones' Buch ist, dass unser menschliches Verhalten teilweise dadurch motiviert ist, dass wir versuchen, in irgendeiner Form *symbolische Unsterblichkeit* zu erlangen. Mit anderen Worten: Weil wir körperlich nicht ewig leben können, bemühen wir uns verbissen darum, ein Vermächtnis zu hinterlassen oder etwas in dieser Welt zu bewegen, damit zumindest die Erinnerung an uns für immer lebendig bleibt.

Der Philosoph Sam Keen schrieb, Menschen versuchten, „den Tod zu überwinden, indem sie an etwas teilhaben, das bleibende Bedeutung hat. Wir erlangen eine Art Ersatzunsterblichkeit, indem wir uns selbst aufopfern, um ein Reich zu erobern, einen Tempel zu errichten, ein Buch zu schreiben, eine Familie zu gründen, Reichtümer anzuhäufen, Fortschritt und Wohlstand der Gesellschaft zu fördern, eine Informationsgesellschaft und einen freien globalen Markt zu erschaffen."[22]

Ein Förderer dieser Strategie war Edwin S. Shneidman, der erste Professor für Todesforschung an der Universität von Kalifornien in Los Angeles. „Ein positives Nach-Selbst zu hinterlassen ist ein äußerst lohnendes Lebensziel", schrieb er. „Den eigenen letzten Atemzug zu überleben! Auf den Nachrufseiten der ‚New York Times' geehrt zu werden. Eine Zukunft in der Nachwelt zu haben; einen Hauch von sich selbst über den eigenen Tod hinaus zu retten. Dem Vergessen zu entkommen, die eigene Existenz zu überleben, ist ein hehres, vernünftiges Ziel."

Er fügte hinzu: „Zu enden, als wäre man nie da gewesen, aus dem Leben zu scheiden ohne die Hoffnung, in der Erinnerung eines anderen zu überleben, aus den Aufzeichnungen der Geschichte gelöscht zu werden – dieses Schicksal ist buchstäblich schlimmer als der Tod."[23]

Wirklich? *Buchstäblich* schlimmer als der Tod? Das war eine steile Aussage. „Können Sie mir ein paar besonders beliebte Methoden nennen, wie die Menschen versuchen, symbolische Unsterblichkeit zu erlangen?", wollte ich von Jones wissen.

„Kinder zu bekommen oder zu adoptieren ist ein häufig beschrittener Weg – der Versuch, durch die eigenen Kinder weiterzuleben", antwortete er. „Nathan Heflick hat das sehr prägnant in ‚Psychology Today' formuliert: ‚Warum bekommen wir Kinder? Ein Grund ist der, dass wir dadurch das drohende Gespenst des Todes besiegen wollen.'[24] Der große Schauspieler Peter Ustinov hat einmal gesagt: ‚Kinder sind die einzige Art der Unsterblichkeit, derer wir sicher sein können.'"[25]

„Und warum funktioniert das nicht?", fragte ich.

„Zählen Sie einfach eins und eins zusammen. Unsere Gene verflüchtigen sich mit jeder Generation. In der zwanzigsten Generation haben Ihre Nachkommen nur noch 0,000004 Prozent

Ihrer Gene. Das ist im Grunde nichts. Und angesichts der Tatsache, dass Gene in Blöcken weitergegeben werden, die teilweise dominant und teilweise rezessiv sind, ist es unwahrscheinlich, dass *überhaupt* irgendwelche Ihrer Gene so lange überleben."

„Was ist mit den Erinnerungen, die durch Generationen hindurch weitergegeben werden?"

Jones lächelte. „Kennen Sie die Vornamen Ihrer Ururgroßeltern?"

Ich kam mir wie ein Depp vor. „Äh, nein, leider nicht."

Er klopfte mir ermutigend auf die Schulter. „Machen Sie sich nichts draus", sagte er. „Wenn ich vor einem Hörsaal voller Studenten stehe, stelle ich ihnen oft die Frage, ob sie die Vornamen ihrer Ururgroßeltern kennen – und bis jetzt hat nur einer von ihnen Ja gesagt. Dann frage ich, ob einem von ihnen seine Ururgroßeltern irgendetwas bedeuten, und die Antwort ist Nein. Kein Einziger von ihnen hat diese Frage jemals mit Ja beantwortet. *Niemandem liegt etwas an den Ururgroßeltern!* So viel zu dem Versuch, durch die eigene Familie weiterzuleben."

Jones fügte hinzu, dass seiner Beobachtung nach immer mehr Menschen Ahnenforschung betreiben. „Das ist eine andere Art und Weise, wie wir versuchen, ewig zu leben – wenn Sie Ihre Vorfahren ehren, könnten sich Ihre Kinder oder Enkelkinder verpflichtet fühlen, *Ihr* Andenken zu wahren. Aber das ist sinnlos, denn *Sie sind trotzdem tot!*", insistierte er und hob seine buschigen Augenbrauen. „Selbst wenn Sie eine Zeit lang in der Erinnerung Ihrer Angehörigen weiterleben, verleiht Ihnen das keine wahre Unsterblichkeit."

Fünfzehn Minuten Ruhm

Clay Jones zitiert in seinem Buch einen Austausch zwischen dem Atheisten Richard Wade und einer Skeptikerin namens Anne, die ihm schrieb, dass die Angst vor dem Tod bei ihr so schwere Panikattacken auslöste, dass sie jedes Mal kurz davor wäre, das Bewusstsein zu verlieren.

Wade antwortete, dass der Gedanke an den Tod ihm keine Probleme bereite, denn „ich hinterlasse ein vollständiges Erbe … meine Anwesenheit hat die Situation auf dieser Erde zum Guten verändert, und ich freue mich darauf, dass sie sie noch weiter verbessern wird".[26]

Jones erläuterte: „Was Wade dieser Frau im Wesentlichen riet, war, dass man sich bemühen soll, ein paar Dinge zu erreichen, bevor man stirbt, damit die Leute sich an einen erinnern. Das ist eine andere Form von symbolischer Unsterblichkeit – etwas zu erschaffen, von dem man annimmt, dass es bleibenden Wert hat."

„Wie oft kommt das vor?"

„Sehr oft", sagte er. „Und genau das veranlasst Menschen auch dazu, ein Meisterwerk zu malen, ein Gebäude zu entwerfen, eine Website zu kreieren oder ein Buch zu schreiben." Er lächelte mir zu und deutete in meine Richtung.

Dann nannte er mir noch weitere Beispiele. „Michelangelo soll gesagt haben: ‚Es wurde noch kein Gedanke geboren, der nicht das Siegel des Todes trägt.'[27] Eine der extravagantesten Loblieder auf das eigene Ego ist das Schloss Versailles in Frankreich – die größte Palastanlage der Welt mit einer Ausdehnung von über 8,15 Quadratkilometern. Ludwig XIV. ließ sie errichten, um seinen Namen der Nachwelt zu erhalten. Er teilte der ‚Academie Royale' mit: ‚Ich vertraue Ihnen das kostbarste Gut dieser Erde an, meinen Ruhm.'[28] Auch heutzutage können Sie, wenn Sie genug Geld haben, einem Gebäude einfach Ihren Namen geben – auch wenn der Schuss manchmal nach hinten losgeht."

„Wie meinen Sie das?"

„Als 1960 das ‚Lincoln Center for Performing Arts' in New York eröffnet wurde, erhielt die Konzerthalle den Namen ‚Philharmonic Hall'. Ein paar Jahre später erhielt man eine große Spende, um die Akustik zu verbessern, und man benannte die Halle nach Avery Fisher, dem Unternehmer und Musikmäzen, der Lautsprecheranlagen herstellte. Dann, 2015, wurde die Halle erneut renoviert und diesmal in ‚David Geffen Hall' umbenannt, nach einem Medienmogul, der die Namensrechte von der Avery-Fisher-Familie erworben hatte. Augenscheinlich legten Fishers Nachkommen keinen großen Wert auf die symbolische Unsterblichkeit ihres Vorfahren. Wie Sie sehen, kann diese Art von Ruhm ausgesprochen flüchtig sein."[29]

„Wir haben heutzutage eine echte Promi-Kultur", fuhr ich fort. „So viele Menschen tun alles, um berühmt zu werden und auf diese Weise eine Art symbolischer Unsterblichkeit zu erlangen."

„Genau. Und das nimmt manchmal ziemlich lächerliche Ausmaße an. Wie bei dem Typen, der es ins Guinnessbuch der Rekorde geschafft hat, weil er mit seinem Kopf die meisten Toilettensitze in der Minute zerbrochen hat."

„Sie machen Witze?!"

„Nein, insgesamt waren es sechsundvierzig. Ich weiß nicht, wie er überhaupt auf diese Idee gekommen ist. Jetzt hat er es zumindest in das Buch geschafft – jedenfalls so lange, bis er herausfliegt, weil jemand anderes irgendetwas noch Verrückteres hinkriegt. Ich erinnere mich daran, wie der Bürgermeister einer Stadt seine völlig aussichtslose Kandidatur auf die Präsidentschaft ankündigte. Ein Kommentator meinte, er hätte nicht die geringste Chance, aber immerhin würde es mal in seinem Nachruf stehen. Ich denke, das war es ihm wert."

Dann nannte Jones mir ein paradoxes Beispiel dafür, dass dieses Streben nach Ruhm selten langfristig von Erfolg gekrönt ist: „Wissen Sie noch, wie der Künstler Andy Warhol gesagt hat, dass in Zukunft jeder seine fünfzehn Minuten Ruhm haben wird?" Ich nickte. „Nun, 2004 hieß es in einer Fernsehwerbung: ‚Jemand hat mal gesagt, dass in Zukunft jeder seine fünfzehn Minuten Ruhm haben wird.' Sie haben einfach seinen Namen weggelassen. Selbst *dieser* Ruhm war schnell erloschen."

John Lennons Ruhm stehlen

Das Streben nach symbolischer Unsterblichkeit hat auch eine dunkle Seite. Manche Menschen sind so von dem Wunsch besessen, der Welt ihren Stempel aufzudrücken, dass sie sogar bereit sind, dafür Verbrechen zu begehen und Leben zu zerstören. Wie ein Serienmörder an einen Fernsehsender schrieb, bevor er gefasst wurde: „Wie viele muss ich töten, um ein bisschen … öffentliche Aufmerksamkeit zu bekommen?"[30]

Jones erzählte mir in diesem Zusammenhang die Geschichte des Artemistempels in Ephesus, der als eines der sieben antiken Weltwunder galt. Es dauerte 120 Jahre, ihn zu erbauen, und dann, 356 nach Christus, brannte ihn jemand in einem einzigen Tag bis auf die Grundmauern nieder. Der Betreffende wurde gefasst, und als man ihn fragte, warum er das getan hatte, sagte er: weil er berühmt werden wollte.

„Daraufhin erklärten die Behörden, dass sein Name für immer ausgelöscht werden würde – die sogenannte *damnatio memoriae* (Verfluchung des Andenkens). Diese Vorschrift besagte, dass jeder, der in Zukunft seinen Namen nannte, hingerichtet werden würde", meinte Jones. „So wollte man ihn aus der Geschichte streichen. Aber wissen Sie, was passiert ist? Heute kennen wir seinen Namen. Er lautet Herostratus. Über ihn sind Bücher und Dramen geschrieben worden. Von den Erbauern des Tempels dagegen wissen wir kaum etwas. Deren Namen sind zum größten Teil vergessen."

„Warum hat Mark David Chapman John Lennon getötet?", fuhr Jones fort. „Chapman erklärte ohne Umschweife, er hätte es getan, um Aufmerksamkeit zu bekommen und ‚um etwas von John Lennons Ruhm einzuheimsen'.[31] Er teilte der Bewährungskommission mit: ‚Dieses helle Licht des Ruhmes, der Schande, der Ruchlosigkeit war da, vor meinen Augen. Ich konnte ihm nicht widerstehen.'[32] Als das Baby von Charles Lindbergh entführt wurde, behaupteten mehr als zweihundert Personen fälschlicherweise, die Tat begangen zu haben.[33] Das zeigt, wie groß die Sehnsucht nach Aufmerksamkeit ist – auch negativer Aufmerksamkeit.

Tragischerweise erleben wir das viel zu oft", schloss er. „Der Amokschütze von Parkland, der siebzehn Menschen erschoss, hatte vor seiner Tat ein Video aufgenommen, in dem er sagte: ‚Wenn ihr mich in den Nachrichten seht, werdet ihr alle wissen, wer ich bin.'[34] Die Mörder der Lehrer und Schüler der Columbine High School haben im Vorfeld darüber spekuliert, welcher berühmte Regisseur wohl einen Film über sie drehen würde. Für solche Menschen gibt es keinen Gott, kein Gericht und kein Leben nach dem Tod. Was spricht also dagegen, sich einen glorreichen Abgang zu verschaffen und so einen Namen zu machen?"

Mir lief ein Schauer über den Rücken. „Letztendlich sind all diese Arten von symbolischer Unsterblichkeit extrem vergänglich, nicht wahr?"

„Das stimmt. Sie sind schließlich alle nur *symbolischer Natur* – man ist trotzdem tot, stimmt's? Letztendlich kann man nichts erreichen, was wirklich zählt. Der römische Kaiser Mark Aurel hat das treffend formuliert: ‚… diejenigen, die mehr dem Nachruhm nachgehen, bedenken nicht, dass die kommenden Geschlechter ebenso beschaffen sein werden wie die jetzigen, über die sie sich beschweren. Auch jene sind ja sterblich.'[35]

Seien wir ehrlich: Ruhm verblasst im Allgemeinen ziemlich schnell. Die meisten Verbrecher geraten in Vergessenheit. Unsere Leistungen verlieren an Bedeutung, weil andere anschließend mehr leisten als wir. Die große Mehrheit der Menschen, die sich verzweifelt bemühen, berühmt zu werden, scheitert. Diejenigen, denen es gelingt, einen gewissen Grad an Prominenz zu erlangen, müssen die Feststellung machen, dass sie ständig wachsam sein, sich abstrampeln und sorgfältige Schadensbegrenzung betreiben müssen, um ihren Status zu erhalten."

Er lächelte und setzte hinzu: „Fragen Sie einfach Madonna!"

Von Büchern und Schokoladentorte

Angesichts der Tatsache, dass die verschiedenen Versuche, ohne Gott unsterblich zu werden, so kläglich scheitern, schlagen viele Atheisten einen anderen Weg ein, um ihre Angst vor dem Tod zu überwinden. Vielleicht, sagen sie, ist Sterben ja gar nicht so schlecht. Vielleicht ist es tatsächlich *besser* als diese Vorstellung von der Unsterblichkeit. Vielleicht ist das Grab in Wirklichkeit ein Segen?

„Sie versuchen, die Angst vor dem Tod dadurch kleinzureden, dass sie behaupten, sie würden sowieso nicht ewig leben wollen", erklärte mir Jones. „Sie behaupten, ewig zu leben wäre schrecklich langweilig. Irgendwann würden uns die Ideen ausgehen, was wir noch alles Schönes tun könnten. Die endlose Wiederholung wäre anstrengend und würde uns in den Wahnsinn treiben."

Von Zeit zu Zeit haben Atheisten im Gespräch mit mir tatsächlich dieses Argument angeführt. Ihre Einstellung wird in einem Zitat auf den Punkt gebracht, das dem Science-Fiction-Autor Isaac Asimov zugeschrieben wird: „Wie groß die Qualen der Hölle auch sein mögen – ich glaube, die Langeweile im Himmel wäre weitaus schlimmer."[36]

„Natürlich ist das ein Scheinargument", meinte Jones. „Der Atheist Stephen Fry hat gesagt, eine leckere Torte zu essen oder ein gutes Buch zu lesen bereite uns großes Vergnügen, weil diese Dinge endlich sind. Aber ein Buch, das kein Ende hätte, und eine Torte, die man unaufhörlich weiteressen könnte, würden schnell ihren Reiz verlieren."[37]

Jones hob beschwörend die Hände. „Wer in aller Welt spricht von ständiger Wiederholung?", fragte er. „Wir könnten jetzt schon jeden Tag Schokoladentorte essen und irgendwann die Nase voll davon haben, aber wir tun es nicht. Wir ernähren uns abwechslungsreich und gönnen uns die Torte nur ab und zu. Und hat schon mal jemand von einem Buch gehört, das kein Ende hat? Alle guten Bücher haben einen Höhepunkt und einen Schluss – und wir lesen auch nicht immer wieder dasselbe Buch."

„Und außerdem", sagte er, „wenn es den Himmel wirklich gibt, dann wird Gott alles neu machen[38], und er wird beständig damit beschäftigt sein, für uns eine Welt zu erschaffen, die immer wieder neue Gründe zur Freude und viele Wunder enthält. Wenn Gott all die wunderbaren, atemberaubenden Dinge erschaffen kann, die es in unserem jetzigen Universum gibt, ist er sicherlich dazu imstande, den Menschen im neuen Himmel und auf der neuen Erde ein Leben zu schenken, das viele anregende und lohnende Erfahrungen beinhaltet und niemals langweilig wird."

Mir fiel ein Bibelvers ein, der genau das zum Ausdruck bringt: „Kein Auge hat je gesehen, kein Ohr je gehört und kein Verstand je erdacht, was Gott für diejenigen bereithält, die ihn lieben."[39] Jones nannte noch einen weiteren Ansatz, den Atheisten verfolgen, um den Tod kleinzureden: Sie sagen, Sterben sei gut, da es den Weg dafür frei mache, dass andere leben können. Der *Apple*-Mitbegründer Steve Jobs sagte in einer Ansprache anlässlich einer Abschlussfeier: „Der Tod ist wahrscheinlich die allerbeste Erfindung des Lebens, weil er das Alte wegräumt, um Platz für das Neue zu schaffen."[40]

Jones fügte hinzu: „Selbst wenn es stimmen würde, dass das Rettungsboot der Menschheit so voll ist, dass jemand im Eiswasser ertrinken muss, damit andere überleben können: Warum sollte uns das irgendwie trösten? Aber in Wahrheit ist es vollkommen irrelevant. Das ist nicht die Situation, in der wir uns befinden. Niemand muss heute sterben, weil wir nicht genügend Ressourcen haben."

„Ich war nicht. Ich war. Ich bin nicht. Ich sorge mich nicht."

Eine andere beliebte Methode, die Angst vor dem Tod in den Griff zu bekommen, geht auf den griechischen Philosophen Epikur zurück (341–270 v. Chr.). Dieser stellte im Wesentlichen die Frage: Warum sollte der Tod uns bedrücken, da es sich doch nur um dieselbe Art der Nichtexistenz handelt, die wir besaßen, bevor wir geboren wurden? Wenn dein präexistenter Zustand *vor* diesem Leben dir keine Sorgen bereitet hat, warum solltest du Angst davor haben, *nach* diesem Leben wieder in die Nichtexistenz zu versinken? Wie Jones in seinem Buch *Immortal* feststellte, lautete ein beliebter Spruch auf alten römischen Gräbern: „*Non fui, fui, non sum, non curo*" – „Ich war nicht. Ich war. Ich bin nicht. Ich sorge mich nicht."[41]

„Das Evangelium des Atheismus besagt …, dass nach dem Tod nichts mehr geschieht", meinte der Atheist Sam Harris vor einer Versammlung von Skeptikern. „Es gibt nichts, worüber man sich Sorgen machen müsste, nichts, wovor man sich fürchten müsste, wenn man nach dem Sterben wieder in das Nichts verwandelt wird, das man war, bevor man geboren wurde … Darum ist nicht der Tod das Problem. Das Leben ist das Problem."[42]

„Was antworten Sie auf dieses Argument?", wollte ich von Jones wissen.

„Wie der Philosoph Thomas Nagel schon gesagt hat: Das Problem ist nicht der Zustand der Nichtexistenz – das Problem ist der Verlust des Lebens", antwortete er. „Stellen Sie sich vor, man würde Ihnen sagen, dass Sie bald in den Geisteszustand eines kleinen Babys zurückfallen, das rundum zufrieden ist, solange sein Bäuchlein voll und seine Windel trocken ist. Damals waren Sie schließlich glücklich – also, warum sollten Sie nun nicht auch glücklich sein? Mal ehrlich, ich glaube nicht, dass das irgendjemanden trösten würde. Das Problem ist das, was einem genommen wird. Wie Nagel sagte: Wenn wir nur das Leben haben, dann würde ‚es zu verlieren der größte Verlust sein, den wir erleiden könnten'."[43]

Ich warf ein: „Natürlich beruht die Behauptung, dass nach dem Tod nichts mehr kommt, auf der Annahme, dass der christliche Glaube falsch ist."

„Genau", bestätigte Jones. „Wenn der christliche Glaube wahr ist – und wir haben gute Gründe, das anzunehmen –, dann erwartet uns nach dem Tod das Gericht. Dann gäbe es Konsequenzen für diejenigen, die Gottes Angebot ausgeschlagen haben. Uns erwartet nicht die Leere der Nichtexistenz – uns erwartet entweder eine Ewigkeit mit Gott oder die ewige Trennung von ihm. Das ist die *tatsächliche* Wahrheit, was das Thema ‚Unsterblichkeit' angeht."

„Seien wir ehrlich", setzte er hinzu, „Skeptiker behaupten gern, dass Christen das Christentum erfunden haben, um der Angst vor dem Tod zu entgehen. Aber schauen Sie sich mal all den Unsinn an, den sich Skeptiker einfallen lassen, um ihre eigene Angst vor dem Tod zu bewältigen. Das alles führt zu nichts. Wie ein Arzt in ‚Psychology Today' treffend schrieb: ‚Ich habe versucht, meine Angst vor dem Tod intellektuell zu überwinden, und bin zu dem Ergebnis gekommen, dass das nicht machbar ist, jedenfalls in meinem Fall.'"[44]

Jones fasst in seinem Buch zusammen, wie Atheisten die Ewigkeit ohne Gott sehen: „Wenn du stirbst, wird dein Bewusstsein ausgelöscht. Dein Körper wird verwesen, so wie es in dem Lied ‚The Hearse Song' so schön heißt: ‚Die Würmer krabbeln rein, die Würmer krabbeln raus, die Würmer tanzen Twist auf dir und höhl'n dich langsam aus.' Du kannst nicht darauf hoffen, die Menschen, die du liebst, wiederzusehen. Du wirst nie wieder die Gegenwart anderer Menschen genießen, dich nie wieder über Sonnenuntergänge, Strände, Wellen, Berge, Bäume, Rosen oder sonst irgendetwas freuen. Bald *wirst du ganz vergessen sein* oder allenfalls als kleine Fußnote der Geschichte enden. Aber selbst wenn du eine Fußnote der Geschichte bist, macht das wirklich einen Unterschied?"[45]

Ganz anders die Zukunftsaussichten, die das Christentum für die Menschen bereithält, die Jesus Christus nachfolgen: Gottes Gegenwart genießen und feiern. Wiedervereinigung mit unseren Lieben. Ein Leben ohne Tränen, Nöte und Ängste. Eine wunderbare Welt voller spannender Abenteuer und Entdeckungen. Zufriedenheit, Freude, Liebe – *für immer.*

Kein Wunder, dass sogar der atheistische Philosoph Luc Ferry zugibt: „Ich garantiere Ihnen, dass unter all den Lehren, die es zum Thema ‚Ewigkeit' gibt, keine mit dem Christentum konkurrieren kann – vorausgesetzt, dass Sie daran glauben."[46]

Und – wie ich noch hinzufügen würde – vorausgesetzt, dass es für unseren Glauben tragfähige Beweise gibt.

Das wichtigste Thema überhaupt

Jones hatte darauf hingewiesen, dass in Bezug auf unseren unvermeidlichen Tod falsche Hoffnungen, Wunschdenken, verzweifeltes Leugnen oder fruchtlose Anstrengungen wenig hilfreich sind, um auf irgendeine Weise ohne Gott eine Pseudounsterblichkeit zu erlangen. Falls der Himmel nur „ein Märchen für Menschen ist, die sich vor der Dunkelheit fürchten", wie der Physiker Stephen Hawking[47] es ausdrückte, sollten wir einen großen Bogen um diese trügerische Hoffnung machen.

Falls jedoch John Lennox, Professor an der Universität Oxford, recht hat, der sagt, dass „der Atheismus ein Märchen für Menschen ist, die sich vor dem Licht fürchten" – und dass es gute Gründe dafür gibt, daran zu glauben, dass unser Tod in dieser Welt die Tür zu einer viel großartigeren, ewigen Existenz sein kann –, dann ist das zweifellos das wichtigste Thema, mit dem wir uns beschäftigen können. Dieses Leben, und wenn es uns noch so viel bedeutet, ist ja nur ein Augenblick im Vergleich zu der grenzenlosen Unendlichkeit der Ewigkeit.

Jones und ich tranken unsere Limonade aus und standen auf. Gerade in diesem Moment kam seine Frau Jean E. ins Zimmer.

Jones stellte uns einander vor und sagte dann: „Wollen wir noch zusammen essen gehen?"

Das ließ ich mir nicht zweimal sagen. Ich freute mich auf ein zwangloses Essen und ein entspanntes Gespräch, bevor ich mich wieder meinem Thema zuwandte und den riesigen Berg an Forschungsarbeit erklomm, der vor mir lag.

Was Clay Jones über die allgemein verbreitete Sehnsucht nach Unsterblichkeit gesagt hatte, klang für mich überzeugend. Aber das bedeutete nicht, dass die christliche Sicht vom Leben nach dem Tod auch automatisch wahr war. Ich musste mich noch mit der Frage beschäftigen, ob die Annahme, dass wir nach dem Tod unseres Körpers weiterleben, wissenschaftlich begründbar ist. Würde das nicht voraussetzen, dass wir eine Seele besitzen, die weiterexistieren kann, nachdem wir unseren letzten Atemzug getan haben? Ich musste unbedingt in Erfahrung bringen, ob es wissenschaftlich überzeugende Beweise dafür gibt, dass wir Menschen einen solchen immateriellen Persönlichkeitsanteil besitzen.

Ich hatte vor Kurzem von einer Neurowissenschaftlerin gehört, die in Cambridge studiert hatte und möglicherweise überzeugende Antworten liefern könnte. Obwohl sie auf der anderen Seite des Ozeans in England lebte, würde die moderne Technik es uns ermöglichen, ein ausführliches Gespräch zu diesem Thema zu führen.

Ich war entschlossen, es Jones gleichzutun. Ich würde keinem schwierigen Thema ausweichen.

Kapitel 2

Auf der Suche nach der Seele

Haben wir nach dem Tod
ein Bewusstsein?

Die menschliche Seele ist für mich nun die einzige Realität.

Sir Charles Sherrington, Wissenschaftler und
Nobelpreisträger, kurz vor seinem Tod

Ralph Lewis war in einer jüdischen Familie in Südafrika aufgewachsen. Er hatte sich selbst immer als Skeptiker betrachtet, auch wenn er einige religiöse Rituale in der Synagoge schätzte. Er wurde Psychiater in Kanada und nahm eine Lehrtätigkeit an der Universität von Toronto auf.

Als seine Frau Karin mit Brustkrebs kämpfte, wurden beide Atheisten – auch wenn Karin durch „irgendeine Art von Fügung" und aufgrund glücklicher Umstände wieder gesund wurde. Atheismus war für ihn der nächste logische Schritt, der sich aus ihrer materialistischen Lebensphilosophie ergab, die besagt, dass es keine geistliche Dimension jenseits der physischen Welt gibt.

Lewis ist der Ansicht, dass niemand eine Seele hat, die den Tod übersteht. „Es gibt in der wissenschaftlichen Realität einfach keinen Platz für den Glauben an eine spirituelle Ebene", sagte er. „Punkt."

Obwohl er einräumt, dass Menschen intuitiv an die Existenz einer Seele glauben, ist dies in seinen Augen Wunschdenken. „Der Gedanke an den Tod war nie besonders anziehend, vor allem, wenn man ihn als endgültiges Ende des Daseins betrachtet. Er wird nur dann erträglicher, wenn man ihn als Durchgangsstadium zu einem himmlischen Paradies versteht, das von vielfältigen Freuden erfüllt ist", meinte er. „Wir Menschen sind zutiefst egozentrisch, und es entspricht unserer Natur, alles in dieser Welt auf uns selbst zu beziehen. Wir können nur schwer erfassen, dass die Welt ohne uns bestehen könnte, und die Vorstellung, dass wir einmal nicht länger existieren, bereitet uns die größten Schwierigkeiten."

Lewis glaubt, dass die Materie „durch spontane, nicht von außen initiierte Prozesse der Selbstorganisation Gestalt angenommen und sich dann aufgrund mächtiger evolutionärer Kräfte zu biologischen Organismen entwickelt hat – auch dies ohne Einwirkung von außen". Das menschliche Bewusstsein habe sich während unserer Evolutionsgeschichte auf irgendeine bislang unerklärliche Weise von selbst entwickelt. „Unser Bewusstsein ist das Produkt unseres Gehirns", schrieb er. „Unser Bewusstsein ist (nur) das, was unser Gehirn tut."

Wenn unser Gehirn stirbt, sterben und verwesen auch wir. Wie wird es sich anfühlen, tot zu sein? „Nun, erinnern Sie sich daran, wie Sie sich während all der Äonen gefühlt haben, bevor Sie geboren wurden?", fragt er. „Genauso."[1]

Physikalismus und Dualismus

Ich kann die Haltung von Ralph und Karin Lewis gut nachzuvollziehen. Wenn wir mit gravierenden Schwierigkeiten konfrontiert sind, gesundheitliche Probleme haben oder gar befürchten müssen zu sterben, ist es ganz normal, nach Antworten zu suchen. Manche halten sich in solchen Phasen an religiösen Überzeugungen fest. Andere wenden sich von ihrer religiösen Erziehung ab. Aber ich interessierte mich für einen anderen Ansatz – ich wollte von dem ausgehen, was wir tatsächlich *wissen*, und herausfinden, worauf die Fakten hindeuten.

Könnten wir mehr sein als nur unser Gehirn? Sollten wir die darwinsche Lehre infrage stellen, dass die Seele eine Erfindung unserer Fantasie ist? Könnte es vielleicht sein, dass die antiken Lehren stimmen, die besagen, dass wir Menschen beides sind – Körper *und* Geist?

Viele Wissenschaftler teilen heutzutage Lewis' skeptischen Standpunkt. In ihren Augen sind wir nicht mehr als unser Gehirn. „Der wissenschaftliche Konsens besagt ..., dass es nur eine Art von Stoff gibt, nämlich *Materie* – der Stoff, mit dem sich Physik, Chemie und Physiologie befassen –, und dass das Bewusstsein bloß ein materielles, physikalisches Phänomen ist", schrieb der atheistische Philosoph Daniel Dennett.

„Kurz gesagt, das Bewusstsein ist das Gehirn", fuhr er fort. „Wir können (im Prinzip!) jedes geistige Phänomen auf dieselben physikalischen Prinzipien, Gesetze und Grundlagen zurückführen, mit denen wir auch Radioaktivität, Kontinentalverschiebung, Photosynthese, Reproduktion, Ernährung und Wachstum erklären."[2]

Sir Colin Blakemore, Professor für Neurowissenschaften an der Universität Oxford, sagte: „Das menschliche Gehirn ist eine Maschine und die alleinige Ursache für all unsere Handlungen, unsere Gedanken und unsere Überzeugungen. All unser Handeln resultiert aus unseren Hirnaktivitäten."³

All unser Handeln? Wirklich? Ja, sagt die Philosophin Patricia Churchland, aber sie versichert, dass das für sie kein Problem sei. In einem Artikel mit dem Titel: „Warum es gut für uns ist, wenn wir verstehen, dass wir nur ein Gehirn sind", erklärt sie ihrem Interviewpartner: „Meine Güte, die Liebe, die ich für mein Kind empfinde, ist wirklich reine Chemie? Ja, genauso ist es. Aber das stört mich nicht."⁴

Physikalismus ist eine der drei Richtungen dieser Philosophie.⁵ Einige Physikalisten wie zum Beispiel Daniel Dennett glauben, Bewusstsein sei nur eine Illusion. Andere Physikalisten sind der Meinung, dass es zwar ein Bewusstsein gebe, dass dieses jedoch nur ein Produkt des Gehirns sei, das sich im Verlauf der Entwicklung des Menschen auf natürliche Weise zu einem immer komplexeren Wesen herausgebildet habe. Allerdings konnte noch niemand eine glaubwürdige Erklärung dafür liefern, wie genau sich das Bewusstsein entwickelt haben könnte.

„Wie kann bloße Materie Bewusstsein hervorbringen? Wie konnte die Evolution das Wasser bloßen biologischen Gewebes in den Wein des Bewusstseins verwandeln?", fragt der Philosoph Colin McGinn. „Bewusstsein scheint eine radikale Neuerung im Universum zu sein, nicht durch die Nachwirkungen des Urknalls angestoßen – wie konnte es sich also aus dem entwickeln, was ihm vorausging?"⁶

Dualismus – die Vorstellung, dass Menschen Mischwesen sind, die aus einem physischen Körper und einen immateriellen Geist oder einer Seele bestehen – scheint hier intuitiv naheliegender zu sein. Tatsächlich haben „die meisten Menschen die meiste Zeit an den meisten Orten und während der meisten Epochen" daran geglaubt, schrieben die Philosophen Mark

Baker und Stewart Goetz in *The Soul Hypothesis*. „Ein solcher Glaube wird in fast allen menschlichen Kulturen bezeugt."[7]

Zu den Dualisten – Menschen, die glauben, dass wir sowohl einen Körper als auch eine Seele haben – gehören Denker wie Augustinus, Thomas von Aquin, Descartes, Leibniz, Locke und Kant ebenso wie die Wissenschaftler Newton und Galileo sowie anerkannte Philosophen und Wissenschaftler der Gegenwart.[8] Es gibt Hinweise darauf, dass Kinder von Natur aus Dualisten sind. Psychologen haben eine Studie mit Kindern durchgeführt, denen sie von einer Maus erzählten, die von einem Krokodil gefressen wurde. Obwohl die Vier- und Fünfjährigen wussten, dass die Maus nicht länger *körperlich* lebendig war, glaubten sie, dass sie in psychologischer Hinsicht noch lebte und weiterhin Gedanken und Wünsche hatte.[9] Haben Sie auch schon einmal etwas Ähnliches bei einem Kind erlebt?

„Die Hypothese von der Seele scheint für uns Menschen sehr naheliegend zu sein. Sie lässt sich gut mit unserem Denken und unserer Erfahrung in Einklang bringen", schreiben Baker und Goetz.[10]

Natürlich gibt es in der menschlichen Geschichte viele Beispiele dafür, dass Menschen Überzeugungen vertraten, die naheliegend schienen und sich dann doch aufgrund wissenschaftlicher Erkenntnisse als falsch erwiesen. Heutzutage fühlen sich Physikalisten durch Entdeckungen der Neurowissenschaft und Fortschritte bei der Kartografierung des Gehirns dazu veranlasst, triumphierend zu erklären, dass der Dualismus tot sei.

„Da die Neurowissenschaftler mehr und mehr Fähigkeiten, die einmal dem Bewusstsein zugeschrieben wurden, mit bestimmten Regionen oder Prozessen des Gehirns in Verbindung bringen, wird es immer naheliegender zu sagen, dass es tatsächlich das Gehirn ist, das diese Funktionen ausübt", schreibt die Philosophin Nancey Murphy.[11]

Daniel Dennett sagt unverblümt: „Das Konzept einer immateriellen Seele, die imstande ist, die Gesetze der Physik zu überwinden, hat durch den Fortschritt der Naturwissenschaften ihre Glaubwürdigkeit verloren."[12] Dualisten bestreiten dies. Sie sind weiterhin davon überzeugt, dass solche Schlüsse voreilig und – entschuldigen Sie das Wortspiel – Geist-los sind. Baker und Goetz schreiben: „Die Behauptungen, dass die Seele tot sei, sind übertrieben."[13] Doch worauf stützen sie sich bei dieser Behauptung? Behauptungen sind wertlos, wenn sie nicht durch Tatsachen untermauert werden. Ich war entschlossen, diesem Weg zu folgen und die komplexe, entscheidende Frage gründlich unter die Lupe zu nehmen: Gibt es die Seele wirklich oder ist sie nur ein Fantasiegebilde?

Der Geist lebt weiter

Die Seele gilt als Sitz unseres Bewusstseins, als Ort unserer Selbstreflexion, unseres Willens, unserer Gefühle, Sehnsüchte, Erinnerungen, Wahrnehmungen und Überzeugungen. Sie ist gewissermaßen unser Ego – das Ich oder das Selbst. Es heißt, dass die Seele unseren Körper belebt und mit ihm interagiert, obwohl sie unabhängig von ihm existiert. „Wenn wir von der Seele sprechen, sprechen wir vom *eigentlichen Wesenskern*", sagt der Philosoph Paul Copan.[14]

Die hebräischen Begriffe *nefesch* (das oft mit „Seele" übersetzt wird) und *ruach* (häufig mit „Geist" wiedergegeben) tauchen ebenso wie das griechische Wort *psyche* (meist mit „Seele" übersetzt) Hunderte von Malen in der Bibel auf. Sie werden jedoch in vielen unterschiedlichen Zusammenhängen verwendet, was dazu führt, dass diese Begriffe unterschiedlich interpretiert werden. Befeuert werden diese Debatten dadurch, dass die Bibel keine konkrete Lehre über die Existenz und Natur der Seele enthält.[15]

Dennoch scheinen sowohl die Verfasser alttestamentlicher als auch neutestamentlicher Bücher davon auszugehen, dass die Seele existiert. Der Anthropologe Arthur Custance sagte, dass die christlichen Schriften in ihrer Gesamtheit darauf hindeuten, dass der Mensch „ein zweigeteiltes Wesen, eine Dichotomie aus Leib und Seele" sei.[16] Moreland, der an der *University of Southern California* promoviert hat, sagt folgerichtig über sich selbst: „Ich *bin* eine Seele und ich *habe* einen Körper."[17]

Moreland argumentiert, dass die Bibel „zwar nicht ausdrücklich lehrt, dass es eine Seele gibt, ihre Existenz jedoch ausdrücklich bestätigt". Er schreibt: „So warnt Jesus uns zum Beispiel, uns nicht vor denen zu fürchten, die nur den Leib töten können; vielmehr sollten wir die fürchten, die sowohl den Leib als auch die Seele vernichten können (Matthäus 10,28). Der primäre Zweck dieses Textes besteht darin, eine Warnung an die Zuhörer zu richten, und nicht darin, uns zu lehren, dass es eine Seele gibt. Aber indem Jesus diese Warnung ausspricht, bestätigt er implizit die Realität der Seele. Bei anderen Gelegenheiten übernimmt die Bibel die gängige (dualistische) Sichtweise. Als die Jünger beispielsweise sahen, dass Jesus auf dem Wasser ging (Matthäus 14,26), und dachten, sie sähen einen Geist, geht der Verfasser dieses Evangeliums davon aus, dass wir alle wissen, dass wir Seelen sind (oder haben), die unabhängig vom Körper existieren können."[18]

Indem er verschiedene Hinweise in der Bibel zusammenfügte, kam zu dem zu dem Schluss, dass die Seele sich zum Zeitpunkt unseres Todes vom Körper trennt und wir dann in einen zeitlich begrenzten Zwischenzustand der Körperlosigkeit eintreten, bis am Ende der Weltgeschichte alle leiblich auferstehen.[19]

Zum Beweis führt Moreland an, dass Jesus dem Dieb, der neben ihm gekreuzigt wurde, sagte, dass er unmittelbar nach seinem Tod bei ihm (Jesus) im Paradies sein würde.[20] Auch Jesus existierte zwischen seinem Tod und seiner Auferstehung als menschgewordener Gottessohn unabhängig von seinem Körper.[21] Der Apostel Paulus schreibt in einem seiner Briefe, unseren jetzigen Körper zu verlassen bedeute, für immer bei Gott zu sein.[22] Und Jesus und Paulus stimmten mit der Lehre der Pharisäer überein, dass die Seele beim Tod bis zur Auferstehung aller in einen körperlosen Zustand übergeht.[23]

(Zur Erklärung: Im weiteren Verlauf dieses Buches werde ich den Begriff *Zwischenzustand* verwenden, um den zeitlich begrenzten körperlosen Zustand zwischen dem Tod und der endgültigen Auferstehung zu bezeichnen. Wenn ich das Wort *Himmel* verwende, meine ich damit den neuen Himmel und die neue Erde[24], wo wir mit Jesus in der Gegenwart Gottes leben werden, nachdem das Gericht stattgefunden hat und wir unseren neuen Körper erhalten haben.)

Ist es vernünftig, daran zu glauben, dass unser Bewusstsein – unsere Seele – nach dem Tod weiterexistieren wird? Oder sind wir einfach nur ein Gehirn auf zwei Beinen, das abstirbt und in Vergessenheit gerät, wenn unser Herz aufhört zu schlagen und unsere Hirnwellen abflachen?

„Das Konzept der Seele hat zwar eine lange und respektable Geschichte, aber aufgrund neurowissenschaftlicher Erkenntnisse lässt es sich nicht länger aufrechterhalten", meint Patricia Churchland, emeritierte Philosophieprofessorin der *University of California* in San Diego.[25]

Stimmt das? Um es herauszufinden, bat ich um ein Interview mit einer Neurowissenschaftlerin, die in Cambridge promoviert hatte und in Großbritannien und den Vereinigten Staaten als Hirnforscherin tätig war.

Interview Nr. 2: Dr. Sharon Dirckx

Als Kind saß Sharon Dirckx (gesprochen „Diricks") einmal am Fenster ihres Elternhauses in Durham, England, und blickte in den Regen hinaus. Plötzlich wurde ihr bewusst, dass sie ein Bewusstsein hatte. Sofort schossen ihr viele Gedanken durch den Kopf: *Warum kann ich denken? Warum existiere ich? Warum bin ich eine lebendige, atmende, bewusste Person, die die Erfahrung macht, dass sie lebt?*

Das waren ausgesprochen tiefgründige Überlegungen für ein Mädchen von zehn oder elf Jahren, und sie führten dazu, dass sie ihr Leben lang nach Antworten suchte. Die Tochter eines Polizisten wuchs in einer Familie auf, die dem Glauben neutral gegenüberstand. Sie verspürte von klein auf den Wunsch, Wissenschaftlerin zu werden. Als Sharon 17 war, gab ein Lehrer ihr ein Buch des Evolutionsbiologen Richard Dawkins, das dazu beitrug, dass sie Agnostikerin wurde.

„Ich gelangte zu der Überzeugung, dass ein Mensch nicht Wissenschaftler werden und gleichzeitig an Gott glauben konnte – dass sich beides nicht miteinander vereinbaren ließ", erinnert sie sich.

Während ihrer ersten Woche an der Universität Bristol besuchte sie eine öffentliche Diskussion, an der eine Anzahl namhafter Christen teilnahm. Sie brachte den Mut auf, eine Frage über die Unvereinbarkeit von Wissenschaft und Glauben zu stellen. Die Antwort verblüffte sie. „Sie erklärten voller Überzeugung, dass jemand sehr wohl gleichzeitig Christ und Wissenschaftler sein kann", schreibt sie. „Ich war vollkommen perplex."

Infolge dieser Begegnung verbrachte sie die nächsten 18 Monate damit, das Christentum zu erforschen. Mit 20 fand sie zum Glauben, studierte weiter und machte einen Bachelor in Biochemie. Ihre Begeisterung für die Neurowissenschaft veranlasste sie dazu, an der Universität Cambridge über Neuroimaging zu promovieren. Danach verbrachte sie weitere sieben Jahre damit, auf diesem Gebiet zu forschen, und war dabei sowohl an der Universität Oxford als auch am *Medical College of Wisconsin* in Milwaukee tätig.

Heute lebt sie mit ihrem Mann Conrad (den sie im Labor für Neuroimaging kennengelernt hat – „sehr romantisch", wie sie scherzhaft anmerkte) und den beiden Kindern Abby und Ethan in Oxford. Sie ist zurzeit leitende Tutorin am OCCA *(Oxford Centre for Christian Apologetics)* und hält in zahlreichen Ländern Vorlesungen über wissenschaftliche und theologische Fragen, die Geist-Seele-Problematik und weitere Themen. Außerdem gibt sie regelmäßig Vorträge im britischen Radioprogramm und diskutiert gelegentlich mit säkularen Denkern.

2013 erschien ihr preisgekröntes erstes Buch *Why? Looking at God, Evil and Personal Suffering*.[26] Danach wandte sie sich wieder ihrer Leidenschaft für Neurowissenschaft, Philosophie und Theologie zu. Das Resultat ihrer Forschungen ist ihr 2019 erschienenes Buch *Am I Just My Brain?* (die deutsche Ausgabe trägt den Titel *Ich denke, aber ich bin mehr*). Ruth Bancewicz vom *Faraday Institute for Science and Religion* in Cambridge meint dazu: „Sharon liefert den überzeugenden Beweis, warum die Antwort auf diese Frage (Spoileralarm!) *Nein!* lautet."

Das veranlasste mich dazu, ein Videointerview mit ihr zu vereinbaren. Sie hielt sich im oberen Stockwerk ihres Hauses in Oxford auf, war lässig gekleidet, das braune Haar zu einem Bob geschnitten, und sprach mit einem durch und durch britischen Akzent. Wir führten ein ausführliches Gespräch über diesen ersten Baustein zur Untersuchung der Frage, ob es ein Leben nach dem Tod gibt.

Juri Gagarin und Buzz Aldrin

Ich begann mit einer lockeren Einstiegsfrage: „Nachdem der russische Kosmonaut Juri Gagarin – damals Atheist – als erster Mensch in den Weltraum geflogen war, meinte er: ‚Ich war im Weltall und bin Gott nicht begegnet.' Sie haben hochtechnologisierte bildgebende Apparate benutzt, um in menschliche Gehirne zu schauen. Haben Sie die Seele gesehen?"

Das entlockte ihr ein Lächeln. „Nun, ich habe nicht nach einer gesucht", erwiderte sie. „Als Neurowissenschaftlerin habe ich mich mit Fragen beschäftigt wie: Welche Auswirkungen hat Kokainabhängigkeit auf das Gehirn? Das sind die Dinge, die Wissenschaftler eben tun – wir untersuchen die physische Welt. Das ist vielleicht zum Teil der Grund dafür, warum viele Wissenschaftler Physikalisten sind: Ihre Domäne ist die natürliche, materielle Welt.

Manche Menschen trauen der Wissenschaft mehr zu, als sie tatsächlich leisten kann", fügte sie hinzu. „Sie ist zum Beispiel nicht dazu geeignet, die Frage zu beantworten, ob Gott existiert. Wenn Gott real ist, wird es natürlich Anzeichen geben, die in diese Richtung deuten – und ich glaube tatsächlich, dass es so ist. Aber die Wissenschaft beschäftigt sich mit der natürlichen Welt."

„Und nebenbei bemerkt", meinte sie, „für jeden Juri Gagarin gibt es einen Buzz Aldrin. Bevor er den Mond betrat, nahm er das Abendmahl und bat die Wissenschaftler der NASA um Ruhe, während er Psalm 8 las: ‚Wenn ich den Himmel betrachte und das Werk deiner Hände sehe – den Mond und die Sterne, die du an ihren Platz gestellt hast –, wie klein und unbedeutend ist da der Mensch und doch denkst du an ihn und sorgst für ihn!'[27] Es gibt Wissenschaftler, die zweifeln, und andere, die glauben."

„Sie erwähnten aber, dass viele Wissenschaftler Physikalisten sind. Wie verbreitet ist diese Haltung?"

„Ziemlich verbreitet", erwiderte sie. „Der ‚Scientific American' berichtete zum Beispiel über Studien, die sich damit beschäftigen, wie bestimmte neuronale Netzwerke mit verschiedenen mentalen Zuständen korrelieren. Die Titelschlagzeile des Heftes lautete: ‚Wie die neuronalen Netzwerke Gedanken erschaffen.' Nun, das ist *keine* wissenschaftliche Aussage. Die Daten spiegeln diese Aussage nicht wider. Im Gegenteil, es ist ein weltanschauliches Statement, das auf dem Glauben beruht, dass alles letztendlich an das Physische gebunden ist und dass es deshalb das Gehirn sein muss, das unsere Gedanken hervorbringt. Das passiert in unserem Fachgebiet ständig."

Die Wissenschaft könne im Gegenzug aber auch niemals die Existenz Gottes widerlegen, meinte sie. „Das wäre etwa so, als ob Wissenschaftler herausfinden würden, wie die Programmierung von Facebook funktioniert, und dann erklären würden: ‚Und damit haben wir bewiesen, dass es Mark Zuckerberg *nicht* gibt.'"

Nun war es an mir zu lächeln. „Sie meinen, dass die Wissenschaft uns vieles sagen kann, aber dass wir trotzdem Philosophie und Theologie brauchen."

Sie nickte. „Die Bibel macht deutlich, dass Gott sich auf zweierlei Weise offenbart – er zeigt sich zum einen durch die natürliche Welt, die er erschaffen hat. Und zweitens offenbart er sich durch die Bibel. Die Wissenschaft kann uns viel über die natürliche Welt sagen, aber wir brauchen trotzdem noch Theologie und Philosophie, um die besondere Offenbarung durch die Schrift zu ergründen und über die Fragen nachzudenken, die die Wissenschaft uns nicht beantworten kann. Fragen wie: Warum können wir überhaupt *denken*?"

Mit dem Stift in der Hand, damit ich mir gleich Notizen machen konnte, wandte ich mich dem Thema zu, das im Titel ihres Buches angesprochen wurde: Gibt es irgendwelche wissenschaftlichen Hinweise darauf, dass wir einfach nur unser Gehirn sind?

Beschreiben Sie das Aroma von Kaffee

Ich begann damit, grundlegende Fragen zu stellen: „Sind Bewusstsein und Gehirn das Gleiche? Lässt sich alles damit erklären, dass Nervenzellen elektrische Impulse weitergeben?"

„Lassen Sie mich erklären, warum die Antwort Nein lautet", sagte sie. „Die Wissenschaftler können Hirnaktivitäten messen – zum Beispiel sehen wir, dass bestimmte Areale im Gehirn aufleuchten, wenn wir bestimmte Gedanken denken. Aber die dortigen neuronalen Netzwerke sind nicht notwendigerweise die Gedanken selbst; sie stehen einfach nur in Korrelation mit ihnen.

Das Problem ist, dass Wissenschaftler keinen Zugang zu den *tatsächlichen* Gedanken oder *Qualia* eines Menschen haben, außer, sie fragen ihn danach. Die Gedanken eines Menschen lassen sich mit den traditionellen wissenschaftlichen Methoden nicht erfassen."

„*Qualia?*"

„Das ist der Plural von *Quale*. Die Philosophen beschreiben mit diesem Betriff den subjektiven Erlebnisgehalt eines mentalen Zustandes. Das, was ein Mensch persönlich wahrnimmt oder erfährt. Zum Beispiel", fuhr sie fort und hob ihre Tasse, „trinken Sie und ich beide Kaffee, während wir chatten."

Ich nahm zur Bestätigung einen Schluck aus meinem eigenen Becher.

„Wenn jemand Sie bitten würde, den Duft von Kaffee zu beschreiben, was würden Sie sagen?", erkundigte sie sich.

Ich brauchte einen Moment, bis ich begriff, wie schwierig das tatsächlich ist. „Ich weiß gar nicht, wo ich anfangen sollte", meinte ich.

„Wir könnten die chemische Struktur von Koffein anführen, aber damit würden wir uns dem eigentlichen Duft von Kaffee keinen Schritt nähern", pflichtete Dirckx mir bei. „Wir könnten darüber sprechen, was physiologisch in unserem Körper passiert, wenn wir ihn trinken, aber wir können damit nicht sein Aroma einfangen. Um nachvollziehen zu können, wie Kaffee riecht, müssen wir es *erfahren*. Das Leben ist voller solcher *Qualia* – zum Beispiel, die Farbe Rot zu betrachten oder eine Wassermelone zu schmecken.

Es macht ja beispielsweise auch einen großen Unterschied, ob man nur die Kritik eines bestimmten Konzertes liest oder ob man selbst dabei war. Ist es Ihnen nicht auch schon oft passiert, dass jemand versucht hat, Ihnen etwas zu beschreiben, was er erlebt hat, zum Beispiel ein Rockkonzert, und schließlich hat diese Person aufgegeben und gesagt: ‚Na ja, ich glaube, du hättest einfach *dabei sein* müssen'?

Als Neurowissenschaftlerin messe ich die elektrische Aktivität menschlicher Gehirne, aber ich kann auf diese Weise nicht ihre Erfahrungen messen. Ich kann nicht messen, was sich in ihrem Bewusstsein abspielt. Ich kann nicht messen, wie es wirklich ist, *ein anderer Mensch* zu sein. Warum nicht? Weil das Gehirn allein nicht genügt, um das Bewusstsein zu erklären."

Um noch deutlicher zu beschreiben, worauf sie hinauswollte, lud sie mich zu einem Gedankenexperiment ein[28]: „Angenommen, Mary wäre eine Wissenschaftlerin, die bestens über die physikalischen und chemischen Prozesse informiert ist, die sich beim Sehen abspielen. Sie weiß genau, wie das Auge aufgebaut ist, wie es funktioniert und dass es durch den Sehnerv elektrische Impulse an das Gehirn sendet, wo diese in Bilder umgewandelt werden. Und nun stellen Sie sich vor, sie wäre blind – aber dann eines Tages plötzlich imstande zu sehen! Würde sie in dem Moment, in dem sie ihr Sehvermögen bekommt, irgendetwas Neues über das Sehen lernen?", fragte sie mich.

Ich riss die Augen auf. „Natürlich!"

„Das bedeutet, physikalische Fakten allein können die persönliche Erfahrung des Bewusstseins nicht erklären. Kein noch so großes Wissen über die physikalische Funktionsweise des Auges und des Gehirns würde Mary irgendeinen Schritt näher an die Erfahrung bringen, wie es ist, tatsächlich zu *sehen*."

„Was schließen Sie daraus?"

„Dass Bewusstsein einfach nicht dasselbe sein kann wie Hirnaktivität."

„Sie sagen also, obwohl sie zusammenarbeiten, sind sie nicht miteinander identisch? Bewusstsein – der Geist, die Seele – lässt sich folglich nicht auf die physikalischen Funktionen des Gehirns reduzieren? Sie bewegen sich auf einer anderen Ebene?"

„Genau. Philosophen wie Leibniz führen ein wichtiges Argument an: Wenn zwei Dinge identisch sind, gibt es keinen erkennbaren Unterschied zwischen ihnen.[29] Das bedeutet: Wenn Bewusstsein identisch mit Hirnaktivität wäre, würde alles, was für das Bewusstsein gilt, auch für das Gehirn gelten. Aber das ist nicht der Fall – Bewusstsein und Hirnaktivität unterscheiden sich sehr stark voneinander. Daher lässt sich Bewusstsein nicht auf die rein physikalischen Prozesse im Gehirn reduzieren."

Sie deutete mit dem Finger auf mich und lächelte. „Sie sind mehr als Ihr Gehirn, Lee."

Die Beweisführung wirkte logisch – aber ich wusste, dass sie infrage gestellt wurde. „Der Atheist Daniel Dennett entkräftet dieses Argument, indem er sagt, dass das Bewusstsein nur eine Illusion sei", wandte ich ein.

Sie erwiderte schlicht: „Illusion setzt ebenfalls Bewusstsein voraus."

„Wie meinen Sie das genau?"

„Illusion bedeutet, dass wir etwas nicht korrekt wahrnehmen oder falsch interpretieren. Aber die Erfahrung selbst ist dennoch real. Darum ist seine Argumentationsweise problematisch. Ehrlich gesagt halte ich seine Sichtweise für absurd. Außerdem geht dieser Schuss nach hinten los. Wenn das, was er behauptet, wahr ist, dann wird dadurch sein eigenes Argument entkräftet."

„Wieso denn das?"

„Weil es nur eine Illusion ist."

Über die Grenzen des Gehirns hinausgehen

Der Neurowissenschaftler Adrian Owen verbrachte mehr als zwei Jahrzehnte damit, Patienten zu untersuchen, die ein Hirntrauma erlitten hatten. 2006 veröffentlichte die angesehene Zeitschrift *Science* seine bahnbrechende Forschung, die nachwies, dass einige Patienten, die im Wachkoma lagen und schwere Hirnverletzungen aufwiesen, tatsächlich bei Bewusstsein waren.

Owen schrieb: „Wir haben herausgefunden, dass 15 bis 20 Prozent der Menschen, die im Wachkoma liegen und bei denen man annahm, dass sie nicht mehr Bewusstsein besäßen als ein Kohlkopf, in Wirklichkeit bei vollem Bewusstsein waren, auch wenn sie nicht auf irgendeine Form externer Stimulation reagierten."[30]

„Was sagt Ihnen das?", fragte ich Dirckx.

„Es ist ein weiterer Beweis dafür, dass wir Menschen sehr komplexe Wesen sind, und der Zustand unseres Gehirns ist nur ein Teil des Gesamtbildes", erwiderte sie. „Bewusstsein ist viel mehr als unser Gehirn und unser Nervensystem. Es lässt sich nicht einfach auf unsere Hirnaktivität reduzieren. Wir sind mehr als unser Gehirn."

Das erinnerte mich an Experimente, die Wilder Penfield, der Vater der modernen Neurochirurgie, in den 1950er-Jahren durchgeführt hatte. Er hatte die Gehirne von Epilepsiepatienten stimuliert und so zahlreiche unterschiedliche Empfindungen und Bewegungen bei ihnen herbeigeführt. Aber sosehr er sich auch bemühte, es gelang ihm nicht, abstrakte Gedanken oder Bewusstsein zu erzeugen.

„Es gibt keine Stelle im Gehirn ..., an der elektrische Stimulation einen Patienten dazu veranlassen wird, etwas zu glauben oder zu entscheiden", schloss Penfield.[31] Dieser eindeutige Hinweis auf ein nicht materielles Bewusstsein, das unabhängig vom Gehirn existiert, überzeugte ihn davon, sich vom Physikalismus abzuwenden.[32]

Aber könnte das Gehirn, während es sich in all seiner Komplexität entwickelte, das Bewusstsein nicht auf irgendeine Weise hervorgebracht haben? Ich fragte Dirckx, wie sie über diese Einschätzung dachte, die heute viele Wissenschaftler teilen.

„Wenn wir es mit einem geschlossenen System von Neuronen ohne Bewusstsein zu tun haben, auf welche Weise hätten diese bewusstes Denken hervorbringen können?", antwortete sie und ließ die Frage für ein paar Momente in der Luft hängen. „Das ist ein riesiger Sprung. In einer materiellen Welt lässt sich keine schlüssige Erklärung dafür finden. Und wenn ein Gehirn alles ist, was man braucht, um Bewusstsein zu erschaffen, warum besitzen Tiere dann nicht in derselben Weise ein Bewusstsein wie wir? Der Unterschied zwischen Primaten und Menschen ist eben nicht *graduell*, er ist *qualitativ*. Komplexität allein kann uns nicht über diesen Abgrund hinwegtragen. Natürlich gibt es auch Christinnen und Christen, die denken, dass sich das Bewusstsein aus dem Gehirn entwickelt hat. Aber für sie ist das System eben nicht geschlossen. Wenn Gott existiert, können außergewöhnliche Dinge geschehen. Dann kann der Abgrund überwunden werden."

Sie hielt einen Moment inne und fuhr dann fort: „Ich möchte noch einen weiteren möglichen Beweis dafür anführen, dass Menschen mehr sind als Moleküle. Wenn Gehirn und Bewusstsein identisch wären, dann würde doch das Bewusstsein eines Menschen ausgelöscht werden, wenn er stirbt, richtig?"

„Ja, das stimmt", sagte ich.

„Aber", fuhr sie fort, „was ist, wenn Nahtoderfahrungen zeigen, dass wir auch ohne ein funktionierendes Gehirn ein Bewusstsein haben? Das wäre doch ein Hinweis darauf, dass das menschliche Bewusstsein mehr ist als nur messbare Hirnaktivität."

Dirckx schildert in ihrem Buch die Geschichte von Pamela Reynolds, die 1991 wegen eines Aneurysmas eine schwere Hirnblutung erlitt. Während ihrer Operation kühlten die Ärzte ihre Körpertemperatur herunter, brachten ihr Herz und ihre Hirnaktivitäten zum Stillstand und ließen das Blut aus dem Kopf abfließen. Klinisch betrachtet war sie tot – aber als sie nach der Operation wiederbelebt wurde, versetzte sie alle in Erstaunen, weil sie sich genau daran erinnerte, dass sie die ganze Zeit über bei Bewusstsein gewesen war.

Tausende von Patienten berichten, dass sie klinisch tot waren und dann aus ihrem Körper ausgetreten sind und den Wiederbelebungsbemühungen von oben zugeschaut haben. Viele schildern, dass sie durch lange Tunnel gereist sind, verstorbene Verwandte gesehen und eine wunderschöne Realität jenseits unserer Welt erfahren haben. Der Kardiologe Fred Schoonmaker berichtete, dass bei einer Studie über Nahtoderfahrungen mit 1400 Probanden 55 von ihnen ihre außerkörperliche

Erfahrung zu einem Zeitpunkt machten, als keine Hirnströme messbar waren.[33]

Keine Hirnströme? Und doch besaßen sie weiterhin ein Bewusstsein? Da stünde auf jeden Fall die Möglichkeit eines nicht materiellen Geistes oder einer Seele im Raum. Ich selbst hatte mich noch nie mit der Frage beschäftigt, ob Nahtoderfahrungen glaubwürdig sind.

Daher wollte ich von Dirckx wissen: „Denken Sie, Nahtoderfahrungen liefern tragfähige Hinweise darauf, dass es eine Seele und ein Leben nach dem Tod gibt?"

„Hierbei handelt es sich auf jeden Fall nicht um Einzelfälle", antwortete sie. „In den Vereinigten Staaten, den Niederlanden und anderen Ländern wurde verschiedene Studien durchgeführt. Natürlich können ein paar der Geschichten durchaus erfunden sein, aber andere sind sehr überzeugend und glaubwürdig."

„Hat die Wissenschaft das Ganze schon bestätigt?"

„Da sind wir dran. Wir forschen noch in diesem Bereich und werden wahrscheinlich weitere Fakten zutage fördern. Aber sehen Sie es einmal so: Im Grunde brauchen wir nur *einen* dokumentierten Fall."

„Was würde der bewirken?"

„Er würde der Theorie, dass das Bewusstsein einzig und allein im Gehirn beheimatet ist, einen weiteren schweren Schlag versetzen", sagte sie. „Und er wäre ein deutlicher Hinweis darauf, dass sogar die Wissenschaft zu dem Ergebnis kommt, dass es ein Leben nach dem Tod geben könnte."

Ich dachte einen Moment über diese Aussage nach und notierte dann auf meinem Block: *Herausfinden, ob Nahtoderfahrungen glaubwürdig sind.*

Der freie Wille – Realität oder Illusion?

Es gibt noch ein weiteres Problem, wenn man die Auffassung vertritt, dass wir nur unser Gehirn sind: Viele Philosophen behaupten, dies würde bedeuten, dass wir nicht wirklich einen freien Willen besitzen. Der Atheist Sam Harris zum Beispiel meint, dass wir, auch wenn wir denken, dass wir uns frei entscheiden können, in Wirklichkeit nur das erfüllen, was unsere Gene und unsere Umwelt uns zu tun zwingen. Unsere Neuronen feuern und wir gehorchen – im Grunde liefe es genau darauf hinaus.

„Der freie Wille ist eine Illusion", erklärt Harris, der an der UCLA in kognitiver Neurowissenschaft promoviert hat. „Wir haben keinen Einfluss auf das, was wir selbst wollen. Unsere Gedanken und Absichten werden durch innere Befindlichkeiten hervorgerufen, die uns nicht bewusst sind und über die wir keine bewusste Kontrolle ausüben. Wir haben nicht die Freiheit, die wir zu haben glauben."[34]

Dieser Ansatz wird auch als „harter Determinismus" (oder auch metaphysischer Determinismus) bezeichnet. Ich wollte von Dirckx wissen, ob diese Sichtweise einer Überprüfung standhält.

„Es gibt drei Testfragen, die man üblicherweise stellt, um zu beurteilen, ob eine Weltanschauung ihre Berechtigung hat", begann Dirckx.[35] „Erstens: Ist der harte Determinismus in sich selbst schlüssig? Nicht wirklich. Wenn alle unsere Gedanken durch nicht rationale, mechanistische Kräfte verursacht werden, dann sind es nicht wirklich *unsere* Gedanken. Sie entspringen Kräften, die sich unserer Kontrolle entziehen, darum sind sie bedeutungslos. Die Person, die eine harte deterministische Sicht vertritt, fordert dich gewissermaßen dazu auf, ihr nicht zu glauben.

Zweitens: Hilft uns der harte Determinismus, die Welt um uns herum zu verstehen? Nicht wirklich. Wenn der freie Wille nur eine Illusion ist, warum leben wir weiterhin mit der Vorstellung, dass es ihn doch gibt? Warum streben wir nach Autonomie? Warum bemühen wir uns, unsere Finanzen und unsere Gesundheit im Griff zu haben und uns beruflich weiterzuentwickeln? Haben wir die Freiheit, unser Leben zu gestalten und unser eigenes Schicksal in die Hand zu nehmen, oder haben wir das nicht? Der harte Determinismus schafft Verwirrung, nicht Klarheit.

Drittens: Lässt sich der harte Determinismus authentisch leben? Nicht wirklich. Wir leben nicht so, als wären unsere Entscheidungen bloß das mechanistische Feuern von Neuronen in unserem Gehirn; wir leben, als hätten unsere Entscheidungen tatsächlich Bedeutung. In einer Welt des harten Determinismus wären wir für unser Handeln nicht moralisch verantwortlich, denn wir hätten nicht wirklich die Wahl bei dem, was wir tun. Das heißt, die Gesellschaft könnte Menschen, die Verbrechen begehen, nicht bestrafen, und Menschen, die Gutes tun, nicht belohnen. So können wir einfach nicht leben."

Ich kam zu dem Ergebnis, dass die augenscheinliche Absurdität des harten Determinismus ein weiterer Grund für die Annahme war, dass wir mehr sind als nur unser Gehirn. Wir müssen einen vom Körper unabhängigen Geist, eine Seele, haben, die uns die Möglichkeit gibt, *echte* Entscheidungen zu treffen – zu lieben oder zu hassen, zu helfen oder zu behindern, uns auf Gott einzulassen oder von ihm abzuwenden.[36]

„Mir gefällt dieses Schema, mit dessen Hilfe Sie eine Weltanschauung überprüfen", sagte ich. „Könnten Sie anhand dieser Kriterien einmal die Sichtweise bewerten, dass wir nur unser Gehirn sind und sonst nichts?"

„Ja, gern", erwiderte sie. „Erstens: Ist sie in sich schlüssig? Ich würde sagen: Nein. Denn die Behauptung, dass wir nur unser Gehirn sind, kann noch nicht einmal ausgesprochen werden, ohne zuvor vorauszusetzen, dass es eine Innenwelt, ein Seelenleben gibt. Es ist, als würde man sagen: ‚Meine persönliche Perspektive ist, dass es keine persönliche Perspektive gibt.' Die Leugnung des Bewusstseins ist an sich schon ein bewusster Akt.

Zweitens: Hilft sie uns, die Welt zu verstehen? Nun, sie erklärt nicht, was es heißt, ein Mensch zu sein. Gehirne schreiben keine Bücher. Gehirne haben keine Wünsche und Sehnsüchte. Gehirne machen keine Pläne. Gehirne erleben keine Enttäuschungen. All dies tun *Menschen*, die ihre Gehirne *benutzen*. Es gibt eine riesige Erklärungslücke zwischen dem, wie wir diese Welt erleben, und der Auffassung, dass wir nur ein Haufen zellulärer Spannungszustände und Neurotransmitter sind.

Und drittens: Kann man sie authentisch leben? Mal ehrlich, wir leben nicht so, als wären wir ein wandelndes Neuronenpaket. Wir leben, als hätte jeder und jede Einzelne von uns einen ganz persönlichen, bedeutsamen Blick auf die Welt. Und wir möchten unsere Mitmenschen als bewusste Wesen behandeln. Menschenhandel macht uns Beispiel genau deshalb wütend, weil wir glauben, dass die betroffenen Menschen eben keine neuronalen Netze sind, sondern menschliche Wesen mit individuellem Bewusstsein, und dass sie Leid erfahren.

Die Vorstellung, dass wir nichts mehr sind als nur unser Gehirn, besteht keine dieser drei Prüfungen", schloss sie. „Wir sind keine Maschinen. Unser Gehirn und unser Bewusstsein unterscheiden sich fundamental voneinander, auch wenn sie zusammenarbeiten. Das Gehirn ist etwas Materielles, das sich objektiv beobachten und untersuchen lässt. Doch es ist das Bewusstsein, das uns subjektive Erfahrungen ermöglicht."

Haben Elektronen ein Bewusstsein?

Bevor wir zum nächsten Thema kamen, sprach ich noch eine andere Theorie an, mit der manche Philosophen versuchen, Bewusstsein zu erklären. Man bezeichnet sie auch als *Panpsychismus*, was sich aus den griechischen Wörtern *pan* („alles") und *psyche* („Seele" oder „Geist") zusammensetzt.[37]

Dirckx erläuterte: „Damit ist die Vorstellung gemeint, dass die Materie selbst ein Bewusstsein, seelische Eigenschaften besitzt – dass es nur eine Art von Materie im Universum gibt und dass alle Objekte physische *und* mentale Eigenschaften haben."

„*Alle* Materie?", fragte ich.

„Ja, diese Theorie besagt, dass alles in irgendeiner Form Bewusstsein besitzt – dass es in jedem Atom und in unbelebten Mineralien bestimmte Ausprägungen von Bewusstsein gibt. Je komplexer das System, desto komplexer das Bewusstsein. Und offensichtlich ist beim Menschen das höchste Maß an Bewusstsein festzustellen."

„Mit anderen Worten, Bewusstsein gehört nach ihrer Auffassung praktisch zur Grundstruktur dieser Welt", sagte ich. „Das ist clever, aber es erklärt nicht, woher das alles ursprünglich kam, oder?"

„Nein. Und es erklärt nicht, warum das Bewusstsein der Menschen im Vergleich zu dem des übrigen Tierreiches einzigartig ist. Zudem gibt es ein Problem: Es ist unmöglich, diese Theorie zu beweisen. Um Bewusstsein feststellen zu können, braucht man eine auf Worten basierende Sprache, mit der dieses Bewusstsein zum Ausdruck gebracht wird, und nicht alles besitzt diese Fähigkeit."

„Wie weit geht nach Auffassung der Anhänger dieser Theorie das Bewusstsein? Besitzen zum Beispiel auch Elektronen eines?"

„Philipp Goff von der Universität Durham würde sagen, dass es sogar auf dieser Ebene unvorstellbar kleine Bewusstseinszustände gibt.[38] Aber diese Vorstellung verursacht natürlich auch Probleme. Wenn Elektronen in gewisser Hinsicht ein Bewusstsein haben und wenn wir Menschen dann Billionen von ihnen in uns tragen, wie können wir dann erklären, dass wir diese Welt so stimmig wahrnehmen? Wir machen nicht Billionen von unterschiedlichen, einzelnen Erfahrungen; wir machen nur eine. Wie lässt sich diese Geschlossenheit unseres Bewusstseins erklären?"

Ich schüttelte den Kopf. „Ehrlich gesagt scheint mir der Panpsychismus ziemlich weit hergeholt."

„Ich kann Ihre Reaktion nachvollziehen", sagte Dirckx. „Das Gute ist aber, dass seine Vertreter die Existenz eines Bewusstseins zumindest ernst nehmen und versuchen, es zu erklären."

Der eigentliche Zweck des Bewusstseins

Damit waren wir wieder beim Dualismus und der Frage nach der Existenz der Seele angelangt. Im alten Griechenland brachte Sokrates 399 vor Christus – kurz bevor er den Schierlingsbecher leerte – eine Art dualistischer Einstellung zum Ausdruck, als er sagte: „Wenn ich tot bin, dann werde ich nicht hierbleiben, sondern weggehen und woanders sein ... in einem Zustand himmlischer Glückseligkeit."[39]

Es war Sokrates' Schüler Platon, der bekannt dafür wurde, dass er über die Seele philosophierte – ein Konzept, das das gewöhnliche Volk übrigens schon länger für selbstverständlich hielt, wie die Philosophen Stewart Goetz und Charles Taliaferro schreiben. Sie vertreten die Meinung, dass Platon und sein Schüler

Aristoteles „die wichtigste Rolle dabei spielten, die Geschichte der Seele zu schreiben".[40]

Die hebräische Vorstellung von der Seele geht historisch jedoch noch weiter zurück, erklärte mir Dirckx: „Der christliche Glauben hat viel über die Seele zu sagen. Die Seele ist es, die uns Bedeutung verleiht, die aus uns mehr macht als hoch entwickelte Primaten, mehr als nur unser Gehirn. Die Seele ist der innerste Wesenskern eines Menschen, sie ist ihm von Gott geschenkt."[41]

„Ich habe eine Schlüsselfrage", sagte ich. „Sind die Erkenntnisse der modernen Neurowissenschaft mit der Vorstellung vereinbar, dass es einen Gott gibt?"

„Ja, absolut", erwiderte sie. „Man kann gar nicht oft genug betonen, dass die neuesten Erkenntnisse der Neurowissenschaft *vollständig* mit der Existenz Gottes vereinbar sind. *Keine einzige* Entdeckung der Hirnforschung schließt die Möglichkeit aus, dass es Gott gibt. Das anzunehmen, wäre eine vollständige Fehlinterpretation der uns vorliegenden Daten."

„Und was wäre", fragte ich, „wenn man einmal von dem Ansatz ausginge, dass Gott existiert?"

„Nun, dann würde alles anfangen, Sinn zu ergeben."

„Aber ist es vernünftig, sich für diese Weltanschauung zu entscheiden?", wollte ich wissen. „Denken Sie, dass es gute, schlüssige Gründe gibt, daran zu glauben, dass der Gott des Christentums real ist?"[42]

„Ja, das tue ich. Gerade das hat mich ursprünglich zum Glauben geführt und mir geholfen, in dieser Hinsicht immer mehr zu wachsen."

„Einige Philosophen sagen, die Tatsache, dass Gott ein Bewusstsein habe, erkläre, warum wir ein Bewusstsein haben. Finden Sie diese Annahme schlüssig?"

„Ja", antwortete sie. „In 1. Mose 1,1 heißt es: ‚Am Anfang schuf Gott ...' Bevor es irgendetwas Physisches gab, gab es Bewusstsein in Gestalt des Vaters, des Sohnes und des Heiligen Geistes – der Dreieinigkeit. Der körperlose Geist Gottes, der immer existierte, hat alles andere ins Dasein gerufen. In der Bibel finden wir auch die Aussage, dass wir Menschen nach dem Bild Gottes geschaffen sind.[43] Darum ergibt es Sinn zu sagen, weil Gott einen Geist hat, haben auch wir einen Geist; weil Gott denkt, denken auch wir; weil Gott sich seiner selbst bewusst ist, sind wir es auch. Das würde vieles erklären, oder nicht?"

„Aber um an diesen Punkt zu kommen, müsste ein Wissenschaftler seine (oder eine Wissenschaftlerin ihre) materialistische Weltsicht hinter sich lassen", gab ich zu Bedenken.

„Niemand ist hier wirklich neutral", erwiderte sie. „Wir können bestimmte Erklärungen entweder von vornherein ausschließen oder uns auf neue Möglichkeiten einlassen, aber die besten Wissenschaftler bleiben offen für neue Ideen. Ich bin davon überzeugt, dass die christliche Weltsicht gut begründet ist. Und wenn sie das ist, dann erklärt das, worauf sich unser Wert als Menschen zurückführen lässt: Wir sind nach dem Bild Gottes geschaffen. Es erklärt auch, warum wir uns manchmal nach etwas sehnen, das über diese Welt hinausgeht. Wir Menschen sind nicht vergänglich – wir wurden für die Ewigkeit erschaffen.

Wenn wir tatsächlich bloß Materie wären, können wir Werte wie Bedeutung, Sinn und Bestimmung verwerfen. Dann sind wir nur ein unbedeutendes Pünktchen in der Landschaft. Der Kosmos ist Milliarden von Jahren alt und wir sind erst in der letzten Millisekunde aufgetaucht. Wir sind vollkommen bedeutungslos. Die Menschen versuchen vielleicht, durch ihre Leistungen Bedeutung zu erlangen, aber die sind vergänglich wie Sandburgen am Meeresstrand.

Doch wenn es Gott gibt, dann ist er selbst es, der uns Bedeutung verleiht. Wir können unseren Wert nicht einfach daran messen, wie alt das Universum im Vergleich zu uns schon ist, und er beruht auch nicht auf dem, was wir erreichen. Wir bekommen ihn von Gott. Er hat uns erschaffen und er liebt uns. Und das ist auch der Grund, warum wir uns alle nach der Ewigkeit sehnen: weil wir von Gott tatsächlich dafür erschaffen wurden, für immer zu leben.

Gott ist ein Beziehungswesen, er hat von Anfang an als dreieiniger Gott existiert. Und darum sind auch wir Beziehungswesen. Das bedeutet, dass wir persönlich mit Gott interagieren können. Er ist jemand, dem man begegnen kann. Wir sollten ihn aus erster Hand kennenlernen, statt ihn nur aus der Ferne zu beobachten. Es geht nicht darum, Fakten *über ihn* zu erfahren, es geht darum, *ihn selbst* kennenzulernen."

Sie hielt einen Moment inne und sah mich eindringlich an. „Und genau das ist letztlich der Zweck unseres Bewusstseins: *dass wir Gott erkennen.*"

Kann das Immaterielle Einfluss auf das Materielle ausüben?

Aber die Physikalisten haben hier Einwände. Ich fragte Dirckx, wie zum Beispiel etwas Immaterielles wie ein Geist oder eine Seele Einfluss auf etwas Materielles wie das Gehirn ausüben kann. Die Frage brachte sie jedoch nicht aus dem Konzept.

„Wir sehen doch ständig Beispiele dafür", antwortete sie.

„Und die wären?"

„Was passiert, wenn Sie ein Opfer von Cybermobbing werden? Vielleicht verlieren Sie den Appetit oder Sie bekommen Panikattacken oder Sie können nicht mehr schlafen. Was passiert, wenn die Person, in die Sie verliebt sind, Sie um eine Verabredung bittet? Vielleicht werden Sie rot oder fühlen sich plötzlich ganz beflügelt. Was passiert, wenn Sie eine schlechte Nachricht bekommen? Diese Erfahrung löst einen körperlichen Prozess bei Ihnen aus, der dazu führt, dass Ihre Tränendrüsen Salzwasser absondern. Es ist eine ganz alltägliche Erfahrung, dass sich das Immaterielle auf das Materielle auswirkt. Warum sollte also eine immaterielle Sache wie die Seele nicht mit einem materiellen Gehirn interagieren?"

Diese Antwort erschien mir logisch. Ich sprach einen weiteren Einwand an: „Und was ist mit Ockhams Rasiermesser?", fragte ich und bezog mich dabei auf das Prinzip der Parsimonie bzw. auf das Sparsamkeitsprinzip. Dieses scholastische Forschungsprinzip gebietet, sich bei Vorliegen mehrerer miteinander konkurrierender Hypothesen für die einfachste zu entscheiden. „Würde die ockhamsche Regel nicht verlangen, dass die einfachste Erklärung – dass wir nur unser Gehirn sind – einer Theorie vorzuziehen ist, die ein weiteres Element ins Spiel bringt: das Vorhandensein einer Seele?"

„Auf den ersten Blick mag es so aussehen, als ob die These, dass wir nur unser Gehirn sind, die einfachste Erklärung wäre. Aber wie wir gesehen haben, müssen wir alle möglichen geistigen Verrenkungen unternehmen, um den Menschen zu einer reinen Anhäufung von Neuronen zu erklären.

Wenn wir uns anschauen, wie sich andere Wissenschaftsbereiche entwickelt haben, können wir sehen, dass sie eben *nicht* zu einfacheren Erklärungen geführt haben. Stattdessen beobachten wir zunehmende Komplexität, die zu einem tieferen Verständnis führt. Nehmen Sie zum Beispiel die menschliche Zelle. Vor 200 Jahren waren die Wissenschaftler der Überzeugung, die Zelle sei einfach nur ein homogener Klumpen. Heute können wir in sie hineinschauen und sehen Golgi-Apparate, einen Zellkern, DNA, RNA – unglaubliche, vielfältige Strukturen und Organellen.

Oder nehmen Sie die Physik: Die newtonschen Gesetze haben der Quantenphysik Platz gemacht, die sich damit befasst, das Verhalten winzigster Teilchen zu beschreiben. Wenn jemand glaubt, er verstehe die Quantenphysik, irrt er sich – sie ist zu komplex. Und während wir immer tiefer in die Geheimnisse der Realität eindringen, sind die Dinge keineswegs immer einfacher geworden – sie werden zunehmend komplexer und faszinierender. Komplexität und Wahrheit sind keine Gegensätze."

„Wir Menschen sind sehr komplexe Wesen", fügte sie hinzu. „Die Unterstellung, dass wir nur unser Gehirn sind, ist unglaublich begrenzend. Sie reduziert uns Menschen auf diese eine Dimension, obwohl wir in Wirklichkeit aus vielen Dimensionen bestehen. Wir haben nicht nur ein Gehirn. Wir haben eine Persönlichkeit, wir haben Gene, wir erleben Traumata, wir erhalten eine bestimmte Erziehung – all diese Dinge formen unser Bewusstsein und das, was wir sind. Allzu vereinfachende Erklärungen werden der Frage ‚Was ist ein Mensch?' nicht gerecht."

Sie dachte einen Moment nach und sagte dann: „Auch wenn ich diese Frage auf eine andere Weise beantworten könnte."

„Nämlich wie?"

„Ich könnte Ockhams Rasiermesser anwenden. Ich könnte die Meinung vertreten, dass Menschen ein Bewusstsein haben, weil Gott ein Bewusstsein hat. Das ist einfach und unkompliziert – obwohl es viel mehr Aussagekraft hat als der Physikalismus."

Für eine andere Welt geschaffen

Was mich betraf, war die Frage damit beantwortet: Ich bin mehr als bloß mein Körper. Meine Seele ist nicht gleichbedeutend mit meinem Gehirn. Um es mit J. P. Moreland zu sagen: Ich *bin* eine

Seele und ich *habe* einen Körper. Und diese Erkenntnis oder Überzeugung öffnet die Tür für die Möglichkeit, dass ich weiterleben kann, nachdem mein Körper seinen letzten Atemzug auf dieser Erde getan hat.[44]

Nachdem Dirckx und ich noch ein paar abschließende Höflichkeiten ausgetauscht hatten, dankte ich ihr für ihre Zeit und ihre Expertise. Wir beendeten unsere transatlantische Videokonferenz, und sie ging zurück zu Abby und Ethan, die unten in der Küche am Backen waren. Das Leben geht weiter – wenn wir Glück haben, noch eine gewisse Zeit. Hoffentlich noch eine lange, sehr lange Zeit. Aber irgendwann, ganz zum Schluss, wird es für uns alle von allerhöchster Bedeutung sein, was nach unserem Tod passiert.

Dirckx beendet ihr Buch mit der folgenden Einladung: „Wenn du nur dein Gehirn bist, dann wurdest du nur für ein Leben in dieser Welt erschaffen, und die einzig sinnvolle Art zu leben, besteht darin, es dir gut gehen zu lassen und möglichst viel aus deinem Leben zu machen, solange du es hast. Der christliche Glaube besagt jedoch, du bist mehr als nur dein Gehirn – du wurdest für die Ewigkeit erschaffen. Du wirst auch in der Ewigkeit ein Bewusstsein haben und hast deshalb zwei Alternativen: Entweder du wirst die Ewigkeit mit Jesus Christus verbringen oder getrennt von ihm. Darum rate ich dir: Lebe heute im Bewusstsein der Ewigkeit."[45]

Der erste Baustein in unserem Plädoyer für ein Leben nach dem Tod war an seinem Platz: Der Tod bedeutet nicht zwangsläufig das Ende eines Menschen. Aber es galt noch einem weiteren Hinweis zu folgen: Was war mit dem Thema „Nahtoderfahrungen", das Dirckx angesprochen hatte? Können sie wirklich ein Licht auf das werfen, was passiert, nachdem wir gestorben sind? Es gibt Gelehrte, die dieser Ansicht sind. Der prominente christliche Philosoph Paul Copan von der *Palm Beach Atlantic*

University glaubt jedenfalls, dass es „sehr schlüssige Beweise" für Nahtoderfahrungen oder außerkörperliche Erfahrungen gibt.[46]

Ich klappte meinen Laptop zu. Es war an der Zeit, nach weiteren Antworten zu suchen.

Kapitel 3

Nahtoderfahrungen

Ein Blick in die
andere Welt?

Nahtoderfahrungen sind ein starker Hinweis darauf, dass es ein Leben nach dem Tod gibt und dass das Universum von einer unendlich liebevollen Intelligenz gesteuert wird.
Jeffrey Long, Physiker und Nahtodforscher:
Evidence of the Afterlife

Eben Alexander, Neurochirurg in Harvard und Agnostiker, war davon überzeugt, dass unser Gehirn alles ist, was uns ausmacht.

„Ohne ein funktionierendes Gehirn ist kein Bewusstsein möglich", sagte er. „Das liegt daran, dass das Gehirn die Maschine ist, die Bewusstsein hervorbringt. Wenn die Maschine kaputtgeht, hört das Bewusstsein auf zu existieren ... Wenn Sie den Stecker ziehen, ist Ihr Fernseher tot. Die Show ist vorbei, egal, wie gut Sie Ihnen auch gefallen hat."[1] Oder mit anderen Worten: kein Leben nach dem Tod, kein Himmel, keine wie auch immer geartete Existenz im Jenseits.

Dann kam der 10. November 2008, der Tag, an dem eine seltene Infektion des Gehirns seinen gesamten Neocortex lahmlegte, den Teil des Gehirns, der unsere Sinne und die Motorik steuert und uns gewissermaßen zum Menschen macht. „Es war nicht so, dass mein Gehirn während meines Komas nicht richtig funktionierte – es funktionierte *überhaupt nicht*", schrieb er danach.[2] Doch obwohl sein Gehirn nicht funktionierte, war er bei vollem Bewusstsein, aber nun in einer „strahlenden, pulsierenden, ekstatischen, überwältigenden" neuen Welt[3], einem Ort, der von dem beglückenden Gefühl bedingungsloser Liebe durchdrungen war.

Dort sah er das Gesicht eines wunderschönen Mädchens, das ihn mit rätselhaftem Lächeln anschaute. Er hatte keine Ahnung, wer sie war, aber sie war von einer Aura zärtlicher Liebe umgeben.

Wunderbarerweise war der Arzt nach dieser Nahtoderfahrung völlig geheilt. Er war als Kind adoptiert worden, und nachdem er Kontakt zu seiner Herkunftsfamilie aufgenommen hatte, schickte man ihm ein Foto – das Bild seiner Schwester Betsy, von der er nie Kenntnis gehabt hatte und die schon vor Jahren gestorben war.[4]

Das Foto verschlug ihm die Sprache. Dies war das Mädchen mit dem geheimnisvollen Lächeln, das ihm in der anderen Welt so viel Liebe entgegengebracht hatte.

„Meine Erfahrung bewies mir, dass der Tod des Körpers und des Gehirns nicht das Ende des Bewusstseins sind und dass unsere menschliche Existenz jenseits des Grabes weitergeht", sagt er heute. „Und was noch wichtiger ist: Sie geht weiter in der Gegenwart eines Gottes, der jeden Einzelnen von uns voller Liebe anschaut und sich um uns kümmert."[5]

Seien wir ehrlich: Wir würden uns alle wünschen, dass das wahr ist – aber ist es das auch?

Im vorigen Kapitel hat Sharon Dirckx überzeugende Gründe dafür genannt, dass wir alle eine Seele oder ein Bewusstsein haben, das sich von unserem physischen Gehirn unterscheidet. Aber gibt es irgendeinen *Beweis* dafür, dass mein Bewusstsein tatsächlich meinen Tod überlebt? Obwohl ich Jesus vertraue, überkam mich, als ich im Krankenaus lag, ein Gefühl von Unsicherheit – oder Sorge – darüber, was passieren würde, falls ich starb. Welchen Beweis gibt es dafür, dass es ein Leben nach dem Tod gibt? Können Nahtoderfahrungen Licht in dieses Thema bringen oder stiften sie nur Verwirrung?

Gibt es ein Leben nach dem Tod?

Raymond Moody, ein Arzt mit Doktortiteln in Philosophie und Psychologie, hat den Begriff „Nahtoderfahrung" (NDE – *Near Death Experience*; auf Deutsch wird auch die Abkürzung NTE verwendet) geprägt. Er benutzte ihn in seinem 1975 erschienenen Buch *Life after Life*, das dreizehn Millionen Mal verkauft und in ein Dutzend Sprachen übersetzt wurde.[6] Moodys Interviews mit 150 Personen, die Nahtoderlebnisse hatten, weckten in Kenneth Ring, einen langjährigen Psychologieprofessor an der *University of Connecticut*, den Wunsch, sich näher mit dem Thema zu beschäftigen. Er wurde ein bekannter NTE-Forscher und gründete die Zeitschrift *Journal of Near-Death Studies*.

„Die Geschichten, die Moodys Gesprächspartner erzählten, waren so fesselnd und beschrieben die Erfahrung des Sterbens mit so schönen Worten, dass die Menschen, die dies lasen und hörten, tief berührt waren. Sie konnten kaum glauben, dass das, was sie immer als ihren größten Feind betrachtet hatten, im Grunde das Gesicht ihres Liebsten hatte", so Ring.[7]

„Hinzu kam: Wenn Moodys Interviewpartner die Erfahrung des Sterbens zu schildern versuchten, erwähnten sie oft ein strahlendes, übernatürliches Licht, das von einer Aura bedingungsloser, *absoluter* Liebe umgeben war. Von diesem Licht ging ein so überwältigender Friede aus, dass sie ihn nur mit dem ‚Frieden, der größer ist, als unser menschlicher Verstand es je begreifen kann' vergleichen konnten."[8]

Es ist kein Wunder, dass die Öffentlichkeit von den Schriften Moodys und den darauffolgenden Büchern anderer Autoren fasziniert war, die über Nahtoderlebnisse berichteten. „Sie schienen eindeutig zu beweisen", schrieb Ring, „dass an dem, was unsere westlichen Religionen lehrten, etwas dran war: dass das Leben nach dem Tod weitergeht und dass diejenigen, die sterben, tatsächlich die Gegenwart Gottes erleben."[9]

Viele Wissenschaftler bleiben jedoch skeptisch. „Die große Frage ist: ‚Sind Nahtoderfahrungen wirklich ein Beweis für die Existenz des Himmels? Oder der Hölle?' Ich glaube nicht. Keines dieser Argumente ist überzeugend", sagte John Martin Fischer, Philosophieprofessor an der *University of California-Riverside*.[10]

Der neutestamentliche Theologe Scot McKnight schrieb: „Die Unterschiede zwischen den Geschichten, die im Laufe der Zeit erzählt wurden, sind sehr dramatisch. Darum bin ich skeptisch, ob sie wirklich beschreiben, wie es im Himmel ist oder was uns nach dem Tod erwartet."[11]

Einer Studie aus dem Jahr 2019 zufolge hatte in 35 untersuchten Ländern jeder Zehnte im Laufe seines Lebens irgendeine Art von Nahtoderlebnis.[12] Aber könnten sich diese Erfahrungen auch anders erklären lassen? Könnte auch mein traumatisiertes Gehirn Halluzinationen fabrizieren, die ich für real hielt, als ich im Krankenhaus lag und fast gestorben wäre? Vielleicht hätte ich aufgrund von Sauerstoffmangel ebenfalls eine imaginäre Welt betreten, die ebenso flüchtig war wie ein Traum?

Oder waren diese Nahtoderfahrungen vielleicht Betrug – schließlich wurde die erfundene Geschichte eines Jungen als Bestseller vermarktet[13], und einige Journalisten hatten versucht, auch Eben Alexanders Glaubwürdigkeit zu untergraben.[14] Lässt sich die Behauptung, dass es ein Leben nach dem Tod gibt, durch überzeugende Fakten erhärten?

Zum Glück wusste ich, wo ich Antworten bekommen konnte. Ein langjähriger Freund von mir – selbst früher ein Skeptiker – hat über tausend Fälle von Nahtoderfahrungen untersucht und vor Kurzem ein Buch über das Thema geschrieben, das auf der *New York Times* Bestsellerliste stand. Ich schrieb ihm eine E-Mail und er lud uns zu sich ein. Leslie und ich packten unsere Koffer, stiegen ins Auto und machten uns aus Houston auf den Weg nach Westen, Richtung Austin.

„Ich wusste in meinem Herzen, dass das Gott war"

Nach einem Abstecher in das idyllische Städtchen Brenham, wo wir uns einen Barbecuelunch gegönnt hatten, fuhren wir zurück auf den Highway 290. Ich freute mich auf mein Interview mit John Burke. Wir waren beide Mitarbeiter in einer Chicagoer Gemeinde gewesen, und nun war er Pastor der *Gateway Church*, einer blühenden Gemeinde in Austin, der Hauptstadt von Texas.

Unterwegs las Leslie mir aus Burkes Buch *What's after Life?* vor, das mit der Geschichte der Nahtoderfahrung einer alleinerziehenden Mutter aus London beginnt, die mit starken Blutungen ins *Memorial Hospital* eingeliefert worden war:

Während ich all dieses Blut verlor, verlor ich gleichzeitig meinen Lebenswillen. Ich hörte einen Knall und plötzlich war der Schmerz vorüber ... Während die Ärzte sich fieberhaft um mich bemühten und mich an eine Transfusion und diverse andere Schläuche anschlossen, konnte ich meinen Körper genau sehen. Ich erinnere mich noch daran, dass ich mir damals einfach nur wünschte, sie würden aufhören ...

Die Tatsache, dass ich diese Gedanken ein paar Zentimeter unter der Zimmerdecke hatte, beunruhigte oder verwirrte mich nicht ... Ich war bei klarem Bewusstsein, obwohl ich hörte, wie eine Schwester – die einzige in einem blauen Kittel – den Ärzten mitteilte, dass ich kurz nach meiner Ankunft in der Notaufnahme das Bewusstsein verloren hatte. Ich nahm die Geschehnisse und alles, was sich im Raum befand, detailliert wahr. Plötzlich erschien ein Tunnel und ich wurde in ihn hineingezogen. Ich war froh, mich aus der angespannten Situation unter mir zu entfernen. Ich trieb auf den Tunnel zu und glitt durch einen Ventilator in der Decke und dann durch die Decke selbst ...

Ich wurde immer schneller, während ich auf ein helles Licht in der Ferne zuflog. Während ich immer mehr Fahrt aufnahm, spürte ich eine Gegenwart an meiner Seite, die mir half, ruhig zu bleiben, und Liebe und Weisheit ausstrahlte. Ich sah niemanden, aber ich spürte die Gegenwart meines Großvaters, der gestorben war, als ich dreizehn war ...

Schließlich erreichte ich das Ende [des Tunnels] *und glitt an einen Ort, der in ein strahlend weißes Licht getaucht war, das eine vollständige Verkörperung der Liebe zu sein schien. Einer bedingungslosen Liebe, wie sie eine Mutter für ihr Kind empfindet ... Ich wusste in meinem Herzen, dass das Gott war. Es gibt keine Worte, um die Ehrfurcht zu beschreiben, die ich in seiner Gegenwart empfand ... Ich wusste, dass er jeden meiner Gedanken und jedes meiner Gefühle kannte.*

Das Nächste, was ich sah, war ein schlafendes Baby. Ich wusste, dass ich das selbst war. Ich schaute fasziniert zu, während ich die

Höhepunkte aller meiner Lebensphasen vor mir sah … Ich erlebte jede gute und jede schlechte Tat nach, die ich jemals begangen hatte, und spürte die Auswirkungen, die sie auf andere gehabt hatten. Das war nicht einfach für mich, aber ich fühlte mich von einer bedingungslosen Liebe getragen, die mir durch die schwierigen Episoden hindurchhalf. Dann wurde mir telepathisch die Frage gestellt, ob ich bleiben oder zurückkehren wollte …

Plötzlich wurde ich wieder in meinen Körper hineinkatapultiert und ein stechender Schmerz zerriss mir schier den Unterleib. Die Schwester in dem blauen Kittel gab mir eine Spritze und sagte mir, dass ich mich entspannen sollte [und] dass das Schmerzmittel bald wirken würde. Offenbar war ich nur ein paar Minuten bewusstlos gewesen, aber mir selbst kam es so vor, als hätte mein Besuch „auf der anderen Seite" ein paar Stunden gedauert.

Während ich mich in der Notaufnahme außerhalb meines Körpers befand, bemerkte ich auf einem Lüfterflügel des Ventilators ein rotes Etikett. Es klebte auf der Seite des Lüfterflügels, die der Decke zugewandt war … Schließlich überredete ich [eine Schwester] dazu, eine Leiter zu holen und nachzuschauen, ob sich dort wirklich der rote Aufkleber befand, den ich ihr genau beschrieb, obwohl er sich auf der Seite des Deckenventilators befand, die von unten nicht sichtbar war. Die Schwester und ein Pfleger sahen den Sticker und bestätigten, dass er genauso aussah, wie ich ihn beschrieben hatte.[15]

Leslie klappte das Buch zu. „Das klingt ziemlich überzeugend", sagte sie.

„Ja", erwiderte ich. „Die Sache mit dem Aufkleber klingt wirklich ziemlich glaubwürdig. Aber sie wirft auch viele Fragen auf."

Leslie öffnete das Buch wieder. „Ich will mal so sagen: Sie hat zumindest mein Interesse geweckt."

Ich nickte. „Das ganze Thema ist faszinierend. Ich habe gerade einen Artikel über eine Studie mit Patienten gelesen, die einen Herzstillstand überlebt haben. Während sie klinisch tot waren und bevor ihr Herz wieder in Gang gesetzt wurde, gaben 40 Prozent von ihnen an, bei Bewusstsein gewesen zu sein![16] John hat über drei Jahrzehnte lang Nahtoderfahrungen erforscht. Ganz ehrlich, ich kann es kaum erwarten, dieser Sache auf den Grund zu gehen."

Meiner Ansicht nach brauchte man nur *einen* gut dokumentierten Fall einer Nahtoderfahrung – hierin stimmte ich dem zu, was die Neurowissenschaftlerin Sharon Dirckx mir in unserem Interview gesagt hatte. Für mich wäre das ein eindeutiger Hinweis darauf, dass unser Bewusstsein auch nach unserem klinischen Tod weiterexistiert.

Nur *einen* Fall.

Interview Nr. 3: John Burke

John Burke war 16 Jahre alt, als sein Vater, der als Ingenieur für eine Ölgesellschaft in Houston tätig war, an Krebs starb. Eines Tages bemerkte John, dass auf dem Nachttisch seines Vaters ein Buch lag – es war Raymond Moodys bahnbrechender Bericht über Nahtoderfahrungen. John wurde neugierig, nahm sich das Buch und las es in einem Zug durch.

„Am Ende – ich werde das nie vergessen – saß ich auf meinem Bett und Tränen liefen mir übers Gesicht", erinnert er sich. „Ich war damals Agnostiker, aber ich erinnere mich daran, dass ich dachte: Ach, du meine Güte, vielleicht ist ja doch etwas an dieser Sache mit Jesus dran – und wenn das so ist, dann will ich zu ihm gehören."

Kurze Zeit später sprach ein Freund mit ihm ein Gebet, in dem er sein Leben Jesus anvertraute. John beendete sein Ingenieurstudium an der *University of Texas*, arbeitete für einige große Ölfirmen und erwarb dann den Master in Theologie und Philosophie an der *Trinity International University* in der Nähe von Chicago. Seine Frau Kathy und er arbeiteten unter Studenten an verschiedenen Colleges und nach dem Fall der Sowjetunion auch in Russland.

Ich lernte John kennen, als er geschäftsführender Pastor in der Chicagoer Vorstadtgemeinde war, in der ich als Lehrpastor tätig war. 1998 verließen uns John und Kathy, um die *Gateway Church* in Austin zu gründen, die sich aus einer Kleingruppe mit vier Teilnehmern inzwischen zu einer Gemeinde mit mehr als 5 000 Mitgliedern entwickelt hat. John achtet darauf, dass in der Gemeinde eine „Komm, wie du bist"-Atmosphäre herrscht, die Skeptiker, Zweifler, Fragende und Suchende anzieht. Seine gemeinnützige *Gateway Leadership Initiative* unterstützt Pastoren und Ehrenamtliche dabei, zu lieben, zu dienen und sich in ihrem gesellschaftlichen Umfeld zu engagieren.

John hat im Laufe der Jahre verschiedene Bücher verfasst, die viele Menschen berührt haben, darunter *No Perfect People Allowed*, *Soul Revolution* und *Unshockable Love*. Er ist Vater von zwei Kindern und Großvater der kleinen Sophia und hat in 27 Ländern Vorträge über Leiterschaft und geistliches Wachstum gehalten.

Sein Interesse an Nahtoderfahrungen, das durch Raymond Moodys Buch geweckt worden war, ist im Laufe der Jahrzehnte immer stärker geworden. Seine Untersuchungen mündeten schließlich in dem Bestseller *Imagine Heaven*, der fast eine Million Mal verkauft wurde. Der Philosoph J. P. Moreland sagte: „Ich bin davon überzeugt, dass dieses Buch das ultimative Standardwerk über den Himmel und Nahtoderfahrungen ist."[17]

Während Leslie einen Streifzug über das Gelände der *Gateway Church* unternahm, ließen John und ich uns in einem Konferenzraum der Gemeinde nieder. Er trug lässige Kleidung und sein dunkelbraunes Haar war etwas zerzaust. Er hat einen athletischen Körperbau (er ist Amateursegler und -fußballer) und einen scharfen Verstand, ein unbeschwertes Lächeln und eine gewinnende Stimme.

Gemeinsame Faktoren von Nahtoderfahrungen

Ich beschloss, mit der Frage zu beginnen: „Was ist die überraschendste Entdeckung, die du in Bezug auf Nahtoderfahrungen gemacht hast?"

„Zunächst einmal gefällt mir der Ausdruck ‚Nahtoderfahrungen' nicht besonders", erwiderte er. „Wie ein Überlebender sagte: ‚Ich war nicht *beinahe* tot, ich *war* tot.' In einigen dieser Fälle geht es um Menschen, die keinen Herzschlag oder keine Hirnströme mehr hatten. Manche waren von ihren Ärzten bereits für tot erklärt worden. Sie waren vielleicht nicht im *ewigen* Sinne tot, aber sie waren *klinisch* tot."

„Okay, guter Punkt", sagte ich.

„Nun lass mich deine Frage beantworten", fuhr er fort. „Was mich am meisten überrascht hat, ist, dass diese Geschichten eine zentrale Gemeinsamkeit haben, auch wenn sie ansonsten sehr unterschiedlich sind. Und so unglaublich es klingt: Diese Gemeinsamkeit stimmt völlig mit dem überein, was wir in der Bibel über das Leben nach dem Tod lesen."

„Und trotzdem sind viele Christinnen und Christen der Meinung, Nahtoderfahrungen hätten etwas mit Okkultismus und New Age zu tun", warf ich ein.

„Nein, ich glaube nicht, dass das viele Christen denken. Viele gehen eher wie der Theologe R. C. Sproul an die Sache heran, der Nahtoderfahrungen unvoreingenommen gegenüberstand und dazu ermutigte, sie gründlich zu erforschen und zu analysieren.[18] Die christlichen Philosophen J. P. Moreland und Gary Habermas schreiben schon seit den frühen 1990er-Jahren über die Bedeutung von Nahtoderfahrungen."[19]

„Warum unterscheiden sich die Nahtoderfahrungen, von denen die Menschen berichten, dennoch gleichzeitig so stark voneinander?"

„Nun, ich habe festgestellt, dass man hier auf zwei unterschiedliche Ebenen achten muss: Erstens das, was die Menschen über ihre Erfahrungen *berichten*, und zweitens, wie sie das, was sie erlebt haben, *interpretieren*", erklärte er. „Die Interpretationen unterscheiden sich, aber wenn man die Erfahrung auf das herunterbricht, was die Betreffenden tatsächlich erlebt haben, dann stößt man auf einen Kern, der im Einklang mit dem steht, was wir in der Bibel über das zukünftige Leben nachlesen können."

Ich legte den Kopf schief. „Du baust deine Theologie aber nicht auf diesen Nahtoderfahrungen auf, oder?", frage ich.

„Ganz und gar nicht. Das Fundament meiner Überzeugungen ist die Bibel. Sie ist unsere zuverlässigste Quelle. Vielleicht kann man es so ausdrücken, dass die Bibel uns sehr nüchtern, quasi in Schwarz-Weiß-Fotos, über das Leben nach dem Tod informiert und diese Nahtoderfahrungen etwas Farbe ins Bild bringen. Die beiden Sichtweisen widersprechen einander nicht, sie ergänzen einander."

„Und was haben die Nahtoderfahrungen gemeinsam?", fragte ich.

„Drei Viertel der Betroffenen machen die Erfahrung, dass ihr Bewusstsein von ihrem Körper getrennt ist", antwortete er.

„Also eine außerkörperliche Erfahrung."

„Genau. Etwa ebenso viele berichten von geschärften Sinnen und intensiven Gefühlen."

„Positiven Gefühlen?"

„Im Allgemeinen ja. Zwei von drei Personen begegnen einem mystischen oder strahlenden Licht, und mehr als die Hälfte begegnet anderen Wesen, entweder mystischen Wesen oder verstorbenen Verwandten oder Freunden. Ebenfalls mehr als die Hälfte beschreibt übernatürliche oder himmlische Landschaften. Ein Viertel sagt, dass sie einen Rückblick auf ihr Leben erleben. Ein Drittel macht die Erfahrung einer Barriere oder Grenze, und mehr als die Hälfte war sich bewusst, dass sie sich entscheiden konnten, ob sie in ihren physischen Körper zurückkehren wollten."

„Stimmt es, dass viele Menschen es schwierig finden, die Erfahrung zu beschreiben?"

„Ja, das ist tatsächlich so", nickte er. „Ein Mädchen namens Crystal sagte mir: ‚Es gibt keine Worte in der menschlichen Sprache, die die Erfahrung auch nur annähernd beschreiben könnten.' Ein Mann namens Gary meinte, nichts könnte die göttliche Gegenwart, die er erlebt hat, angemessen beschreiben."[20]

„Strahlender als die Sonne"

„Erzähl mir von dieser sogenannten göttlichen Gegenwart", bat ich. „Was sagen die Leute typischerweise darüber?"

„Sie sprechen von einem strahlenden Licht – strahlender als alles, was sie je gesehen haben", begann Burke.

Dann erzählte er die Geschichte eines neuseeländischen Atheisten namens Ian McCormack, der vor der Küste von

Mauritius tauchen ging und viermal von einer Würfelqualle gestochen wurde.

Ich zuckte zusammen, als er das sagte. Ich wusste von meinen Reisen, dass diese Quallenart oft als das giftigste Lebewesen der Welt bezeichnet wurde. Ein Stich kann innerhalb von zwei bis fünf Minuten zum Kollaps des Herz-Kreislauf-Systems und dann zum Tod führen.[21] Und Ian war *vier* Mal gestochen worden.

„Ian lag im Sterben", bestätigte mir Burke sogleich. „Er sah seine Mutter vor sich, die ihm immer gesagt hatte, dass er sich an Gott wenden sollte, wenn er jemals Hilfe brauchte. Er befand sich in völliger Dunkelheit und hatte furchtbare Angst. Und er flehte zu Gott. Im gleichen Augenblick fiel ein strahlendes Licht auf ihn und zog ihn buchstäblich aus der Dunkelheit heraus. Er beschrieb das Licht später als ‚unaussprechlich hell, so als sei es das Zentrum des Universums ... heller als die Sonne, strahlender als jeder Diamant, heller als ein Laserstrahl. Und doch konnte man direkt hineinschauen.'

Er erzählte, dass diese Gegenwart alles über ihn gewusst habe, was ihn sehr beschämt habe. Aber er fühlte nicht, dass er verurteilt wurde, sondern nur ‚reine, unverfälschte, grenzenlose, unverdiente Liebe'. Er brach hemmungslos in Tränen aus. Ian bat um die Erlaubnis, ‚in das Licht einzutreten'. Als er es tat, sah er in der Mitte des Lichtes einen Mann in blendend weißen Kleidern – Kleidern, die buchstäblich aus Licht gewebt waren –, der die Arme ausstreckte, um ihn willkommen zu heißen. Ian sagte: ‚Ich wusste sofort, dass ich in der Gegenwart des allmächtigen Gottes stand.'"[22]

Burke hielt kurz inne und fuhr dann fort: „Erinnerst du dich an die Geschichte von der Verklärung? In Matthäus 17, Vers 2 steht, das Gesicht Jesu ‚leuchtete wie die Sonne und seine Kleidung wurde strahlend weiß'." Er lächelte. „Daran musste ich denken, als ich das hörte."

„Aber wenn Ian Hindu gewesen wäre, wäre er dann vielleicht einer Gottheit dieser Religion begegnet?"

„Ich habe bei all meinen Recherchen nie von Menschen gelesen, die so etwas wie Krishna beschreiben, der blaue Haut hat, oder Shiva, die drei Augen besitzt. Es hat auch niemand beschrieben, wie sich das persönliche Selbst auflöst und in das unpersönliche Brahma hineinfließt, die höchste Realität der Hindus. Tatsächlich haben zwei Forscher 500 Amerikaner und 500 Inder untersucht, um herauszufinden, wie stark sich ihre kulturelle Prägung auf ihre Nahtoderlebnisse ausgewirkt hat."

„Und was haben ihre Untersuchungen ergeben?"

„Dass in den Visionen der Inder niemals irgendwelche grundlegenden hinduistischen Vorstellungen vom Leben nach dem Tod zu finden waren. Keine Reinkarnation. Was sie geschildert haben, war, dass sie einem weiß gekleideten Mann mit einem Buch begegnet sind, in dem Dinge verzeichnet waren. Das könnte für sie ein Hinweis auf das Karma sein und darauf, dass unsere guten und schlechten Taten festgehalten werden. Aber auch das ist wieder eine Interpretation, denn diese Vorstellung lässt sich auch sehr gut mit dem vereinbaren, was wir in der Bibel lesen. Bruce Greyson, der sich mit Nahtoderfahrungen aus verschiedenen Kulturen beschäftigt, hat bestätigt: Im Kern besteht zwischen diesen Erlebnissen kein wesentlicher Unterschied; unterschiedlich ist nur die Art und Weise, wie die Menschen das, was sie erlebt haben, interpretieren."[23]

„Alles liegt offen vor einem"

Ich bat Burke, mir noch mehr über den Rückblick auf das eigene Leben zu erzählen, den viele Menschen in ihren Nahtoderfahrungen erleben.

„Er findet in der Gegenwart des Lichtwesens statt und er beginnt oft mit einer Frage wie: ‚Was hast du mit dem Leben gemacht, das ich dir geschenkt habe?' Diese Worte werden nicht verurteilend gesagt, sondern voller Liebe. Es geht darum, über sich selbst nachzudenken und etwas zu lernen.

Alles, was man erlebt hat, liegt offen vor einem – jeder Gedanke, jedes Motiv, jedes Handeln. Nichts ist verborgen. Das Interessante ist, dass der Fokus nicht auf den Leistungen oder den Trophäen oder dem beruflichen Werdegang liegt, sondern darauf, wie sehr man andere geliebt hat. Es dreht sich alles um Beziehungen. Die Menschen können tatsächlich sehen und spüren, wie sich ihr Handeln – auch das scheinbar unbedeutende – auf das Leben anderer ausgewirkt hat und welche ungeahnten Kettenreaktionen es oft auslöst.

Und all das geschieht nicht verurteilend. Was passiert, ist, dass Menschen dazu neigen, sich selbst zu verurteilen. Ein Mann sagte, sein grausames, egoistisches Verhalten habe ihn so beschämt, dass er darum gebeten habe, den Rückblick zu beenden.[24] Aber das Erstaunliche ist: Das Lichtwesen brachte ihm weiterhin ausschließlich bedingungslose Liebe entgegen."

„Erleben Menschen aus anderen Kulturkreisen diesen Rückblick anders?"

„Nein, es ist immer ziemlich ähnlich. Steve Miller hat nicht westliche, nicht christliche Nahtoderfahrungen untersucht und er schrieb: ‚In meiner nicht westlichen Vergleichsgruppe konnte ich bei den Lebensrückblicken keinen wesentlichen Unterschied zu denen aus westlichen Kulturen feststellen.'[25] Und erinnere dich daran: Jesus hat in der Bibel angekündigt: ‚Denn die Zeit kommt, in der die Wahrheit ans Licht kommt und alle Geheimnisse bekannt werden.'"[26]

Ich hob die Hand und unterbrach ihn. „Warte mal", sagte ich. „Das ist eine Sache, die viele Christen beschäftigt. In der Bibel steht, dass Gott jeden von uns richten wird – aber das klingt nicht nach dem, wie diese Lebensrückblicke ablaufen. Die erinnern mich mehr an die Allversöhnungslehre – alle werden gerettet, ganz egal, wie sie gelebt haben oder ob sie jemals die Vergebung in Anspruch genommen haben, die Jesus anbietet."

Burke lächelte. „Das beruht auf einem großen Missverständnis", erwiderte er. „Erstens hat Jesus selbst gesagt: ‚Eure eigenen Worte können für euch eure Erlösung bedeuten. Sie können euch aber auch für alle Ewigkeit verurteilen.'[27] Und genau das erleben die Menschen: Gott liebt sie und sie verurteilen sich selbst.

Außerdem ist in der Bibel von zwei Gerichten die Rede. Eines entscheidet darüber, ob wir Gottes Geschenk der Liebe, Vergebung, Errettung und Gotteskindschaft angenommen haben; das andere dient dazu, seine Nachfolger dafür zu belohnen, wie sie gelebt haben.[28]

Aber bei diesen Lebensrückblicken handelt es sich um keines von beiden", erläuterte er. „In Hebräer 9,27 steht: ‚... wie es bestimmt ist, dass jeder Mensch nur *einmal* stirbt, worauf das Gericht folgt' [Hervorhebung des Autors].

Menschen, die eine Nahtoderfahrung machen, sind ja nicht *endgültig* tot, sie sind vielleicht *klinisch* tot, aber sie kehren irgendwann ins Leben zurück. Dieser Lebensrückblick soll offenbar daran erinnern, dass Gott alles über uns weiß und dass wir eines Tages alle Rechenschaft über unser Leben ablegen werden. Die Bibel lehrt, dass das Gericht erst erfolgt, wenn die Menschheitsgeschichte ihr Ende erreicht hat."[29]

„Du siehst also keinen Widerspruch zwischen diesen Lebensrückblicken und der christlichen Lehre", meinte ich. Es war eher eine Feststellung als eine Frage.

„Nein", bestätigte er mir dann auch. „In keiner Weise. In meinem Buch ‚Imagine Heaven' weise ich anhand von zahlreichen Bibelstellen nach, dass Nahtoderlebnisse im Kern mit dem christlichen Glauben im Einklang sind."

In die Hölle hinabgestiegen

Die meisten Nahtoderlebnisse handeln von positiven Begegnungen – aber nicht *alle*. Zwölf verschiedene Studien mit insgesamt 1 369 Teilnehmern zeigten, dass 23 Prozent der Betroffenen Nahtoderlebnisse hatten, die sie als verstörend, erschreckend oder beängstigend empfanden.[30] Eine Studie mit 1 035 Teilnehmern aus 35 Ländern, die 2019 vom *European Academy of Neurology Congress* durchgeführt wurde, ergab: Jeder Zehnte von ihnen hatte eine Nahtoderfahrung gemacht, und 73 Prozent von ihnen bewertete das Erlebnis als „unangenehm".[31]

Ich wollte von Burke wissen: „Zu Beginn der Erforschung von Nahtoderlebnissen berichteten nur wenige Menschen von einer ‚höllischen' Erfahrung. Wie kommt das?"

„Vielleicht war es ihnen peinlich. Vielleicht wollten sie die Erinnerung verdrängen. Oder sie hatten Angst davor, ausgegrenzt zu werden. Manche leiden unter dauerhaften psychologischen Traumata. Heutzutage sind mehr Menschen bereit, darüber zu reden, wie zum Beispiel Howard Storm, der mittlerweile ein guter Freund von mir ist."

Storm war Kunstprofessor an der *Northern Kentucky University* und überzeugter Atheist, als er an einem Magengeschwür

„verstarb", das einen Durchbruch des Zwölffingerdarms verursacht hatte. Seltsamerweise stand er anschließend seinem Empfinden nach aufrecht neben dem Bett und fühlte sich besser als je zuvor. Dann folgte er ein paar geheimnisvollen, aber freundlichen Besuchern, die ihn den Flur hinunterführten. Daraus wurde eine kilometerlange Wanderung, in deren Verlauf die Verhältnisse immer finsterer und bedrückender wurden.

Plötzlich wurden die Fremden, die ihn so herzlich begrüßt hatten, unfreundlich und feindselig. Inzwischen war es stockfinster und Storm fürchtete sich zutiefst. Sie begannen, ihn zu stoßen, zu schlagen, zu ziehen, zu treten, zu beißen, mit den Händen an ihm zu zerren und ihn mit den Fingernägeln zu kratzen. Dabei verspotteten und beschimpften sie ihn unablässig. Er wehrte sich, so gut er konnte, aber er trug bei diesem Kampf schweren körperlichen und seelischen Schaden davon.

„Kein Horrorfilm oder -roman könnte ihre Grausamkeit auch nur annähernd beschreiben", erinnert er sich heute. „Am Ende wurde ich regelrecht zerfleischt. Ich verlor definitiv eines meiner Augen, meine Ohren waren weg, und ich blieb auf dem Boden liegen.

Jetzt hatte ich eine ganze Ewigkeit lang Zeit, über meine Situation nachdenken … Weil ich ein beschissenes Leben geführt hatte, befand ich mich nun in dieser Lage. Und mir wurde schlagartig klar: Die Leute, denen ich begegnet war, waren im Grunde Seelenverwandte. Sie leugneten Gott, sie lebten nur für sich selbst, und in ihrem Leben ging es einzig darum, andere zu manipulieren und zu kontrollieren. Ich hatte zeitlebens einzig und allein ein Ziel verfolgt: ein Denkmal für mein Ego zu errichten. Meine Familie, meine Skulpturen, meine Bilder – sie alle waren jetzt weg und zählten nicht länger. Ich war nicht weit davon entfernt, für alle Ewigkeit wie eines dieser Wesen zu werden, die mich gequält hatten."

Schließlich rief Storm um Hilfe. „Ich schrie in die Dunkelheit hinein: ‚Jesus, rette mich!' Und ich habe noch nie in meinem Leben irgendetwas so ernst gemeint."

Ein kleines Licht erschien – „viel heller als die Sonne" – und Hände und Arme streckten sich ihm entgegen. „Als sie mich berührten, in diesem Licht, konnte ich mich selbst sehen und all das geronnene Blut. Ich bot den gleichen Anblick wie überfahrenes Wild. Und dann begann sich das Blut einfach aufzulösen und ich war plötzlich wieder heil."

Er spürte eine Liebe, die nicht zu beschreiben war. „Wenn ich all die Liebe, die ich in meinem ganzen Leben erfahren habe, in einen einzigen Moment hineinpacken könnte, würde sie nicht im Entferntesten an die Intensität dieser Liebe heranreichen, die ich empfand. Und diese Liebe ist das Fundament, auf dem mein Leben seit diesem Moment steht."

Die Erfahrung hat Storm von Grund auf verändert. Nachdem er wieder gesund geworden war, gab er seinen Lehrstuhl als Professor auf und legte sein Amt als Vorsitzender der Kunstfakultät nieder. Er wurde Pastor einer kleinen Gemeinde, in der er bis heute tätig ist.[32]

„Manchmal", sagte Burke zu mir, „denken die Leute, dass es sich bei Nahtoderlebnissen nur um irgendwelche Halluzinationen handelt. Aber Halluzinationen sind meist bruchstückhaft und verworren, während Nahtoderlebnisse klar und in sich schlüssig sind. Außerdem habe ich noch nie erlebt, dass Menschen ihr Leben von Grund auf ändern, weil sie eine Halluzination erlebt haben. Aber Menschen, die ein Nahtoderlebnis hatten, sind oft von Grund auf verändert.

So wie mein Freund Howard."

Der Junge, der nicht aus dem Himmel zurückkehrte

2010 erschien das bewegende Buch *The Boy Who Came Back from Heaven*. Es beschrieb die Geschichte des jungen Alex Malarkey, der bei einem Verkehrsunfall schwer verletzt wurde und in einer Nahtoderfahrung Jesus begegnete.[33] Das Buch wurde in christlichen Kreisen sofort ein Bestseller und bildete die Grundlage für einen Fernsehfilm.

Jahre später machte Malarkey ein überraschendes Geständnis: „Ich bin nicht gestorben. Ich war nicht im Himmel. Ich habe gesagt, ich wäre im Himmel gewesen, weil ich dachte, ich würde dadurch Beachtung bekommen."[34] Der Skandal erschütterte die christliche Verlagsszene. Die Lektion war klar: Es war erstaunlich einfach, sich ein Nahtoderlebnis auszudenken und es als wahr zu verkaufen.

Ich erinnerte Burke an diesen Vorfall und fragte: „Besteht bei der Erforschung von Nahtoderfahrungen nicht ständig die Gefahr einer solchen Täuschung?"

„Zweifellos", pflichtete er mir bei, „aber ich habe versucht, mich bei meiner Arbeit dagegen zu wappnen."

„Und wie?"

„Indem ich mich auf Geschichten von Menschen konzentriert habe, die vermutlich keine finanziellen Interessen verfolgen, zum Beispiel Orthopäden, Onkologen, Bankdirektoren, Kardiologen, Piloten kommerzieller Fluggesellschaften, Professoren, Neurochirurgen. Sie brauchen das Geld nicht und riskieren, ihren Ruf zu ruinieren, wenn sie sich verrückte Geschichten ausdenken.

Wir haben die Berichte von über tausend Personen unter die Lupe genommen und nur wenige von ihnen haben ein Buch geschrieben. Und außerdem erzählen Menschen, die eine Nahtoderfahrung hatten – auf der ganzen Welt, in den unterschiedlichsten Kulturen – alle mehr oder weniger dieselbe Geschichte. Und sie können sich doch nicht alle zusammengetan und sich irgendetwas ausgedacht haben!"

„Wie sicher bist du, dass sich die Nahtoderfahrungen nicht durch physiologische oder neurologische Prozesse erklären lassen?", fragte ich. „Es hat da im Laufe der Jahre die unterschiedlichsten Theorien gegeben."

Burke zuckte die Schultern. „Ich denke, keine davon liefert eine schlüssige Erklärung für alle Berichte", antwortete er. „Zum Beispiel wurde nachgewiesen: Wenn man versucht, Erfahrungen künstlich auszulösen, gelingt es nicht, eine echte Nahtoderfahrung herbeizuführen."

Er nahm sein Buch zur Hand und blätterte zum Ende. „Pim van Lommel ist ein niederländischer Kardiologe, der eine breit angelegte Prospektivstudie zu Nahtoderfahrungen durchgeführt hat. Sie wurde in der angesehenen britischen Fachzeitschrift ‚The Lancet' veröffentlicht."

Er überflog den Text, bis er den gesuchten Abschnitt gefunden hatte, und las mir dann vor: „Nachdem er mögliche andere Erklärungen für Nahtoderfahrungen geprüft hatte, gestand van Lommel ein: ‚Auch wenn verschiedene physiologische und psychologische Faktoren eine Rolle spielen können, kann keiner von ihnen das Phänomen völlig erklären.' Sein Fazit war, dass diese Theorien keine zufriedenstellende Erklärung boten für ‚die Erfahrung eines gesteigerten Bewusstseins mit klaren Gedanken, intensiven Gefühlen, Erinnerungen aus der frühesten Kindheit und Zukunftsvisionen sowie die Fähigkeit, Dinge aus einer Position außerhalb und oberhalb des eigenen Körpers wahrzunehmen.'"[35]

„Aber es gibt immer noch Meinungsverschiedenheiten zu dem Thema, oder?"

„Ja, die Diskussion ist noch im Gang." Burke nickte. „Das Gebiet wird intensiv erforscht. Mittlerweile sind mehr als neunhundert Artikel in wissenschaftlichen Fachzeitschriften erschienen. Aber viele skeptische Forscher sind inzwischen zu dem Ergebnis gekommen, dass Nahtoderfahrungen uns einen Einblick in das Leben nach dem Tod geben. Keine der alternativen Erklärungsansätze ist so logisch und kohärent wie die einfache Schlussfolgerung, dass es tatsächlich ein Leben nach dem Tod gibt."

Der verirrte Tennisschuh

Ich war begierig auf weitere Bestätigungen. Ich kann nicht nachprüfen, ob Eben Alexander tatsächlich „eine strahlende, pulsierende, begeisternde, faszinierende" neue Welt erlebt hat, dass Ian McCormack in der Gegenwart des allmächtigen Gottes gestanden hat oder Jesus Howard Storm von seinen Qualen befreit wurde. Ich habe nur ihr persönliches Zeugnis sowie die Tatsache, dass sich ihr Leben von Grund auf verändert hat und Menschen auf der ganzen Welt von ähnlichen Begegnungen berichten. Aber natürlich gibt es keine unabhängigen Augenzeugen, die sich dafür verbürgen könnte, dass diese Dinge wirklich geschehen sind. Der Investigativjournalist in mir wollte etwas, das sich nachprüfen ließ.

„Die Geschichte von der Frau, die ihren Körper verließ und zur Decke schwebte. Und die dann den roten Aufkleber sehen konnte, der auf der Oberseite des Ventilatorflügels klebte", sagte ich. „Später wurde bestätigt, dass der Aufkleber genau so aussah, wie sie ihn beschrieben hatte. Solche unabhängigen Bestätigungen finde ich sehr hilfreich. Gibt es noch mehr solcher Fälle?"

„Ja, sicher", erwiderte er. „Sogar ziemlich viele."

„Nenn mir ein paar Beispiele."

„Es gibt viele Geschichten darüber, wie NTE-Patienten ihren Körper verlassen, beobachten, wie die Ärzte versuchen, sie wiederzubeleben, und später genau beschreiben können, was diese gemacht und welche Geräte sie benutzt haben. Der Kardiologe Michael Sabom war ein Skeptiker, bis er diese Art von Fällen untersuchte. Sein Patient Peter Morton erlitt zum Beispiel einen Herzstillstand und beschrieb die Wiederbelebungsversuche so genau und detailgetreu, dass Sabom sagte, er hätte mithilfe dieser Aufnahme problemlos andere Ärzte anleiten können."

„Warte mal", warf ich ein. „Hätte der Patient das nicht auch erraten können? Vielleicht hat er sich einfach an das erinnert, was er in Arztserien oder Gesundheitssendungen gesehen hat."

„Das ist tatsächlich auch untersucht worden", erwiderte Burke. „Dr. Penny Sartori hat eine fünfjährige Studie mit Patienten durchgeführt, die behaupteten, außerkörperliche Erfahrungen gemacht zu haben. Sie stellte fest, dass die Beobachtungen dieser Patienten ‚überraschend exakt' waren. Zum Vergleich bat sie andere Patienten zu erraten, was während ihrer Reanimation geschehen war."

„Wie haben diese Personen abgeschnitten?"

„Nicht gut. Sie sagte, bezüglich der Apparate, die benutzt wurden, hätte es viele Irrtümer und falsche Vorstellungen gegeben, und viele Abläufe seien falsch beschrieben worden. Viele hätten zum Bespiel vermutet, dass der Defibrillator benutzt worden war, obwohl das gar nicht der Fall war."[36]

„Interessant", sagte ich.

„Einer der bekanntesten Fälle stammt von der Forscherin Kimberly Clark Sharp, die die außerkörperliche Erfahrung einer Herzinfarkt-Patientin namens Maria schildert. Während Maria im medizinischen Sinne bewusstlos war, schwebte sie durch die

Decke und aus dem Krankenhaus hinaus. Bei dieser Gelegenheit sah sie, dass auf einer Fensterbank im dritten Stockwerk ein Tennisschuh lag."

„Wie beschrieb sie ihn?"

„Ein linker Herrenschuh, dunkelblau, mit einer Abnutzungsspur über dem kleinen Zeh. Ein Schnürsenkel lag unter dem Absatz. Sharp ging der Sache nach, und tatsächlich: Sie fand den Schuh, und er sah genauso aus, wie Maria ihn beschrieben hatte."[37]

Ich dachte einen Moment über die Geschichte nach. „Das ist wirklich beeindruckend", meinte ich dann. Wie oft finden sich solche objektiven Bestätigungen?"

„Janice Holden hat dreiundneunzig NTE-Patienten untersucht, die behaupteten, verschiedene nachprüfbare Beobachtungen gemacht zu haben, während sie sich außerhalb ihres Körpers befanden. Sie sagt, bemerkenswerte 92 Prozent der Beobachtungen seien ‚absolut korrekt' gewesen. Mach dir das mal klar: Fast alle lagen völlig richtig. Weitere sechs Prozent der Beobachtungen enthielten nur ‚geringfügige Fehler'. Nur zwei Prozent waren ‚völlig falsch'."[38]

„Das ist wirklich eine erstaunliche Bilanz", musste ich zugeben.

Und die Blinden können sehen

Ich forderte Burke mit einer Handbewegung auf, mir weitere Beispiele für bestätigte Fälle zu nennen. Er dachte einen Moment nach und begann dann, sie aufzuzählen. Hin und wieder nahm er dabei sein Buch zur Hand, um seinem Gedächtnis auf die Sprünge zu helfen.

„Im ‚The Lancet' wurde der Bericht eines Patienten veröffentlicht, der nach einem Herzstillstand im Koma lag und nicht mehr selbstständig atmen konnte. Ein Pfleger entfernte daher das Gebiss des Mannes und legte es in die Schublade eines Medikamentenwagens. Eine Woche später kam der Patient wieder zu Bewusstsein. Als der Pfleger bei ihm vorbeischaute, erkannte ihn der Patient und sagte: ‚Sie haben mir mein Gebiss aus dem Mund genommen.' Dann beschrieb er genau, wie der Pfleger das Gebiss in die unterste Schublade eines ganz bestimmten Wagens gelegt hatte.

Der Pfleger sagte: ‚Ich war besonders erstaunt, weil ich mich daran erinnerte, dass der Patient zu diesem Zeitpunkt in einem tiefen Koma gelegen hatte und Wiederbelebungsmaßnahmen durchgeführt wurden. Als ich weiter nachhakte, stellte sich heraus, dass der Mann sich selbst im Bett liegend gesehen hatte und dass er von oben zugeschaut hatte, wie die Ärzte und Pfleger ihn wiederzubeleben versuchten.'"

In einem anderen Fall war ein siebenjähriges Mädchen namens Katie aufgefunden worden, das mit dem Gesicht nach unten in einem Swimmingpool trieb. Das Kind lag in einem tiefen Koma und hatte massive Hirnschwellungen. Auch die Hirnaktivität war nicht länger messbar. Sein Herz hatte fast 20 Minuten lang nicht geschlagen. Man hatte es daraufhin an eine künstliche Lunge angeschlossen, die seinen Körper mit Sauerstoff versorgte. Erstaunlicherweise wurde es innerhalb von drei Tagen wieder völlig gesund – und verblüffte die Ärzte mit der Aussage: „Ich bin Jesus und dem himmlischen Vater begegnet."

Die Ärzte waren fasziniert und befragten das Mädchen ausführlich. Sie baten es, ein Bild des betreffenden Raumes in der Notaufnahme zu zeichnen, und die Kleine platzierte alles an der richtigen Stelle. Dann erzählte sie weiter, dass sie in ihrem außerkörperlichen Zustand ihrer Familie eines Abends nach

Hause gefolgt sei. Sie konnte detailgetreu beschreiben, was sie beobachtet hatte – zum Beispiel, was ihr Vater gelesen hatte, wie ihr Bruder einen Spielzeugsoldaten in einen Jeep geschoben und ihre Mutter Brathähnchen und Reis gekocht hatte. Sie wusste sogar, welche Kleidung jedes Familienmitglied an jenem Abend getragen hatte.

„Alles wurde nachgeprüft und hat gestimmt", schloss Burke.

Und noch etwas Erstaunliches hatte er zu berichten: Es gibt Fälle, in denen Menschen, die von Geburt an blind sind, während einer Nahtoderfahrung sehen können. Vicki zum Beispiel hatte in ihren ganzen 22 Lebensjahren niemals etwas visuell wahrgenommen. Dann wurde sie Opfer eines Autounfalls und konnte plötzlich von oben auf das zerdrückte Fahrzeug hinunterschauen. Später beobachtete sie, wie die Ärzte ihren Körper behandelten, während sie zur Decke schwebte.

Nachdem sie durch einen Tunnel an einen geheimnisvollen Ort gelangt war, begegnete Vicki zwei Schulkameraden, die vor Jahren gestorben waren. Obwohl sie zu Lebzeiten geistig behindert gewesen waren, waren sie nun vollkommen gesund. Dann sah sie einen Rückblick auf ihre frühe Kindheit. Sie konnte mehrere Beobachtungen schildern, die sich als akkurat erwiesen. Manche davon betrafen ihre damaligen Spielkameraden und bezogen sich auf Dinge, die sie zur damaligen Zeit nicht hatte sehen können, sondern erst jetzt in ihrem Lebensrückblick sah.

Kenneth Ring, der 21 blinde Menschen interviewte, die von Nahtoderfahrungen berichteten, kam unter anderem zu folgendem Ergebnis: „Die Beschreibungen, die Blinde und Sehbehinderte geben, enthalten visuelle oder ‚visuell geartete' Wahrnehmungen, und einige dieser Berichte sind von unabhängigen Dritten bestätigt worden."[39]

Eine Parade des Unwahrscheinlichen

Je intensiver ich mich mit Nahtoderfahrungen beschäftigte, desto mehr dokumentierte Fälle fand ich, die objektiv bestätigt waren. Dazu gehörten auch einige, die von J. P. Moreland und Gary Habermas angeführt wurden:

- Eine Frau, bei der weder Hirnaktivität noch Vitalwerte nachzuweisen waren, wurde für tot erklärt. Sie wurde in die Leichenhalle gefahren, wo sie das Bewusstsein wiedererlangte. Anschließend konnte sie genau beschreiben, welche Wiederbelebungsversuche die Ärzte vorgenommen hatten, wiederholte einen Witz, den einer von ihnen erzählt hatte, um die Atmosphäre aufzulockern, und erinnerte sich sogar an das Muster auf den Krawatten der Ärzte.
- Eine junge Frau, die im Sterben lag, verließ ihren Körper und ging in ein anderes Zimmer im Krankenhaus. Dort hörte sie, wie ihr Schwager sagte, dass er dortbleiben und abwarten wollte, ob sie „den Löffel abgibt". Als sie ihm später erzählte, was sie gehört hatte, war ihm das furchtbar peinlich.
- Der fünfjährige Rick war im Zuge einer Hirnhautentzündung ins Koma gefallen und wurde von einem Rettungswagen ins Krankenhaus gebracht. Er zeigte mehrere Tage lang keinerlei Reaktionen. Im Nachhinein beschrieb er, dass er während dieser Zeit seinen Körper verlassen und Verwandte gesehen hatte, die von tiefem Schmerz erfüllt waren – und er beobachtete sogar, wie ein zwölfjähriges Mädchen aus dem Raum geschoben wurde, in dem er untergebracht werden sollte. Seine detaillierten Beobachtungen wurden von anderen bestätigt.
- Eine Frau namens Eleanor begann, auf dem Totenbett die Namen von verstorbenen Angehörigen zu rufen, die sie sehen konnte. Plötzlich sah sie eine Cousine namens Ruth.

„Was macht sie denn hier?", rief Eleanor aus. Es stellte sich heraus, dass Ruth in der Woche zuvor unerwartet verstorben war, aber weil Eleanor so krank war, hatte es ihr niemand erzählt.

- Ein anderes Mädchen, das während einer Herzoperation eine Nahtoderfahrung hatte, sagte, es habe in der anderen Welt ihren Bruder getroffen – was sie sehr überrascht habe, da sie gar keinen Bruder habe. Als sie später wieder gesund war und ihrem Vater von diesem Erlebnis erzählte, gestand er ihr, dass sie tatsächlich einen Bruder gehabt hatte, dieser jedoch noch vor ihrer Geburt gestorben war.[40]
- Ein fünfjähriges Mädchen aus den Niederlanden bekam Meningitis und fiel ins Koma. In seiner Nahtoderfahrung begegnete es einem etwa zehn Jahre alten Mädchen, das ihr mitteilte: „Ich bin deine Schwester. Unsere Eltern haben mich Rietje genannt." Rietje gab ihr einen Kuss und sagte: „Du musst jetzt gehen." Daraufhin kehrte das Mädchen in seinen Körper zurück. Als es seinen Eltern später die Geschichte erzählte, waren diese erschüttert. Sie bestätigten, dass sie tatsächlich eine Schwester namens Rietje gehabt hatte. Diese war an einer Vergiftung gestorben, und die Eltern hatten beschlossen, es den anderen Kindern erst zu erzählen, wenn sie alt genug waren, um es zu verstehen.[41]

Diese Geschichten kann man nicht einfach ignorieren. Und sie sind nur die Spitze des Eisbergs. Es überrascht mich nicht, dass der NTE-Forscher Jeffrey Long, ein erfahrener Radioonkologe, zu dem Ergebnis kam: „Nahtoderfahrungen liefern so überzeugende wissenschaftliche Beweise, dass es vertretbar ist, an ein Leben nach dem Tod zu glauben."[42]

Die Erfüllung dessen, was wir suchen

Ob das nun berechtigt ist oder nicht: Es gibt Vorurteile über Ingenieure – zum Beispiel, dass sie Kopfmenschen sind und nichts von Gefühlsduselei halten und dass sie mehr mit Fakten und Logik anfangen können als mit Sentimentalität und Emotionen. Ich lebe in einem Stadtviertel von Houston, in dem viele Ingenieure wohnen, die bei Ölfirmen arbeiten, und ehrlich gesagt entspricht diese Einschätzung so ziemlich der Wahrheit. Und mir fielen auch an Burke einige dieser Charakterzüge auf – bis wir uns dem Ende unseres Gespräches näherten.

Ich stellte ihm eine recht unschuldige Frage: „Was möchtest du mit deinem Buch ‚Imagine Heaven' bewirken? Was willst du deinen Leserinnen und Lesern mit auf den Weg geben?" Ich erwartete eine knappe, sachliche Antwort.

Burke dachte einige Augenblicke nach. „Mein größter Wunsch ist, dass sie sich in Jesus verlieben und dass sie erkennen …" Er war plötzlich so ergriffen, dass ihm die Stimme versagte. Seine Augen füllten sich mit Tränen und seine Gefühle überwältigten ihn. „Tut mir leid", murmelte er und bemühte sich, die Fassung wiederzuerlangen.

„Das ist völlig in Ordnung", sagte ich verständnisvoll.

Er holte Luft. „Ich will einfach" – noch einmal hielt er inne, um sich zu sammeln, bevor er fortfuhr –, „ich will einfach, dass die Leute erkennen, dass Jesus alles ist, was wir wollen und brauchen. Er ist die Erfüllung all dessen, wonach wir suchen", sagte er schließlich.

„Viele meiner Interviewpartner haben versucht, die überwältigende Schönheit zu beschreiben, die sie im Himmel gesehen haben", fuhr er fort. „Atemberaubende Landschaften. Einen unglaublich sanften, süßen Duft. Farben, die völlig überirdisch sind. Eine Person hat gesagt: ‚Die Farben schienen zu leben.'"[43]

Aber dann fügten sie hinzu: ‚Ja, das war unglaublich erstaunlich, aber irgendwie war es mir gar nicht wichtig.' Und wenn ich dann nachhakte, antworten sie: ‚Weil ich den Blick nicht von Jesus abwenden konnte. Er ist so unbeschreiblich schön. Er ist alles, wonach ich mich jemals gesehnt habe.'"

Unsere Blicke trafen sich. „Dadurch ist mir allmählich etwas klar geworden, was mich völlig verändert hat."

„Was denn?"

„Dass alles, was ich jemals im Leben genossen habe – die Schönheit der Natur, die Liebe meiner Eltern, das Lachen eines Kindes, die Erfüllung in der Ehe –, all das ist nur ein schwaches Abbild der viel größeren Herrlichkeit, die wir bei ihm finden."

Nun waren es meine Augen, die feucht wurden. Ich schaltete mein Aufnahmegerät ab.

Dem war nichts mehr hinzuzufügen.

Ein Blick ins Jenseits

Später fuhren Leslie und ich zu einem Restaurant in Austin, das auf Meeresfrüchte spezialisiert war. Wir nahmen gegenüber voneinander in einer Nische Platz und ich erzählte ihr ausführlich von meinem Interview mit Burke. Ich berichtete jedes Detail, das mir wichtig geworden war.

„Und welchen Schluss ziehst du daraus?", wollte sie wissen.

Ich legte meine Gabel zur Seite. „Diese Beschreibungen eines Lebens nach dem Tod sind faszinierend", sagte ich. „Und John hat recht: Im Kern lassen sich viele dieser Erfahrungen mit dem vereinbaren, was die Bibel über das Thema sagt. Trotzdem unterscheiden sich die Geschichten ziemlich stark voneinander."

„Und", fügte Leslie hinzu, „es gibt eigentlich keine Möglichkeit, all diese Details über den Himmel und die Hölle nachzuprüfen."

„Stimmt", sagte ich. „Aber ist das alles wirklich nur erfunden? So viele Menschen hatten Nahtoderlebnisse ... Ich kann irgendwie nicht glauben, dass sie sich das alles nur ausgedacht haben. Worum handelt es sich bei diesen Berichten wirklich? Beschreiben die Betreffenden tatsächlich bloß einen Traum oder eine Halluzination, die durch irgendein medizinisches Phänomen hervorgerufen wurden, zum Beispiel Sauerstoffmangel? Das wäre die einzige Alternative, wie sich diese Erfahrungen noch erklären ließen. Aber lass uns diese Beschreibungen des ‚Jenseits' mal beiseitelegen und uns nur auf das konzentrieren, was wir mit Sicherheit wissen können."

„Und das wäre?", fragte Leslie.

„Zumindest zeigen diese Fälle ganz deutlich, dass das Bewusstsein den klinischen Tod überdauert. Für wie lange? Das gibt die Beweislage nicht her. Aber viele der Beobachtungen, die die Betroffenen schildern und die von unabhängiger Seite bestätigt wurden, hätten sie niemals machen können, wenn sie nicht tatsächlich eine echte außerkörperliche Erfahrung gemacht hätten."

Ich ließ diese Aussage eine Zeit lang im Raum stehen, während wir weiteraßen. Dann setzte ich hinzu: „Ich schätze, was ich sagen möchte, ist: Die beste Erklärung für all diese Phänomene ist, dass es irgendeine Art von Weiterleben nach dem Tod gibt. Nachdem unser Gehirn aufhört zu arbeiten, nachdem unser Herz aufhört zu schlagen, nachdem die Ärzte uns für tot erklärt haben – leben wir dennoch weiter. Unser Bewusstsein lebt weiter. *Wir* leben weiter."

Leslie ließ das einen Moment auf sich wirken und fragte dann: „Wie können wir gesicherte Informationen darüber bekommen, wie das Leben nach dem Tod aussieht? Christen sagen das eine und der Islam zum Beispiel etwas anderes."

Ich lächelte sie an. „Wann warst du eigentlich zum letzten Mal in Indiana, Schatz?"

„Warum? Willst du damit etwa sagen, dass Indiana ein Stück vom Himmel ist?", kicherte sie.

„Nicht direkt. Aber dort lebt ein alter Freund, der uns vielleicht helfen könnte, diese Frage zu klären."

Leslie legte ihre Serviette auf den Tisch. „Ich schau morgen früh gleich mal nach Flügen", sagte sie.

Kapitel 4

Die Pyramide zum Himmel

Kann man der christlichen Lehre
vom Jenseits trauen?

Ich möchte, dass der Atheismus der Wahrheit entspricht. Die Tatsache, dass einige der intelligentesten und gebildetsten Menschen, die ich kenne, gläubig sind, macht mir zu schaffen.
Thomas Nagel, Philosoph: *The Last Word*

Chad Meister, ein junger Mechatronik-Ingenieur, der daran zweifelte, dass es Gott gab, saß in seinem Apartment in Tempe, Arizona. Er hielt eine Waffe in der Hand, den Finger am Abzug. Er steckte in einer tiefen Depression und war kurz davor abzudrücken.

Aber er zögerte noch einen Moment und rief verzweifelt: „Gott, wenn du da bist, dann zeig dich mir bitte, denn ich will nicht länger weiterleben. Wenn es dich nicht gibt, ist das Leben nicht lebenswert." Plötzlich wurde es dunkel um ihn herum, und alles, was er noch sehen konnte, war die in schwarz-weißen Buchstaben geschriebene Angabe „Apostelgeschichte 14,22".

„Ich hatte keine Ahnung, was damit gemeint war", erinnerte er sich später. „Ich dachte, dass es vielleicht etwas mit der Bibel zu tun hatte. Aber ich hatte die Bibel nie gelesen, wenn mir auch die Namen einiger der Bücher bekannt waren."

Er legte die Waffe zur Seite, ging in eine Buchhandlung, kaufte eine Bibel und kehrte in sein Apartment zurück. Dort fand er schließlich in der Bibel das angegebene Kapitel und den Vers, in dem Paulus und Barnabas den Jüngern erklärten, „dass wir alle durch viele Bedrängnisse in das Reich Gottes kommen müssen".

Diese Aussage berührte Chad tief. Während er noch einmal auf sein mühevolles Leben zurückblickte, wurde ihm zum ersten Mal bewusst, dass Gott die ganze Zeit da gewesen und ihm nachgegangen war. Aber Chad hatte ihn immer wieder weggestoßen und war in die andere Richtung gegangen.

In diesem Augenblick verschwand seine Depression und Chad vertraute Gott in seinem Apartment sein Leben an. Er versprach ihm: „Ich werde dir folgen, wohin auch immer das führt."

Wie nicht anders zu erwarten, änderte sich sein Leben. Er heiratete eine gläubige Buchhalterin namens Tammi und die beiden zogen nach Minneapolis. Dort schlossen sie sich einer Gemeinde an, die ihre Mitglieder ermutigte, anderen von Jesus zu erzählen. Er beschloss, genau das zu tun – aber seine Bemühungen gingen nach hinten los.

Eines Tages bereitete er sich auf eine vierstündige Autofahrt mit seinem Chef vor, einem gebildeten Hindu. *Okay, das ist super*, dachte Chad. *Ein Christ begibt sich auf diese Reise und zwei Christen kehren zurück.*

Stattdessen schilderte dieser aufrichtige und wortgewandte Hindu die Schönheit seiner Religion auf so beredte Weise, dass Chad zutiefst beeindruckt war. Da Chad sich nie wirklich damit auseinandergesetzt hatte, warum er Christ war und worauf dieser Glaube sich gründete, verlor er die Orientierung.

„In meinem Kopf drehte sich alles", erzählte er im Nachhinein.

In derselben Woche erzählte ihm eine Kollegin, die Mormonin war, von ihrem Glauben. Ein Freund, der sich gerade mit den Lehren einer Sekte befasst hatte, stellte Chads Verständnis der Dreieinigkeit infrage. Ein anderer Ingenieur, der zu einer religiösen Randgruppierung gehörte, griff Chads Glauben an. Und auf einer Versammlung des Rhetorikclubs *Toastmasters* hörte Chad schließlich den leidenschaftlichen Vortrag einer Frau über die New-Age-Bewegung. Sie schilderte voller Begeisterung, dass wir alle Teil der Mutter Erde – *Gaia* – seien, der wunderschönen Blume des Universums.

„Ich war so verwirrt", erzählte Chad. „Ich wusste nicht mehr, was ich glauben sollte. Ich begann, noch mal über die Vision nachzudenken, die ich gehabt hatte. Vielleicht hatten mir ja Allah oder Brahma oder irgendein anderes göttliches Wesen diese Botschaft geschickt?! Mein Glaube schwand dahin und ich wurde Agnostiker."

Doch er begab sich auf die Suche nach Antworten. Wenn er geschäftlich nach Rochester, Minnesota, fuhr, suchte er dort die *L'Abri Fellowship* auf, die von den christlichen Vordenkern Francis und Edith Schaeffer gegründet worden war. Die dortigen Christen drängten Chad ihren Glauben nicht auf, sondern ermutigten ihn stattdessen, verschiedene Weltanschauungen sorgfältig zu prüfen. Welche ist vernünftig? Welche ist logisch? Mit welcher lässt sich das eigene Leben am besten bewältigen? Welche wird durch gute Argumente und belastbare Beweise gestützt?

„Ich fing bei null an, indem ich die Frage stellte: ‚Was ist die Wahrheit?'", sagte Chad. „Das führte dazu, dass ich anderthalb Jahre lang verschiedene Weltanschauungen erforschte. Schließlich stand das Ergebnis fest: Das Christentum ist die

Weltanschauung, die am vernünftigsten ist, mit der sich das Leben am besten bewältigen lässt und die am besten durch Beweise gestützt wird. Außerdem deckte sie sich mit den Erfahrungen, die ich selbst mit Gott gemacht hatte. So vertraute ich mein Leben erneut Jesus an."

Seine geistliche Suche begeisterte ihn so sehr, dass Chad beschloss, seinen Beruf als Ingenieur an den Nagel zu hängen und stattdessen Theologie und Philosophie zu studieren. Heute ist er ein angesehener Wissenschaftler, dessen Werke international publiziert werden. Das war der Grund dafür, dass Leslie und ich nach Mishawaka, Indiana, reisten, wo Chad den Fachbereich Religion und Philosophie der *Bethel University* leitet.

Ich wollte wissen: Wieso sollte man angesichts der Tatsache, dass es in den verschiedenen Religionen so viele unterschiedliche Theorien über das Leben nach dem Tod gibt, gerade dem vertrauen, was das Christentum über das Jenseits lehrt?

Interview Nr. 4: Dr. Chad V. Meister

Wenn es jemanden gibt, der wie ein typischer Philosophieprofessor aussieht, dann ist das Chad Meister. Das dunkle, leicht silbrig schimmernde Haar ist kurz geschnitten und an der Seite gescheitelt; Schnauz- und Kinnbart sind ergraut. Er trägt eine zeitlose Brille mit schmalen Rändern. Wenn man sich noch eine Tweedjacke mit Ellbogenpatches dazu denkt, würde er vom Fleck weg für einen Filmrolle engagiert.

Mit seinem scharfen Verstand, dem sanften Humor und seiner Herzenswärme gehört Meister zu den beliebtesten Professoren in *Bethel*, wo er 1998 seine Lehrtätigkeit begann. Er erhielt seinen Mastertitel mit Auszeichnung von der *Trinity Divinity*

School und seinen Doktortitel mit Auszeichnung von der *Marquette University*. Er war zudem Gastprofessor beim *Oxford Centre for Hindu Studies* – was angesichts der Tatsache, dass das Gespräch mit seinem hinduistischen Chef damals dazu beitrug, seinen Glauben zu erschüttern, wie eine Ironie des Schicksals wirkt.

Meister ist Autor, Co-Autor oder Herausgeber von mehr als 20 Büchern, unter anderem *Philosophy of Religion, Evil: A Guide for the Perplexed, Contemporary Philosophical Theology, The Cambridge Companion to Religious Experience, Debating Christian Theism* und *The Oxford Handbook of Religious Diversity*. Er und Charles Taliaferro sind Chefherausgeber eines sechsbändigen Werkes mit dem Titel *The History of Evil*. Gemeinsam mit dem Apologeten William Lane Craig gab Meister das Buch *God Is Great, God Is Good* heraus, das 2010 den Buchpreis der Zeitschrift *Christianity Today* gewann.

Aber ich war hier, um mit Meister über sein erstes Buch zu sprechen, *Building Belief: Constructing Faith from the Ground Up*, das 2006 veröffentlicht wurde.[1] Die Geschichte hinter diesem Buch hat nämlich, nun ja, mit mir zu tun.

Während seines Studiums an der *Trinity School* besuchte Meister eine Gemeinde, in der ich als Lehrpastor tätig war; mein Kollege Mark Mittelberg leitete den Dienstbereich Evangelisation. Mittelberg gewann Meister dafür, als freier Mitarbeiter die Leitung des Arbeitszweigs Apologetik zu übernehmen. Meister blühte an diesem Platz regelrecht auf.

Eines Sonntags hielt ich eine Predigt über die Auferstehung und unterhielt mich im Anschluss daran mit einigen Gottesdienstbesuchern; Chad saß zufällig in meiner Nähe. Ein Mann kam auf mich zu und meinte: „Ich möchte Ihnen nur sagen, dass ich Atheist bin. Ein Freund hat mich hierher eingeladen. Was Sie vorgetragen haben, ist aber interessant. Ich würde gern mehr darüber erfahren. Hätten Sie vielleicht diese Woche Zeit, sich mit mir zu treffen?"

Ich teilte ihm mit, dass ich leider während der nächsten drei Wochen auf Reisen war. „Aber mein Freund hier – er hat bestimmt Zeit für Sie", sagte ich und deutete auf Meister.

Dieser blickte auf. „Aber ja", meinte er zu dem Skeptiker. „Ich würde mich sehr gern mit Ihnen treffen."

Meister lud ihn zu einem Abendessen in sein Apartment ein und der Mann willigte ein. Vor ihrem Termin fragte Meister Gott im Gebet, wie er diesem Skeptiker helfen konnte, und plötzlich stand ihm etwas vor Augen, das heute als die „apologetische Pyramide" bezeichnet wird – ein Bild dafür, wie sich logisch und systematisch überprüfen lässt, ob am Christentum etwas dran ist.

Diese Pyramide ist das Ergebnis von Meisters eigener geistlicher Suche. Auf ihrer untersten Ebene steht eine allgemeine, weit gefasste Frage, und während man sich nach und nach der Spitze nähert, werden die Themen immer spezifischer. Das Ziel dieses Modells besteht nicht darin, einen unumstößlichen Beweis zu erbringen, sondern zu zeigen, dass es aufgrund der vorliegenden Fakten sehr wahrscheinlich ist, dass der christliche Glaube stichhaltig ist.

Schließlich war der vereinbarte Tag gekommen und der Atheist kam zum Abendessen. Um 19 Uhr abends aßen sie und um 2 Uhr nachts war aus dem Zweifler ein Glaubender geworden.

Ich bat Meister, mit mir die sechs Ebenen der Beweisprüfung durchzugehen, aus denen seine Pyramide besteht. Wir trafen uns in seinem mit Büchern vollgestopften Büro im zweiten Stockwerk des *Huffman Administration Building* auf dem Campus der *Bethel University*. Francis Schaeffer hatte Christen immer aufgefordert, mit Dingen zu beginnen, über die allgemeines

Einverständnis herrscht. Darum begannen wir auf der untersten Ebene der Pyramide – mit den grundlegenden Gesetzen von Logik und Wirklichkeit.

Ebene 1: Wahrheit – Warum können nicht alle recht haben?

Die apologetische Pyramide

Ich begann mit einer Bibelstelle. „Pontius Pilatus stellte die berühmte Frage: ‚Was ist Wahrheit?'[2] Wenn man dich das heute fragen würde, was würdest du antworten?"

Meister räusperte sich. „Die alten Griechen haben sich schon vor Pilatus gründlich mit dieser Frage beschäftigt", antwortete er dann. „Platon sagte in seinem Werk ‚Der Sophist', dass eine wahre Behauptung die Dinge so darstellt, wie sie sind, während eine falsche Behauptung die Dinge anders darstellt, als sie es sind.[3] Sein Schüler Aristoteles schreibt in seiner ‚Metaphysik' etwas Ähnliches.[4] Sie haben damit eine wichtige erkenntnistheoretische Grundlage formuliert.

Wir bezeichnen das heute als die Korrespondenztheorie der Wahrheit. Eine Behauptung oder Aussage ist dann wahr, wenn sie mit einer Tatsache übereinstimmt. Wenn ich die Behauptung aufstelle: ‚Dein Mietwagen steht draußen auf dem Parkplatz', wäre das wahr, weil meine Aussage mit der Wahrheit übereinstimmt oder ihr entspricht. Das würde bedeuten, Wahrheit ist absolut und universal."

„Klingt logisch", bestätigte ich.

„Ja, das ist das Prinzip, nach dem wir Tag für Tag leben."

„Aber die Leute behaupten doch, dass sich das auf Religion nicht anwenden lässt", warf ich ein. „Sie sagen, religiöse Wahrheit sei nicht absolut, sondern relativ."

Meister ließ diesen Einwand jedoch nicht gelten. „Wenn ich sagen würde: ‚Meine Wahrheit ist, dass dein Mietwagen *nicht* auf dem Parkplatz steht‘, wäre das nicht korrekt, nur weil ich sagen würde, dass es eben *meine Wahrheit* ist. Nein, meine Behauptung wäre falsch, weil sie nicht der Realität entspricht. Meinungen und Überzeugungen sind subjektiv und persönlich, aber Tatsachen sind es nicht. Außerdem gibt es ein logisches Problem mit dem Relativismus."

„Nämlich?"

„Wenn man behauptet, dass es nichts Absolutes gibt, stellt man damit ja gleichzeitig eine absolute Behauptung auf. Das ist ein Widerspruch in sich", sagte er. „Der Relativismus bringt uns hier nicht weiter. Ich gebe dir mal ein Beispiel: Wenn ein Mitglied der Flacherde-Gesellschaft der Aussage, dass die Erde rund ist, nicht zustimmt, würdest du ja auch nicht sagen: ‚Nun, Wahrheit ist eben relativ. Seine Überzeugung, dass die Erde flach ist, ist eben *seine* Wahrheit – das funktioniert für ihn oder stimmt mit seinen sonstigen Überzeugungen überein.‘ Nein, du würdest sagen: ‚Da liegt er völlig falsch.‘"

„Aber", warf ich ein, „ist das in Bezug auf Religion nicht etwas anderes? Manche sagen, Religion solle nicht als etwas verstanden werden, was *wahr* oder *falsch* ist, denn wir können ja die Dinge nicht mit Gottes Augen sehen. Sie behaupten, eine religiöse Aussage könne wahr *werden*, wenn sie das Leben der Menschen prägt, die daran glauben."

„Alle bedeutenden Religionen erheben den Anspruch, absolute Wahrheiten zu verkünden", entgegnete Meister. „Und diese Religionen widersprechen einander teilweise vollkommen. Weil sie also gegensätzliche Dinge behaupten, können sie eben nicht alle wahr sein – zum Beispiel behauptet die Bibel, dass Jesus der Messias ist, der für unsere Sünden gestorben ist. Andere Religionen widersprechen dieser Aussage. Es können also nicht beide wahr sein. Das ist der Satz vom ausgeschlossenen Widerspruch.[5] Wenn man sagt, dass alle religiösen Aussagen wahr sind, klingt das vielleicht tolerant und großherzig, aber logisch betrachtet ist es absurd. Unsere Aufgabe ist es zu entdecken, was wahr ist und was nicht."

„Aber ist es nicht intolerant und fanatisch zu sagen, dass Wahrheit absolut ist?"

„Die Wahrheit kann nicht fanatisch sein, aber Menschen können das zweifellos – ob sie nun Christen, Atheisten, Hindus oder Muslime sind. An der Wahrheit ist nicht zu rütteln, aber wir können sie auf engstirnige und arrogante Weise vertreten. Wir sollten dem Beispiel von Jesus und Gandhi folgen, die ihre Lehren zwar leidenschaftlich, aber voller Demut verkündet haben."

Die Grundlage der Pyramide war damit gelegt. Wahrheit ist nicht relativ – sie ist nicht durch das bestimmt, was wir glauben –, sondern Wahrheit ist all das, was *mit der Realität übereinstimmt*. Unsere Aufgabe besteht darin herauszufinden, was wahr ist, indem wir die Pyramide weiter hinaufklettern. Wie der Theologe John Stackhouse treffend schrieb: „Religion befasst sich im Wesentlichen mit der Wahrheit: Sie versucht herauszufinden, was real ist und wie man es am besten erklären kann."[6]

Ebene 2: Der Konflikt zwischen den drei Ismen

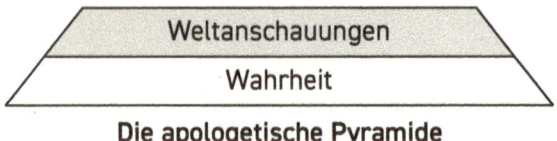

Die apologetische Pyramide

Auf der nächsten Ebene der Pyramide werden die drei wichtigsten Weltanschauungen einer Prüfung unterzogen. „Eine Weltanschauung ist eine Sammlung von Überzeugungen und Vorstellungen in Bezug auf die wichtigsten Lebensthemen", erklärte Meister mir. „Sie ist die Brille, durch die wir die Welt betrachten, ob wir sie nun bewusst gewählt haben oder nicht. Vereinfacht ausgedrückt lässt sich jede Religion oder Ideologie in eine von drei Kategorien einordnen: Theismus, Atheismus oder Pantheismus. Natürlich widersprechen sie sich in ihren Kernaussagen und daher kann nur eine von ihnen wahr sein."

„Wie lassen sich die Unterschiede zwischen ihnen herauskristallisieren?"

„Es gibt fünf Grundfragen, auf die jede Weltanschauung eine Antwort liefern muss", begann er. „Erstens: Gibt es einen Gott, und wenn ja, wie ist er? Zweitens: Was ist die letztendliche Realität? Drittens: Wie kann man Wissen erwerben? Viertens: Was ist die Grundlage für Moral und Werte? Und fünftens: Wer sind wir als Menschen?"

„Gut", sagte ich, „lass uns die drei Ismen durchgehen."

„Ich muss mich im Rahmen dieses Gesprächs natürlich auf das Wesentliche konzentrieren und kann nicht zu sehr ins Detail gehen", sagte Meister. „Erstens gibt es den Theismus, also den Glauben an einen persönlichen Gott, der getrennt von der Welt existiert. Die wichtigsten theistischen Religionen – Judentum, Christentum und Islam – lehren, dass es einen Gott gibt, der alles erschaffen hat und allwissend, allmächtig, allgegenwärtig und vollkommen gut ist.

Die letztendliche Wirklichkeit im Theismus ist Gott, der jenseits der materiellen Ebene des Seins existiert. Wissen erwerben wir durch unsere fünf Sinne und andere Mittel, zum Beispiel durch die Offenbarung der Schrift. Die Grundlage der Moral ist Gott. Richtig und falsch, gut und böse sind alle in der Natur des unendlichen, persönlichen Gottes begründet, der alles erschaffen hat. Und schließlich: Was heißt es, ein Mensch zu sein? Wir sind Gott nicht ebenbürtig, auch wenn wir auf einer höheren Ebene als die Tiere stehen. Wir sind einzigartig, und wir haben eine Seele, die in Ewigkeit weiterlebt."

Ich machte mir eifrig Notizen, während er sprach. „Gute Zusammenfassung", sagte ich. „Wie verhält es sich mit dem Atheismus?"

„Atheismus bedeutet, dass man nicht an einen Gott oder Gottheiten glaubt. Was ist die letztendliche Realität? Der Astronom Carl Sagan hat dies folgendermaßen in Worte gefasst: ‚Der Kosmos ist alles, was es gibt, was es jemals gab oder was es jemals geben wird.'[7] Jenseits dieser physischen Welt gibt es keinen übernatürlichen Bereich und keine Existenz. Wie erwerben wir Wissen? Weil die physische Welt alles ist, was existiert, bezieht sich alles Wissen, das wir besitzen, zwangsläufig auf sie allein. Wir können nur empirisches Wissen erwerben und dies ausschließlich mit wissenschaftlichen Methoden."

„Wie verhält es sich mit der Moral?", erkundigte ich mich anhand der nächsten der fünf Grundfragen, die ich mir zuvor notiert hatte.

„Im Allgemeinen betrachten Atheisten Moral nicht als objektive Wahrheit. Sie sagen typischerweise, diese hätte sich auf dem Weg der Evolution herausgebildet. Mit anderen Worten: Wir Menschen – oder unsere Gene – haben das Konzept der

Moral entwickelt, weil diese unsere Überlebenschancen verbessert hat. Darum können sich Moralvorstellungen von Ort zu Ort und von Zeit zu Zeit verändern. Es gibt Atheisten, die sich damit nicht wohlfühlen. Ein prominenter Atheist sagte einmal, dass Moral weder durch Gott noch durch die Evolution begründet ist, sondern dass sie ‚einfach ist'.[8] Ehrlich gesagt finde ich das nicht besonders überzeugend.

In Bezug auf uns Menschen vertreten Anhänger des Atheismus die Überzeugung, dass wir elektromechanische Maschinen sind – Tiere, die im Laufe der Jahrmillionen langen Evolution eine große Komplexität entwickelt haben. Wie der Biologe Richard Dawkins sagt: ‚*Wir sind Überlebensmaschinen – Roboter, blind programmiert zur Erhaltung der egoistischen Moleküle, die Gene genannt werden.*'[9] Wir Menschen sind nur unsere Körper, es gibt an uns nichts Seelisches oder Immaterielles. Wir leben, wir sterben, wir verwesen – das ist alles."

„Das klingt ja nicht gerade sehr ermutigend! Und was ist mit dem Pantheismus?"

„Pantheismus ist in historischer und systematischer Hinsicht kein streng definierter Begriff; er enthält sowohl philosophische als auch religiöse Aspekte. Da es sich bei ihm um eine All-Einheitslehre handelt, behauptet er im Grunde, dass Gott in allem gegenwärtig ist und dass göttliches und naturgesetzliches Wirken nicht voneinander unterscheidbar sind – alles bleibt gleich, alles ist eins und alles ist Gott – oder Brahma, wie es im Hinduismus heißt. Mit anderen Worten: Gott ist mit dem Universum identisch.

Gott ist auch die letztendliche Realität – er ist nicht von der Welt unterscheidbar und unbeschreibbar. Alle Unterschiede sind *maya* oder Illusionen. Tiere, Pflanzen, Insekten, Felsen, du und ich – alles ist eins und dieselbe letztendliche Wirklichkeit. Für Pantheisten wird Wissen nicht durch verstandesmäßiges

Erforschen erworben, sondern durch Meditation und andere Praktiken, die dazu dienen sollen, den Geist zu leeren. Man versucht, mithilfe von Chanten und verschiedenen anderen Techniken das Bewusstsein zu verändern und Einssein mit allem zu erfahren, was existiert.

Auch Gut und Böse sind bloße Illusionen. Die Pantheistin Mary Baker Eddy, Gründerin der Christlichen Wissenschaft *(Christian Science)*, hat gesagt: ‚Das Böse ist nur eine Illusion, es hat keine reale Grundlage. Das Böse ist ein falscher Glaube.'[10]

Und wer sind die Menschen? Für Pantheisten sind wir Gott. Wir sind Gott-Geist; wir sind eins mit dem Universum. Aber leider sind wir in einer universellen Illusion gefangen, darum sind wir uns unserer göttlichen Natur nicht bewusst. Aus diesem Grund muss unser Ziel auch darin bestehen, diese Wahrheit zu erkennen und uns von dieser Illusion zu befreien, damit wir den Gott sehen und erfahren können, der wir tatsächlich sind."

Ich ließ das alles ein paar Augenblicke auf mich wirken. „Drei Weltanschauungen – und alle stehen im Widerspruch zueinander", sagte ich. „Wie soll irgendjemand herausfinden, welche wahr ist?"

„Aha", sagte Meister und grinste. „Du bist bereit für den nächsten Schritt."

Atheismus und Pantheismus auf dem Prüfstand

Meister schlug zwei Kriterien vor, mit deren Hilfe sich herausfinden ließ, welche Weltanschauung am plausibelsten ist: Logik und Lebbarkeit. Eine Weltanschauung ist dann falsch, wenn ihre Kernaussagen widersprüchlich oder inkohärent sind, und eine Weltanschauung ist abzulehnen, wenn sie nicht konsequent gelebt werden kann.

„Lass uns mit dem Atheismus anfangen", meinte ich. „Gibt es irgendeinen Einwand, der ihn entkräftet?"

„Nun, da ist das logische Problem des Guten", antwortete Meister.

„Das Problem des Guten? Willst du damit sagen, dass Atheisten kein anständiges Leben führen können?"

„Nein, natürlich nicht. Was ich sagen will, ist: Wenn moralisches Handeln nur ein bloßer Überlebensmechanismus ist, dann ist Moral nichts als eine Illusion, die ‚unsere Gene uns vorgaukeln', wie die atheistischen Philosophen Michael Ruse und Edward Wilson behaupten.[11] An das Vorhandensein der Moral zu glauben ist also keine Spur vernünftiger, als an den Nikolaus zu glauben. Selbst wenn Moral nicht in unseren Genen steckt, sondern nur ein soziales Konstrukt ist, ist sie trotzdem subjektiv und relativ, nicht absolut.

Und wenn es keine objektive Moral gibt, kann der Atheist auch nicht logisch begründen, dass es so etwas wie objektiv gut, böse, richtig oder falsch gibt. Ein Atheist kann noch nicht einmal wirklich begründen, dass es objektiv gesehen moralisch böse ist, unschuldige Kinder zu ermorden. Er könnte sagen, dass ihn das bedrückt und verletzt, aber das ist ein subjektives Gefühl. Er kann nicht stichhaltig begründen, dass das wirklich *falsch* ist. Wenn diese Sicht von Moral tatsächlich ausgelebt werden würde, würde das ins Chaos führen. Wie der Atheist Jean-Paul Sartre schon gesagt hat: ‚In der Tat ist alles erlaubt, wenn Gott nicht existiert.'[12] Manche Atheisten haben zwar versucht, einige allgemeingültige Regeln darüber aufzustellen, was richtig und was falsch ist, aber ihre Argumente sind ebenfalls problematisch."

„Kannst mir du deine Bedenken ein bisschen detaillierter erklären?"

„Natürlich. Erstens: Wenn es objektive moralische Werte gibt, muss der atheistische Materialismus falsch sein. Und in der Tat gibt es objektive moralische Werte – und wir alle wissen das.

Darum muss der atheistische Materialismus falsch sein. Außerdem fällt der Atheismus beim Lebbarkeitstest durch. Ehrlich gesagt können Atheisten die Einstellung, dass Moral nur eine Illusion oder relativ ist, nicht konsequent ausleben. Ist die Aussage ‚Babys aus Spaß zu quälen, ist böse' objektiv wahr oder nur eine Meinung? Wenn jemand behauptet, dass es in Ordnung wäre, so etwas zu tun, würde das niemand akzeptieren. Warum? Weil wir wissen, dass es wirklich von Grund auf falsch ist. Erinnerst du dich noch daran, was der Serienmörder Ted Bundy gesagt hat?"[13]

„Was denn?"

„Er sagte, seiner erleuchteten Weltsicht zufolge gäbe es keinen Gott, keine übernatürliche Realität – wir wären bloß bewegte Moleküle. Er behauptete, so etwas wie eine objektive Moral gäbe es nicht. Wir könnten selbst entscheiden, was wir tun wollen, denn Moral wäre individuell und relativ. Zu Glück leben nur wenige Menschen nach dieser Maxime. Selbst wenn manche behaupten, dass sie nicht an absolut gültige moralische Werte glauben, handeln sie so, als würden sie es tun."

„Du kommst also zu dem Schluss, dass der Atheismus nicht plausibel ist", sagte ich.

„Richtig."

„Wie ist es mit dem Pantheismus?"

„Pantheisten haben auch ein Problem mit richtig und falsch", erwiderte er.

Er erzählte mir, dass er sich einmal abends mit einer Pantheistin zum Spaghettiessen getroffen hatte. Sie hatte im Verlauf des Gesprächs zu ihm gesagt: „Alles ist Gott und alles ist eins. Es gibt keine Unterschiede." Meister antwortete: „Aber wenn es keine Unterschiede gibt, dann gibt es letztlich auch kein Richtig und Falsch, keinen Unterschied zwischen Grausamkeit und Nicht-Grausamkeit oder zwischen Gut und Böse." Mit diesen Worten nahm er einen Topf mit kochendem Wasser vom Herd und hielt in ihr über den Kopf. Er tat, als wollte er das Wasser über sie gießen, und fragte scherzhaft: „Bist du *sicher*, dass es keinen Unterschied zwischen Richtig und Falsch, zwischen Grausamkeit und Nicht-Grausamkeit gibt?"

Lächelnd gab sie zu: „Nun ja, es scheint da wohl doch einen Unterschied zu geben."

„Natürlich können die Pantheisten *sagen*, dass es keinen Unterschied zwischen Gut und Böse gibt und dass Leid nur eine Illusion ist, aber sie können nicht wirklich so leben", fuhr Meister fort. „Die Menschen leben eben doch so, als gäbe es absolut gültige moralische Werte."

„Und außerdem", ergänzte er, „ist der Pantheismus meiner Ansicht nach logisch nicht kohärent. Laut Pantheismus bin ich Gott und letztlich unpersönlich. Ich bin das unveränderliche Alles. Dennoch bin ich aufgefordert, diese Tatsache über mich selbst zu erkennen. Durch Meditation soll ich begreifen, dass ich eins bin mit dem Göttlichen. Aber da gibt es ein Problem."

„Nämlich?"

„Erstens: Beim Pantheismus sind wir eins mit Gott. Zweitens: Gott ist das unveränderliche Alles. Drittens: Wir – also Gott – müssen unsere Unwissenheit überwinden und erleuchtet werden, damit wir unsere eigene Göttlichkeit erkennen. Diese Aussagen sind logisch inkohärent."

„Inwiefern?"

„Etwas zu erkennen bedeutet, von einem Zustand der Unwissenheit in einen Zustand der Erleuchtung zu gelangen. Doch ich kann gar nicht unveränderlich sein und mich gleichzeitig verändern, um zu erkennen, dass ich unveränderlich bin."

Er hielt kurz inne und fügte dann hinzu: „Außerdem soll das Universum unpersönlich sein – aber ich bin doch eine Person mit Hoffnungen, Träumen, Gedanken und Gefühlen, die nach

Ansicht der Pantheisten allesamt nur Illusionen sind. Irgendwie bringt das Universum in die Irre geleitete Menschen hervor, die in Illusionen gefangen sind. Personen, die in Wirklichkeit Unpersonen sind und nun zu dem unpersönlichen Selbst zurückfinden müssen, das sie in Wirklichkeit sind. Aber wie kann mein unpersönliches Ich dahingehend getäuscht werden, dass ich ein persönliches Wesen bin, das nun seine wahre, unpersönliche Natur erkennen muss? Und wie kann etwas Unpersönliches überhaupt getäuscht werden? Das ergibt doch alles keinen Sinn."

Ich wusste, was Pantheisten darauf antworten würden. „Würden sie nicht sagen, dass du die Vernunft überwinden und dich dem mystischen Bewusstsein öffnen und erkennen musst, dass du eins mit dem Kosmos bist?", fragte ich.

Meister verzog das Gesicht. „Die Vernunft mit Argumenten infrage zu stellen bedeutet, die Vernunft zu benutzen, um die Vernunft zu leugnen – das ist schon wieder inkohärent. Seien wir ehrlich: Wenn du auf der Suche nach einer Weltanschauung bist, die logisch und in sich schlüssig ist, dann ist der Pantheismus nicht das Richtige für dich."

Was ist mit dem Theismus?
Nun galt es noch, den Theismus anhand der Kriterien Logik und Lebbarkeit zu überprüfen. Und sofort stand eine offensichtliche Frage im Raum: Lässt sich die Existenz des Bösen und des Leids mit dem Theismus vereinbaren? Ist es nicht ein Widerspruch zu sagen, dass es einen allmächtigen und allliebenden Gott gibt, der alles erschaffen hat – und doch gibt es in dieser Welt, die er erschaffen hat, das Böse?

„Das ist ein ernstes Problem, das streite ich keinesfalls ab", antwortete Meister. „Tatsächlich ist es so ernst, dass ich zehn Bücher über dieses Thema geschrieben habe. Aber vor diesem Problem steht nicht nur der Theismus. Alle Weltanschauungen ringen mit dieser Frage. Ich glaube jedoch nicht, dass sich das Vorhandensein des Bösen nicht mit dem Theismus vereinbaren lässt. Ich würde sogar sagen, Christen haben darauf die plausibelste Antwort."

„Inwiefern?"

„Erstens ist es zumindest logisch plausibel zu sagen: Wenn es einen Gott gibt, hat er den Menschen einen freien Willen gegeben."

Er ordnete seine Gedanken und fuhr dann fort: „Du weißt ja, dass ich früher Ingenieur für Robotik war. Eines Tages erfuhr ich, dass ein großer Roboter einen Arbeiter zerquetscht hatte. Aber der Roboter wurde nicht angeklagt. Warum? Er war nicht schuldfähig. Er verfolgte keine böse Absicht. Er hatte keinen freien Willen. Offenbar ist Freiheit also die unabdingbare Voraussetzung dafür, dass man überhaupt so etwas wie moralische Verantwortung empfinden und Gutes tun kann. Auch Liebe setzt die Freiheit voraus, dass man sich auch entscheiden kann, *nicht* zu lieben – darum können Roboter sich auch nicht verlieben. Sie können nur das tun, wofür sie programmiert wurden.

Gott hätte eine Welt erschaffen können, in der die Menschen wie Roboter wären, aber dann hätten wir niemals das Wertvollste im ganzen Universum erfahren können, nämlich die Liebe. Wir hätten nicht die Möglichkeit, wirklich gut und moralisch zu handeln. Und echte Freiheit beinhaltet notwendigerweise auch die Freiheit, sich gegen das Gute zu entscheiden. Das ist eine plausible Erklärung dafür, warum es das Böse in der Welt gibt."

Meister erzählte mir davon, dass er einmal eine Nachricht von einer Frau aus seiner Gemeinde bekommen hatte. Sie half anderen sehr erfolgreich, mit Verletzungen aus der Vergangenheit fertigzuwerden. Nun vertraute sie ihm an, dass sie in ihrer Jugend selbst eine traumatische Erfahrung gemacht hatte.

Ein paar Wochen zuvor hatten Meister und seine Frau eine Torte gebacken, und Meister hatte beschlossen, jede Zutat einzeln zu probieren. Backpulver – *scheußlich*. Rohe Eier – *igitt*. Vanilleextrakt – *ungenießbar*. Aber nachdem sie alle miteinander vermischt und gebacken waren, war das Resultat eine leckere Schokoladentorte.

„Ich habe der Frau diese Episode erzählt und ihr kamen die Tränen", erinnerte sich Meister. „Sie begriff, dass Gott nicht gewollt hatte, dass ihr diese schlimmen Dinge passiert waren. Er hatte sie nicht verursacht. Und doch ist er in seiner Allwissenheit und Allmacht dazu imstande, auch aus dem Schlechten, das geschieht, etwas Gutes zu machen. Durch ihre eigenen schlimmen Erfahrungen ist sie zu einer Frau geworden, die den Schmerz anderer Menschen zutiefst nachempfinden kann und bereit ist, ihnen zu helfen.

Wir können uns Gott widersetzen und uns ihm gegenüber verschließen, aber eigentlich will er das nicht. Manchmal müssen wir Prüfungen und Schwierigkeiten durchmachen, um zu geistlich reifen Menschen zu werden. In der Bibel wird davon gesprochen, dass Schwierigkeiten unseren Charakter festigen und uns Geduld lehren.[14] Jeder weiß doch: Wenn ein Kind rundum behütet aufwächst und nie mit irgendwelchen Schwierigkeiten konfrontiert wird, wird es nie ein reifer, selbstständiger Mensch werden."

„Willst du damit sagen, dass ein Mensch Schwierigkeiten durchmachen muss, um wirklich erwachsen zu werden?", fragte ich.

„Ja, diesen Gedanken finde ich plausibel. Es ist kein Widerspruch, dass es sowohl Gott als auch das Böse gibt, wenn Gott einen guten, hinreichenden Grund dafür hat, das Böse zuzulassen. Wie ich dir gezeigt habe, ist es zumindest logisch möglich, dass Gott solche Gründe hat.

Tatsächlich hat Augustinus schon im 4. Jahrhundert ein ganzes Buch darüber geschrieben, dass Freiheit die Möglichkeit beinhaltet, dass der Handelnde nicht das Gute tut, sondern das Böse.[15] Er vertrat die Meinung, dass es gut war, dass Gott uns die Freiheit geschenkt hat, dass diese Freiheit jedoch die Gefahr barg, dass die Menschen diese gute Gabe benutzen würden, um Falsches zu tun – sogar Böses. Und genau das ist passiert: Die Menschheit hat sich gegen ihren Schöpfer gewandt.

Aber wir können auch nachvollziehen, dass es durchaus Gründe dafür geben kann, warum Gott das Böse zulässt. Wenn Menschen mit einem großen Problem oder gar einer Tragödie konfrontiert sind, kann das dazu führen, dass sie sich Gott zuwenden, weil sie erkennen, dass sie seine Hilfe brauchen. C. S. Lewis hat den berühmten Satz geprägt: ‚Gott flüstert in unseren Freuden, er spricht in unserem Gewissen; in unseren Schmerzen aber ruft er laut. Sie sind sein Megaphon, eine taube Welt aufzuwecken.'"[16]

Ich entgegnete: „Dein Fazit ist also, dass Atheismus und Pantheismus aus dem Rennen sind, weil sie logische Widersprüche aufweisen, inkohärent sind und Lehren enthalten, nach denen man nicht wirklich leben kann. Darum bleibt für dich nur der Theismus übrig."

„Genau", erwiderte er. „Man kann so viel mehr darüber sagen – ich habe viel darüber geschrieben. Wir kratzen hier nur an der Oberfläche. Meine Schlussfolgerung ist jedoch, dass angesichts all dieser Gegebenheiten der Theismus im Allgemeinen – und das Christentum im Besonderen – die plausibelste Weltanschauung ist."

Ebene 3: Theismus – Die Fingerabdrücke Gottes

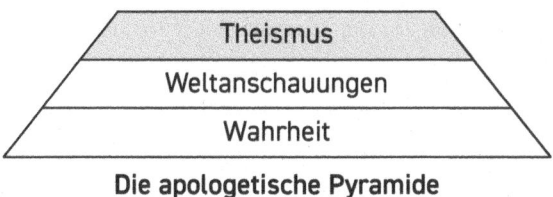

Die apologetische Pyramide

Ich wollte gern wissen, wie Meister die positive Beweislage für den Theismus einschätzte, und forderte ihn heraus: „Nenn mir drei Gründe, die dafür sprechen, dass der Theismus wahr ist."

„Nur drei?", erwiderte er. „Na klar, gern." Er lehnte sich vor und begann: „Erstens: die Feinabstimmung des Universums. Die Existenz eines Universums, das Leben ermöglicht, ist extrem unwahrscheinlich. Wissenschaftler haben herausgefunden: Wenn man die grundlegenden Gesetze des Kosmos oder irgendeine von Dutzenden von Konstanten der Physik nur geringfügig verändern würde, wäre kein Leben möglich.

Dinge wie die Gravitationskonstante, die Kopplungskonstante und die relativen Massen der Elementarteilchen sind nur einige der mindestens fünfzig Beispiele aus der Physik, die so minutiös kalibriert sind, dass Leben existieren kann. Die Wahrscheinlichkeit, dass das zufällig oder aufgrund von ungesteuerten natürlichen Ursachen geschieht, ist buchstäblich gleich null."

Dieses Argument war mir bekannt. Ein paar Jahre zuvor hatte ich den Physikprofessor Michael Strauss von der *University of Oklahoma* interviewt. Um nur ein Beispiel für die Feinabstimmung des Universums zu nennen, hatte er damals gesagt: „Es hat sich gezeigt, dass die Menge der Materie unmittelbar nach dem Urknall bis auf ein Billionbillionbillionbillionbillionstel genau abgestimmt war. Das ist eine Zehn mit 60 Nullen! Anders ausgedrückt: Wenn man auch nur ein Fitzelchen mehr Materie hinzugibt, existiert das ganze Universum nicht." Er kam zu dem Ergebnis: „Ich glaube, die plausibelste Erklärung ist, dass das Universum von einem Schöpfer erdacht wurde."[17]

Aber die Skeptiker haben eine Hintertür, mit der ich Meister konfrontierte: „Was ist, wenn es eine unendliche Anzahl von Universen gäbe? Wenn man dann – wie bei einem Spielautomaten – die physikalischen Zahlenscheiben oft genug dreht, könnte es doch sein, dass irgendein Universum mal Glück hat und die passenden Zahlen bekommt – und das ist dann unseres?"

„Es gibt keinen experimentellen oder physikalischen Beweis, der die Multiversum-Theorie stützt", erwiderte Meister. „Obwohl es mich persönlich nicht überraschen würde, wenn es viele Universen gäbe."

Seine Antwort erstaunte mich. „Wieso?"

„Das Prinzip der Fülle besagt, dass Güte das natürliche Bestreben hat, mehr Güte zu verbreiten. Wenn Gott unendliche Güte ist, dann hätte er den Wunsch, andere an seiner Güte teilhaben zu lassen – darum hat er vielleicht viele Universen geschaffen, in denen er seine Güte verbreiten kann. Und wie der Physiker und Philosoph Robin Collins betont, müsste es in dem Fall eine Art Multiversum-Generator geben, der diese unendlich vielen Universen hervorgebracht hätte. Dieser müsste dann aber wiederum von einem intelligenten Entwickler konstruiert worden sein – womit wir wieder beim Theismus wären."[18]

„Gut, und was ist dein zweites Argument für den Theismus?"

„Der Beginn des Universums weist deutlich auf einen Schöpfer hin", antwortete er. „Der Philosoph William Lane Craig sagt, alles, was zu existieren beginnt, hat einen Grund. So gut wie alle Wissenschaftler sind sich heute darin einig, dass das Universum an irgendeinem Punkt in der Vergangenheit zu existieren begann – darum muss das Universum einen Grund haben.[19] In Anbetracht der Tatsache, dass Universum aus Zeit, Raum, Materie und physikalischer Energie besteht, muss dieser Grund selbst zeitlos, ohne Raum, immateriell und mächtig genug sein, um all die physikalische Energie zu erschaffen, die existiert. Und damit beschreiben wir Gott!"[20]

„Und wer hat Gott erschaffen?"

„Niemand", sagte Meister schlicht. „Er ist der Definition nach die ursachlose Ursache. Darum ist die Frage, wer oder was Gott verursacht hat, inkohärent."

Ich entschied mich für einen anderen Ansatz. „Vielleicht wurde das Universum ja nicht von einem persönlichen Gott erschaffen, sondern ist durch eine unpersönliche Kraft entstanden."

„Wenn es eine unpersönliche Kraft gäbe, müsste sie durch irgendetwas in Gang gesetzt worden sein. Es müsste also eine vorherige Ursache geben, und das würde wieder eine vorherige Ursache voraussetzen … und so weiter und so fort, ohne Ende.[21] Und eine unendliche Aneinanderreihung von Ursachen und Wirkungen ist logisch unmöglich. Wenn es sich bei der Ursache jedoch um eine verursachende Person handelt, dann kann diese die freie Entscheidung treffen, das Universum entstehen zu lassen – hier gibt es kein logisches Problem."

„Das verstehe ich. Und welcher dritte Grund spricht für den Theismus?"

„Das moralische Argument, das ich vorhin schon angesprochen habe. Erstens: *Wenn* es objektive moralische Werte gibt, dann existiert Gott. Objektive moralische Werte sind Prinzipien, die für alle Menschen jederzeit und überall gültig sind, ob sie sie beachten oder nicht. Zweitens: Wir wissen, dass es *tatsächlich* objektive moralische Werte gibt – zum Beispiel, dass es objektiv gesehen böse ist, ein Baby aus Spaß zu quälen. Daher gibt es Gott."

127

„Aber wie erklärst du, dass es in unterschiedlichen Kulturen auch unterschiedliche Moralvorstellungen gibt?", fragte ich.

„Weil eine Gesellschaft nicht nach einem bestimmten moralischen Prinzip handelt, heißt das nicht, dass dieses Prinzip nicht existiert", antwortete er. „Angesichts der weltweit verbreiteten Krankheit der Sünde – der Trennung von Gott – sollten wir das sogar erwarten. Der christliche Theismus besagt, dass alle Menschen ihren freien Willen gebrauchen, um gegen das, was gut und richtig ist, zu verstoßen.[22] Und außerdem findet man grundlegende moralische Prinzipien – zum Beispiel, dass es falsch ist, jemanden zu ermorden – in nahezu allen Kulturen und Gesellschaften der Weltgeschichte."

Meister hatte drei der Argumente, auf die er in seinem Buch viel ausführlicher eingeht, kurz zusammengefasst. Sein schlichtes Fazit lautete: „Aus diesen und vielen anderen Gründen bin ich überzeugt, dass der Theismus die plausibelste Weltanschauung ist – und zwar mit Abstand."

Das schien in der Tat logisch zu sein. Aber welche Form von Theismus ist glaubhaft? Diese Frage brachte uns zur nächsten Ebene der Pyramide.

Ebene 4: Offenbarung – Hat Gott zu den Menschen gesprochen?

Die apologetische Pyramide

Jede bedeutende Religion glaubt, ihre Schriften seien verbindlich und göttlich inspiriert. Christen sehen keinen Widerspruch zwischen ihrer Bibel und den jüdischen Schriften des Alten Testaments. Sie glauben, dass der christliche Glaube die Erfüllung der jüdischen Religion sei.

Es gibt jedoch unvereinbare Widersprüche zwischen der Bibel und anderen heiligen Schriften. So widerspricht der Koran zum Beispiel ausdrücklich den biblischen Lehren über die Dreieinigkeit, den Tod und die Auferstehung von Jesus sowie der Lehre, dass Jesus Gottes einziger Sohn ist.[23] Falls es also plausibel ist zu glauben, dass die Bibel zuverlässig ist, wären Aussagen des Korans, die im Widerspruch zu biblischen Aussagen stehen, als unwahr einzustufen.

Ich wollte den Fokus auf das Neue Testament legen, weil es die stärksten Widersprüche zum jüdischen und islamischen Glauben beinhaltet. Wie plausibel war die Annahme, dass das Neue Testament glaubwürdig ist? Meister schlug drei Prüfungen vor, die helfen könnten, diese Frage zu beantworten.

„Als Erstes wäre da der bibliografische Test", sagte er. „Er bezieht sich darauf, ob wir der geschichtlichen Überlieferung des Textes vertrauen können. Es ist keine Übertreibung zu sagen, dass die Beweislage für die neutestamentlichen Texte überwältigend ist. Uns liegen mehr als 5 800 altgriechische Manuskripte und Fragmente vor, von denen einige weniger als 100 Jahre nach den Originalen verfasst wurden. Das stellt andere historische Schriften deutlich in den Schatten. Es beweist zwar nicht, dass das Neue Testament wahr ist, es bietet jedoch guten Grund zu der Annahme, dass uns eine ziemlich genaue Überlieferung dessen vorliegt, was ursprünglich niedergeschrieben wurde."

„Es gibt aber eine Menge Unterschiede zwischen den Handschriften", wandte ich ein.

„Das stimmt, aber bei den meisten davon geht es um kleine Unterschiede in der Schreibweise. Es geht dabei nie um zentrale Lehren des christlichen Glaubens", antwortete er.[24]

„Und dann", fuhr Meister fort, „haben wir die sogenannte interne Evidenz. Mehrere Textdokumente des Neuen Testaments verweisen darauf, dass ihre Verfasser Augenzeugen der Ereignisse *waren*, Augenzeugen *erwähnten* oder Augenzeugen *befragten*. So sprach beispielsweise der Verfasser des Lukasevangeliums mit Augenzeugen und schreibt, dass er „alle diese Berichte von Anfang an sorgfältig studiert" und beschlossen hat, „alles in geordneter Folge … aufzuzeichnen".[25] Petrus erwähnt in einem seiner Briefe, dass er das, was er beschrieb, „mit eigenen Augen gesehen" hat.[26] Und Paulus gibt an, dass es Hunderte von Zeugen gibt, die seine Behauptungen über Jesus und die Auferstehung bestätigen.[27] Keine andere religiöse Schrift ist in solchem Maß durch Augenzeugen authentifiziert. Das verleiht dem Neuen Testament besondere Glaubwürdigkeit.

Dann haben wir die externe Evidenz, die sich darauf bezieht, ob es externe Quellen gibt, die den Text bestätigen. Und hier gilt: Immer wieder haben archäologische Funde wichtige Aussagen des Neuen Testamentes bestätigt – und sie niemals widerlegt. Außerdem gibt es nicht biblische antike Schriften, die ebenfalls vom Leben Jesu berichten und die wesentlichen Eckdaten bestätigen."

„Willst du damit sagen, dass die Glaubwürdigkeit des Neuen Testaments bewiesen ist?"

„Alles, was ich nachweisen möchte, ist, dass plausibel ist, die Bibel für glaubwürdig zu halten. Ich weiß, dass ich dich nicht überzeugen muss, Lee – du hast diesem Thema in deinen Büchern Hunderte von Seiten gewidmet. Ich sage nur, dass jeder vernünftige Mensch gute Gründe dafür haben könnte, zu dem Urteil zu gelangen, dass die Bibel grundsätzlich glaubwürdig ist."

Ebene 5: Auferstehung – Ist Jesus von den Toten auferstanden?

Die apologetische Pyramide

Der wichtigste Prüfstein für die Wahrheit des Christentums, sagt Meister, ist die Auferstehung von Jesus, die seinen Anspruch, der Messias und Sohn Gottes zu sein, untermauert.[28]

Der Historiker und Philosoph Gary Habermas untersuchte 2 200 Expertenquellen im Hinblick auf die Auferstehung. Im Rahmen dieser Studie kristallisierten sich eine Anzahl von „Minimalfakten" heraus, für die es sehr starke Belege gibt und die von der großen Mehrheit der Fachleute (einschließlich der Skeptiker) als historische Fakten betrachtet werden.

Diese sind: 1. Jesus starb durch eine Kreuzigung; 2. die Jünger glaubten, dass er von den Toten auferstanden und ihnen erschienen war; 3. Saulus, ein Mann, der die frühen Christen verfolgte, machte eine völlige Kehrtwende durch; 4. der Skeptiker Jakobus (Halbbruder von Jesus) kam zum Glauben; 5. das Grab von Jesus war leer.[29]

„Ich will mich auf nur zwei Fakten konzentrieren", sagte Meister zu mir. „Erstens: Das Grab von Jesus war leer.[30] Davon wird im Markusevangelium berichtet, dem ersten niedergeschriebenen Evangelium. Es wurde so kurz nach der Kreuzigung verfasst, dass bis dahin keine ausgeklügelte Legendenbildung hätte entstehen können. Tatsächlich berichten alle vier Evangelien, dass das Grab leer war. Davon geht auch Paulus selbstverständlich aus.

Und was besonders wichtig ist: Auch die Gegner von Jesus gestanden ein, dass das Grab leer war. Statt diese Tatsache infrage zu stellen, versuchten sie nur, dafür andere Erklärungen vorzubringen. Sie hätten jedoch nur eines tun müssen, um diese neue religiöse Bewegung im Keim zu ersticken: den Körper von Jesus zu zeigen. Aber das taten sie nie. Der skeptische Historiker Michael Grant von der Universität Cambridge sagte, die Beweise dafür, dass das Grab leer war, seien ‚schlüssig und glaubwürdig'.[31]

Zweitens glaubten die Anhänger von Jesus, dass ihnen der Auferstandene erschienen war. Alle vier Evangelien berichten davon. Es handelt sich auch hier um frühe Quellen – und wie der Theologe William Lane Craig sagt: ‚Legenden entstehen gewöhnlich erst zu einer Zeit, wenn die Generation der Augenzeugen verstorben ist.'[32] Auch Petrus versicherte, dass er den auferstandenen Jesus mit eigenen Augen gesehen hatte.[33] Und

Paulus berichtet von seiner Begegnung mit dem auferstandenen Christus, die dazu führte, dass er ebenfalls sein Nachfolger und dann ein Apostel wurde, der einen erheblichen Teil der neutestamentlichen Schriften verfasste.[34]

Der überzeugendste Beweis steht jedoch in einem Brief, den Paulus etwa 20 Jahre nach dem Tod von Jesus verfasste. Dort zitiert er ein Glaubensbekenntnis der ersten Christen, in dem Gruppen und Einzelpersonen genannt werden, die dem auferstandenen Jesus leibhaftig begegnet waren; bei einer Gelegenheit waren dies sogar 500 Personen auf einmal.[35] Der bedeutende Historiker James D. G. Dunn sagt, ‚wir können absolut sicher sein', dass dieses Bekenntnis innerhalb von wenigen Monaten nach dem Tod von Jesus abgefasst wurde.[36] Stell dir das mal vor", sagte Meister und zog die Augenbrauen hoch. „Das war im Grunde so was wie heute die Schlagzeile der Tagespresse!"

Ich habe selbst schon viel zu diesem Thema geschrieben. Viele historische Fakten, die Fachleute nicht infrage stellen, basieren nur auf einer oder zwei Quellen. Im Gegensatz dazu gibt es nicht weniger als *neun* antike Quellen – und diese beinhalten nicht nur Stücke des Neuen Testaments, sondern auch andere Schriften –, die die Überzeugung der Jünger bestätigen und untermauern, dass sie dem auferstandenen Jesus begegnet waren.[37] Zusätzlich zu dem Glaubensbekenntnis, den vier Evangelien und den Aussagen von Petrus[38] liegt uns noch die Bestätigung von Paulus vor, dass er und die Jünger im Hinblick auf den auferstandenen Christus dieselbe Auffassung vertraten.[39]

Außerdem verfügen wir über zwei überzeugende nicht biblische Quellen, deren Verfasser einige der Augenzeugen kannten. Zum einen Clemens: Der frühe Kirchenvater Irenäus berichtet, dass Clemens mit den Aposteln sprach, und Tertullian schreibt, dass Clemens von Petrus selbst eingesetzt wurde. Zum anderen Polykarp: Irenäus schreibt, dass Polykarp von den Aposteln unterrichtet wurde, und Tertullian bestätigt, dass Johannes Polykarp zum Bischof ernannte. Und sowohl Clemens als auch Polykarp bestätigten ausdrücklich, dass die Jünger von der Tatsache angetrieben wurden, dass die Auferstehung ein historischer Fakt war.[40]

Ich konfrontierte Meister mit einem Einwand: „Viele Skeptiker sagen, dass die Jünger nur Halluzinationen hatten."

Er schüttelte den Kopf. „Das können keine Halluzinationen gewesen sein. Der Psychologieprofessor Gary Collins sagt, es liege „in der Natur der Sache, dass nur eine Person gleichzeitig eine bestimmte Halluzination haben kann".[41] Lukas und Johannes berichten jedoch davon, dass Jesus ganzen *Menschenmengen* erschienen ist, und im frühesten dieser Berichte – das Glaubensbekenntnis, das ich bereits erwähnt habe – wird erklärt, dass Jesus fünfhundert Personen gleichzeitig erschienen ist."

„Vielleicht war das Ganze auch etwas Schlichteres, eine Art Vision", wandte ich ein.

„Auch das wäre unlogisch. Die Jünger haben mit Jesus gesprochen, mit ihm gegessen und ihn berührt", erwiderte Meister. „Außerdem waren Paulus und Jakobus Skeptiker – sie waren psychologisch nicht dafür prädestiniert, eine Vision zu haben. Und außerdem: Selbst wenn es sich bei den Erscheinungen nur um Visionen oder Halluzinationen handelte, bleibt immer noch eine Tatsache, für die es eine Erklärung geben muss: das leere Grab.

Weißt du", fuhr er fort, „es wurden bereits viele Bücher geschrieben, um die Erklärungsversuche der Skeptiker zu widerlegen. Meiner Ansicht nach sind die historischen Tatsachen schlüssig und überzeugend: Jesus ist aus dem Grab auferstanden und hat dadurch seine göttliche Natur unter Beweis gestellt.

Und das macht das Christentum definitiv zu der Weltanschauung, die für mich den meisten Sinn ergibt. Es ist plausibel und es ist lebbar. Und wie die Pyramide zeigt, ist es auf einem soliden Fundament aufgebaut, dem man vertrauen kann. Tatsächlich haben im Laufe der Jahre viele Menschen, die zunächst Zweifler waren, zum Glauben gefunden, nachdem sie die Beweislage geprüft haben."

Ich hob die Hand. „Ich bin einer von ihnen", sagte ich.

Ebene 6: Das Evangelium – Der Schlüssel zur Himmelstür

Die apologetische Pyramide

Das brachte uns zur Spitze der Pyramide: der guten Nachricht des Evangeliums. Logik und Faktenlage hatten die möglichen Alternativen auf diese eine Option reduziert. Wenn die Bausteine der Pyramide solide waren (was offensichtlich der Fall war), dann hatte sich das Christentum als der vernünftigste von vielen Standpunkten herauskristallisiert. Mit anderen Worten: Es ist absolut vernünftig, die Lehren der Bibel über das Leben nach dem Tod sehr ernst zu nehmen.

Plötzlich erscheint das, was wie die unerhörteste Behauptung klingt, die jemals aufgestellt wurde, in einem anderen Licht.

Jesus hat seine Glaubwürdigkeit durch die Auferstehung von den Toten unter Beweis gestellt. „Ich bin der Weg, die Wahrheit und das Leben. Niemand kommt zum Vater außer durch mich"[42], hat er gesagt, und: „Ich bin die Auferstehung und das Leben. Wer an mich glaubt, wird leben, auch wenn er stirbt."[43] Er verspricht seinen Nachfolgern ausdrücklich, dass sie ein ewiges Zuhause im Himmel haben werden: „Meine Schafe hören auf meine Stimme; ich kenne sie, und sie folgen mir. Ich schenke ihnen das ewige Leben, und sie werden niemals umkommen. Niemand wird sie mir entreißen."[44]

Und an anderer Stelle sagt Jesus: „Ich muss die Botschaft vom Reich Gottes ... verkünden, denn dazu bin ich gesandt worden" (Lukas 4,43). Ein Reich ist ein Ort, an dem ein König regiert. Ein Theologe erklärte: „Im Zentrum dieser Thematik steht die Vorstellung von Gottes messianischem Königreich. Es ist ein Reich, das von Gottes berufenem Messias regiert wird, der nicht nur der Erlöser seines Volkes sein wird, sondern auch sein König."[45]

Während sich im Neuen Testament die Geschichte von Jesus entfaltet, wird deutlich, dass er der Messias ist, der als unschuldiges Opfer für unsere Sünden gestorben ist, den Tod besiegt hat und wiederauferweckt wurde, in den Himmel zum Vater aufgefahren ist und wiederkommen wird, um seine Herrschaft voller Liebe anzutreten. Wir können die Ewigkeit mit ihm in seinem Reich verbringen, wenn wir das Geschenk der Gnade annehmen, das er uns anbietet.[46] *Das* ist die gute Nachricht des Evangeliums.

Meister erzählte mir von einem Film, den er gesehen hatte. Er handelte von einem mystischen Ort namens Camelot. „Es geht darin um dieses erstaunliche Königreich, in dem ein König regiert, der sein Volk liebt, und die Menschen lieben ihren König und dienen ihm. Er sorgt für sie und sie bedeuten ihm sehr viel. Das ist die eigentliche Bedeutung eines Königreichs – ein Königreich ist der Ort, an dem ein guter König regiert.

Und Jesus sagte, dass er uns die Tür zu *Gottes* Königreich öffnet. In der Bibel heißt es ganz klar, dass Gottes Königreich dort ist, wo Gott auf vollkommene Weise regiert (er liebt sein Volk, sorgt für die Menschen, kümmert sich um sie) und wo wir voller Dankbarkeit seine Liebe erwidern, ihm dienen und ihn anbeten. Er lädt jeden zu sich in sein Reich ein – und dort werden wir neue Menschen.

Im Neuen Testament steht, dass die Frucht des Geistes – Liebe, Freude, Frieden, Geduld, Freundlichkeit, Güte, Treue, Sanftmut und Selbstbeherrschung – sichtbare Anzeichen dafür sind, dass wir unser Leben dem König anvertraut haben.[47] Je mehr wir uns ihm hingeben, desto mehr erleben wir, wie er sich das Leben in Wirklichkeit gedacht hat. Ein Leben, wie wir es uns immer gewünscht haben. Wonach wir uns schon immer gesehnt haben. Wir können jetzt Gottes Königreich betreten und für immer darin leben."

Meister fragte sich wahrscheinlich, warum seine Worte mich zum Lächeln brachten. Ich musste einfach daran denken, dass diese Worte von einem Mann kamen, der einmal völlig verzweifelt gewesen war und im Begriff gestanden hatte, sich umzubringen.

Meisters geniale Himmelspyramide hatte eine solide Grundlage dafür geschaffen, dem zu vertrauen, was Jesus über das ewige Leben gelehrt hat. Wollen wir die Wahrheit über das Leben nach dem Tod erfahren? Dann lassen Sie uns zu Jesus gehen – er ist die zuverlässigste Quelle.

Wie wird der Himmel also sein? So gemütlich wie ein Haus mit vielen Zimmern, hat Jesus seinen Nachfolgern versichert.[48] Er wird ein Ort sein, an dem es „keinen Tod und keine Trauer und kein Weinen und keinen Schmerz mehr geben [wird]. Denn die erste Welt mit ihrem ganzen Unheil ist für immer vergangen".[49] Ein Paradies, in dem wir in Ewigkeit bei Gott leben werden.[50]

Aber es gab noch so viel mehr zu entdecken. Was wird während unserer ersten Stunde im Himmel passieren? Werden manche Menschen wegen der Art und Weise, wie sie gelebt haben, eine besondere Belohnung empfangen? Gibt es auf dem Weg zum Himmel eine Zwischenstation – Fegefeuer genannt –, wo wir gereinigt werden müssen, bevor wir unser endgültiges, ewiges Ziel erreichen?

Ich konnte es nicht erwarten, tiefer zu graben – und ich wusste genau, wohin ich mich wenden musste, um weitere Informationen zu bekommen. Ich musste Kontakt zu einem bekannten neutestamentlichen Theologen aufnehmen, der bewegende Bücher über das geschrieben hat, was er „die Verheißung des Himmels" nennt.

Kapitel 5

Der Himmel: eine Einführung

Wie Jesus-Nachfolger
die Ewigkeit verbringen werden

Freude ist das ernste Geschäft des Himmels.
C. S. Lewis: *Du fragst mich, wie ich bete: Briefe an Malcolm*

Gott erschuf diese Welt des Raumes, der Zeit und der Materie. Er liebt sie und er wird sie erneuern.
N. T. Wright: *Simply Good News*

Während ihrer Kindheit in Kanada war Sarah Salviander von den *Star Wars*-Filmen, der ersten *Raumschiff Enterprise*-Serie und der Fernsehsendung *Cosmos* gefesselt. „Bereits im Alter von neun Jahren wusste ich, dass ich eines Tages als Wissenschaftlerin den Weltraum erforschen würde", sagte sie.

Salvianders Eltern glaubten nicht an Gott und auch sie wurde schon früh Atheistin. Obwohl sie nie in der Bibel gelesen hatte, dachte sie, dass das Christentum „philosophisch trivial" sei und Menschen „schwach und dumm" mache. Schließlich promovierte sie in Astrophysik. Es gab jedoch einige unerwartete Wendungen in ihrem Leben. Zum Beispiel waren ihre ersten Physikprofessoren Christen und ihr Einfluss mäßigte ihre Antipathie gegenüber dem Glauben. Als sie sich dann mit der Häufigkeit von Deuterium im frühen Kosmos und dessen Bedeutung für die Urknalltheorie beschäftigte, war sie von der dem Universum innewohnenden Ordnung und der Tatsache, dass sich all dies wissenschaftlich erforschen ließ, „total fasziniert". Sie erzählte: „Ohne dass es mir bewusst war, begann ich zu erkennen, was Psalm 19 uns so deutlich sagt: ‚Der Himmel verkündet die Herrlichkeit Gottes und das Firmament bezeugt seine wunderbaren Werke.'"[1]

Danach überzeugte ein Physiker und Theologe sie, dass der biblische Schöpfungsbericht „wissenschaftlich stimmig war und nicht nur ein ‚dummer Mythos', wie Atheisten glauben".[2] Und wenn die Beschreibungen im 1. Buch Mose der Wahrheit entsprachen, was war dann mit den Evangelien? Dieser Gedanke veranlasste sie dazu, das Leben von Jesus zu erforschen. Genau wie Albert Einstein machte „das strahlende Bild des Nazareners ... einen überwältigenden Eindruck auf mich".[3]

Es war, kurz gesagt, eine intellektuelle Reise, die dem Aufstieg auf die Pyramide ähnelte, die der Philosoph Chad Meister im vorhergehenden Kapitel beschreibt. Aufgrund ihrer intellektuellen Analyse der Beweislage beschloss Salviander, ihr Vertrauen auf Jesus Christus zu setzen. Und doch war eine persönliche Tragödie letztlich das, was ihren Glauben wirklich auf ein festes Fundament stellte.

Ihr erstes Kind, ein Mädchen namens Ellinor, kam tot zur Welt – eine herzzerreißende Erfahrung für Salviander und ihren Mann. Die Krankenschwestern erlaubten den Eltern, den ganzen Tag lang im Krankenzimmer zu bleiben, um ihr totes Baby in den Armen zu halten.

„Ich habe mich während dieser Zeit mit Ellinor verbunden", erzählte Salviander mir. „Das Traurige war jedoch, dass ich mich mit einem leblosen kleinen Körper verbunden hatte. Trauer kann unser Denken durcheinanderbringen, und wie schlimm und verrückt es auch klingen mag: Ich hatte das Gefühl, dass es meine Pflicht wäre, mit Ellinor begraben zu werden."

Was befreite sie von diesem morbiden Impuls? Nichts Geringeres als die Realität des Himmels. Salviander hatte die Beweislage studiert und war zu dem Ergebnis gekommen, dass das Christentum schlüssig ist und den Tatsachen entsprach. Das bedeutete, dass die biblische Lehre über den Himmel nicht auf Wunschdenken beruhte, sondern auf der Wahrheit. Und das wiederum hieß, dass Ellinor von niemand Geringerem als ihrem himmlischen Vater aufgezogen werden würde.

„Das Wissen, dass sie an einem Ort voller Liebe, Freude, Frieden und Schönheit war – dem Ort, an dem wir eines Tages für immer vereint sein würden –, befreite mich von meiner Verzweiflung", sagte sie. „Ich hatte eine Vision von Ellinors Körper, wie er von Gott sanft aus meinen Armen genommen und zum Himmel getragen wurde, und genau das war der Moment, in dem ich Frieden fand. Es gab keinen besseren Ort für sie, und erst als mir das klar war, konnte ich sie als Mutter wirklich loslassen."[4]

Ihre Gewissheit, dass es den Himmel wirklich gibt, veränderte für Salviander alles. Aber wie viel können wir im Voraus wirklich darüber wissen, wie wir die Ewigkeit erleben werden? Die Bibel macht dazu nur wenige, dafür aber umso wertvollere, konkrete Aussagen. Nicht umsonst schreibt Paulus: „Kein Auge hat je gesehen, kein Ohr je gehört und kein Verstand je erdacht, was Gott für diejenigen bereithält, die ihn lieben."[5]

Martin Luther schrieb etwas Ähnliches dazu: „So wenig wie die Kinder im Mutterleib von ihrem Anfang wissen, so wenig wissen wir vom ewigen Leben."[6] J. Todd Billings, ein Theologe, der unheilbar an Krebs erkrankt war, meinte: „Obwohl wir wissen, dass Jesus das Zentrum des zukünftigen Lebens sein wird, sind die *Informationen*, die uns im Hinblick auf das ewige Leben vorliegen, verschwindend gering."7

Daher gibt es zu diesem Punkt so viele Spekulationen und falsche Vorstellungen. „Fast jeder Christ, mit dem ich gesprochen habe, hat die ungefähre Vorstellung, dass die Ewigkeit ein nicht endender Gottesdienst ist", schrieb der bekannte Autor John Eldredge. „Wir haben uns daher das Bild zurechtgelegt, dass wir im Himmel unablässig singen, ein berühmtes Kirchenlied nach dem anderen, für immer und ewig, amen. Und irgendwie deprimiert uns dieser Gedanke. *Für immer und ewig? Das war es? Das ist die gute Nachricht?* Und dann seufzen wir und fühlen uns schuldig, weil wir nicht ‚geistlicher' sind. Wir sind entmutigt und wenden uns einmal mehr der Gegenwart zu, um das Leben auszukosten."8

Aber es gibt doch ein paar Dinge, die wir über den Himmel wissen *können* – und genau das führte mich an einem milden Sommernachmittag zu einer kleinen anglikanischen Kirche in einem Vorort im Norden von Chicago. Ich brannte darauf, mich mit einem bekannten neutestamentlichen Theologen auszutauschen, dessen Buch über den Himmel mit vielen populären Mythen über das Leben nach dem Tod aufräumt und klarstellt, welche Fakten wir den biblischen Berichten wirklich entnehmen können.

Interview Nr. 5: Dr. Scot McKnight

Scot McKnight ist ein sehr einflussreicher, produktiver neutestamentlicher Theologe. Seine Spezialgebiete sind der historische Jesus, die Evangelien, das frühe Christentum und aktuelle und zeitgenössische kirchliche Themen. Er wuchs in Freeport, Illinois, auf, wo sein Vater Diakon in einer Baptistengemeinde war. Scot fand schon als kleiner Junge zum Glauben und hatte später auf einer Gemeindefreizeit eine lebensverändernde Begegnung mit dem Heiligen Geist.

Als ich ihn auf seinen beruflichen Werdegang als Theologe ansprach, sagte er: „Das ist genau das, was ich mein ganzes Leben lang tun wollte."

Er absolvierte sein Masterstudium an der *Trinity Evangelical Divinity School* und promovierte dann an der *University of Nottingham* bei dem herausragenden Wissenschaftler James D. G. Dunn. Daraufhin war er zunächst als Professor an der *Trinity and North Park University* tätig und lehrt nun am *Northern Baptist Theological Seminary* in Lisle, Illinois.

Aufgrund seines höchst erfolgreichen Blogs *Jesus Creed*, seiner medialen Präsenz im Fernsehen und in Zeitschriften wie *Time* und *Newsweek* und seiner Vortragsreisen, die ihn bis nach Südkorea, Australien und Südafrika führten, ist McKnight heute ein „Urgestein" der christlichen Kultur.

Zu den mehr als 80 Büchern, die er geschrieben hat, gehören die preisgekrönten Werke *The Jesus Creed*, *The Blue Parakeet: Rethinking How You Read the Bible*, *The King Jesus Gospel*, Kommentare zu verschiedenen Büchern des Neuen Testaments, Schriften über die Interpretation des Neuen Testaments im Allgemeinen und der synoptischen Evangelien im Besonderen und sogar ein Buch über die Mutter von Jesus, das den Titel *The Real Mary* trägt.

Es war McKnights Buch über das Leben nach dem Tod – *The Heaven Promise* –, das mich dazu brachte, mich in der Nähe von Chicago mit ihm zu treffen, ganz in der Nähe des Ortes, an dem er und seine Frau Kristen, eine Psychologin und seine Sandkastenliebe, schon seit Jahren leben.

Durch sein schütteres, leicht ergrautes Haar und seine Drahtbrille wirkt McKnight wie ein typischer Professor, dabei jedoch keineswegs unsympathisch. Dank seines häufigen Lächelns, seines fragenden Blicks und seines engagierten, einfühlsamen Wesens scheint er zu jener Art von Professoren zu gehören, die mit ihren Studenten in einem Café abhängen und über ihr Leben außerhalb des Unterrichtsraumes plaudern.

Nachdem ich einige der Beweise für die Existenz des Himmels aufgezählt hatte, die ich im ersten Teil dieses Buches dargelegt habe, stellte ich McKnight die Frage, warum er an ein Leben nach dem Tod glaubte. Wie jeder gute Theologe trug er seinen Gedanken knapp und systematisch vor und sagte, dass er insgesamt neun Gründe dafür hätte.

„Erstens", begann McKnight, „glaube ich an die Existenz des Himmels, weil Jesus und die Apostel daran glaubten. Jesus sagte: ‚Denn mein Vater will, dass alle, die seinen Sohn sehen und an ihn glauben, das ewige Leben haben – und dass ich sie am letzten Tag auferwecke.'[9] Petrus versprach seinen Gemeinden, dass sie ‚in das ewige Reich von Jesus Christus, unserem Herrn und Retter, eintreten' werden.[10] Johannes versicherte: ‚Und durch diese Gemeinschaft bekommen wir das ewige Leben, das er uns versprochen hat.'[11] Und Paulus sprach über unsere vergänglichen Körper und sagte: ‚Denn wir wissen: Wenn dieses irdische Zelt, in dem wir leben, einmal abgerissen wird – wenn wir sterben und diesen Körper verlassen –, werden wir ein ewiges Haus im Himmel haben, einen neuen Körper, der von Gott kommt und nicht von Menschen.'[12] Wenn sie alle an den Himmel glaubten, dann genügt mir das."

„Was ist der zweite Grund?", wollte ich wissen.

„Weil Jesus von den Toten auferstanden ist – für mich ist das sogar der Hauptgrund", meinte er. „Er wurde nicht nur auferweckt, sein Körper wurde danach auch von zahlreichen

Menschen gesehen – sie sprachen mit ihm, sie aßen mit ihm, und dann ging er zu seinem Vater zurück, versprach ihnen aber zuvor, dass er wiederkommen wird, um die Weltgeschichte zu vollenden. Dadurch erscheint mir ein Leben nach dem Tod sehr glaubwürdig – und wie N. T. Wright sagte: ‚Die Auferstehung Jesu ist der *Startschuss für Gottes neue Welt.*‘[13]

Der dritte Grund, warum ich an den Himmel glaube, ist der, dass die gesamte Bibel dessen Existenz bezeugt."

„Warten Sie!", unterbrach ich ihn. „Der Agnostiker Bart Ehrman sagt, dass wir in den ersten biblischen Büchern nichts über den Himmel finden, und das lässt seiner Ansicht nach darauf schließen, dass die Vorstellungen von Himmel und Hölle einfach im Laufe der Jahrhunderte in den Köpfen der Menschen entstanden sind."[14]

„Nun, lassen Sie uns ein paar Fakten anschauen", antwortete McKnight. „Es ist wahr, dass dem Himmel oder dem Leben nach dem Tod im Alten Testament kaum Bedeutung beigemessen wird. In diesem Teil der Bibel ist vom Tod – oder vom *Scheol* – in der Form die Rede, wie auch andere orientalische oder mediterrane Kulturen dies tun, nämlich in dem Sinne, dass der Tod als etwas Endgültiges angesehen wird. Der *Scheol* ist eine dunkle, tiefe und sumpfige Grube. Tatsächlich finden wir nur in den letzten Büchern des Alten Testaments einige Aussagen über das Leben nach dem Tod.[15] Erst das Neue Testament beschäftigt sich wirklich mit der Hoffnung auf ein ewiges Leben im Himmel."

„Sollte uns Christen das stören?", fragte ich.

„Nicht im Geringsten, weil göttliche Offenbarung eben auf diese Weise funktioniert. Sie entfaltet sich erst im Laufe der Zeit", erklärte er. „Die großen Themen der Bibel entwickeln sich, gewinnen an Gestalt und Bedeutung und führen uns schließlich an die Schwelle zur Ewigkeit. Das ist so, als würden wir uns ein Theaterstück anschauen, bei dem die ganze Geschichte erst am

Ende klar wird. Wenn wir uns mit Jesus beschäftigen, insbesondere mit seiner Auferstehung, weichen die alttestamentlichen Bilder des *Scheols* den herrlichen Lehren von der Unsterblichkeit, dem ewigen Leben und dem Reich Gottes."

Schönheit, Sehnsucht, Gerechtigkeit, Wissenschaft

„Was ist der vierte Grund, warum Sie an den Himmel glauben?", fragte ich McKnight.

„Weil die Kirche dies konsequent und beständig gelehrt hat", sagte er.

Ich wusste, dass dies wichtig war, denn wenn die Kirche irgendwann einmal von ihrer Lehre über das ewige Leben abgewichen wäre oder sie in wesentlichen Punkten verändert hätte, könnte das darauf schließen lassen, dass die entscheidenden Bibelstellen zweideutig sind und sich unterschiedlich interpretieren lassen.

„Die christlichen Gemeinden haben von Anfang an ein Leben nach dem Tod geglaubt, vor allem aufgrund der Auferstehung Jesu", erläuterte McKnight. „Es gab nie eine Epoche, in der die Kirche nicht an die Existenz des Himmels geglaubt hätte.

Und der fünfte Grund, warum ich an den Himmel glaube, ist wegen seiner Schönheit."

Das klang spannend. „Wie meinen Sie das genau?"

„Selbst Atheisten überkommt Ehrfurcht vor der Schönheit der Welt, wenn sie den Grand Canyon besuchen, durch die Mammutbaumwälder Kaliforniens wandern, Musik von Bach hören oder ein Gemälde von van Gogh betrachten. Diese Dinge weisen auf etwas Größeres hin. Wissen Sie, viele von uns glauben an den Himmel, weil wir in unserer gegenwärtigen Welt manchmal einen Blick auf etwas viel Größeres erhaschen – auf eine Welt, die so ist, wie sie unserer Ansicht nach *sein sollte*. Woher haben wir aber diese Vorstellung davon, wie sie sein sollte? Könnte uns das auf eine zukünftige Realität hinweisen – einen neuen Himmel und eine neue Erde? Wenn Gott eine Welt gemacht hat, die so gut ist, wäre es dann nicht logisch, dass er einmal eine Welt erschaffen wird, in der alles noch besser ist?"

McKnight ließ diese Frage für einen Moment im Raum stehen. Dann ging er zum nächsten Grund über, warum er an den Himmel glaubte – weil die meisten Menschen daran glauben. Er führte Statistiken an, die zeigen, dass 84 Prozent der Amerikaner an eine Art Himmel glauben. Fast sieben von zehn sind sogar „absolut sicher", dass der Himmel „wirklich existiert".[16]

Todd Billings verweist darauf, dass sogar ein Drittel derjenigen, die nicht an Gott glauben, an ein Leben nach dem Tod glauben. Er schreibt: „Der Glaube an ein Leben nach dem Tod scheint in Amerika im Laufe der vergangenen Jahre einen Aufschwung erlebt zu haben."[17] Jean Twenge, eine Professorin an der *San Diego State University*, sagte: „Interessant war, dass weniger Menschen praktizierende Christen waren oder beteten, aber mehr Menschen an ein Leben nach dem Tod glaubten."[18]

McKnight erklärte: „Im Großen und Ganzen haben die Menschen zu allen Zeiten an ein Leben nach dem Tod geglaubt – dieser Glaube zieht sich durch alle Religionen und Philosophien. Wie kommt das? Gibt es etwas, das Gott in uns hineingelegt hat – eine Art intuitives Wissen, dass es Leben über das Grab hinaus gibt? In der Bibel heißt es, Gott ‚hat sogar die Ewigkeit in die Herzen der Menschen gelegt'.[19] Ich glaube, die Tatsache, dass die Menschen schon immer an den Himmel geglaubt haben, ist ein starkes Argument dafür, dass es den Himmel auch tatsächlich gibt."

„Was ist Ihr siebter Grund?"

„Unsere Sehnsucht", antwortete er. „C. S. Lewis hat gesagt: ‚Wenn wir also für den Himmel geschaffen wurden, so tragen wir das Verlangen nach unserem wahren Platz bereits in uns.' Er war der Meinung, dass dieses Verlangen ‚durch kein natürliches Glück gestillt werden kann'.[20] An anderer Stelle schrieb er: ‚Wenn ich aber in meinem Innern ein Verlangen verspüre, das durch kein Erlebnis in dieser Welt befriedigt werden kann, dann ist die wahrscheinlichste Erklärung dafür die, dass ich für eine andere Welt gemacht bin.'[21] Der Philosoph Jerry Walls drückt dies so aus: ‚Ein guter Gott würde uns nicht mit einem solchen Verlangen erschaffen und dann dieses Verlangen unerfüllt lassen.'[22]

Wir erleben ja immer wieder: Wenn wir das bekommen, wonach wir uns gesehnt, was wir uns gewünscht haben – die Liebe eines Menschen, eine Familie, Schönheit, einen Arbeitsplatz –, schenkt uns das nur vorübergehend Erfüllung. Wir suchen immer weiter. Ich glaube, das beweist, dass es ein wahres Zuhause gibt, wo schließlich alle unsere Wünsche dauerhaft befriedigt werden – und dieses Zuhause ist der Himmel. Mit anderen Worten: Die flüchtigen Befriedigungen dieser Welt verweisen uns auf etwas, das über uns selbst hinausgeht – auf einen Ort, an dem wir endgültige und bleibende Erfüllung finden."

Damit kam McKnight auf den achten Grund zu sprechen, warum er an den Himmel glaubte – den Wunsch nach Gerechtigkeit.

„Diese Welt ist voller Ungerechtigkeit. Seit unserer Kindheit hat man uns gesagt, dass das Leben eben nicht gerecht ist." Er machte eine Handbewegung in Richtung Chicago. „Nicht weit von hier werden unschuldige Kinder erschossen. Auf der ganzen Welt werden Menschen sexuell missbraucht und ausgebeutet. Als ich noch zur Schule ging, dachte ich, dass meine Generation Schluss machen würde mit Rassendiskriminierung, aber das war offensichtlich ein Irrglaube. Wir Menschen scheinen einen angeborenen Sinn dafür zu haben, was richtig und was falsch ist, und wir sehnen uns danach, dass die Gerechtigkeit siegt.

Ich glaube an den Himmel, weil ich glaube, dass Gott alle Dinge in Ordnung bringen wird. Er will, dass die Gerechtigkeit letztendlich in vollem Umfang wiederhergestellt wird. Das heißt, dass Menschen, denen Unrecht getan wurde, eines Tages unter dem Baum der Gerechtigkeit sitzen und wissen werden, dass Gott alle Dinge so von Grund auf neu macht, dass vergangenes Unrecht im Licht der Freude über die neue Schöpfung verblasst."

„Und was ist Ihr letzter Grund?"

„Dass die Wissenschaft nicht auf alles eine Antwort hat. Wir denken heutzutage empirisch. Viele Menschen glauben, dass wissenschaftliche Erkenntnisse über jede andere Form von Wissen erhaben sind. Aber das stimmt einfach nicht. Die Wissenschaft kann uns erklären, wie die Welt funktioniert, aber sie kann uns keine Informationen darüber liefern, welchen Sinn und Zweck die Dinge haben. Wissenschaft kann unsere Gehirnfunktionen kartografieren, aber sie kann uns nicht erklären, was Liebe ist."

„Ja, genau", warf ich ein. „Und schon die Behauptung, dass Wissenschaft die einzig wahre Art zur Wissenserlangung ist, ist ein Widerspruch in sich, denn sie lässt sich durch keine wissenschaftliche Methode bestätigen."

„Richtig", pflichtete er mir bei. „Der Punkt ist: Die Wissenschaft kann die Existenz des Himmels zwar nicht beweisen, aber es muss eben nicht alles wissenschaftlich überprüfbar und nachvollziehbar sein. Zum Beispiel haben wir hervorragende historische Beweise für die Auferstehung von Jesus, und das sollte ein hinreichendes Indiz dafür sein, dass es auch ein Leben nach dem Tod bei Gott gibt."

Ein neuer Himmel und eine neue Erde

Eine der irrigen Vorstellungen über den Himmel ist die, dass wir dort „Geistwesen" sind, die an einem rein spirituellen Ort irgendwo in den Wolken existieren und ihre ganze Zeit damit verbringen, Gott Lieder zu singen. Als ich McKnight fragte, was er von diesen Vorstellungen hielt, runzelte er die Stirn. „Nun, es gibt hier vieles, das zurechtgerückt werden sollte", sagte er.

„Dann lassen Sie es uns der Reihe nach durchgehen."

„Nun gut", begann er. „Zunächst einmal müssen wir uns klarmachen, dass der Himmel sozusagen in zwei Phasen unterteilt ist. Erstens gibt es den gegenwärtigen Himmel, in den wir kommen, wenn wir sterben. Dies ist eine vorläufige Station – ich vergleiche sie gern mit einem Studentenwohnheim, in dem die Studierenden ja nicht für immer bleiben werden. Irgendwann werden sie in eine dauerhafte Bleibe umziehen, in eine Wohnung oder ein Haus."

„Das wäre dann das sogenannte ‚Zwischenstadium'", warf ich ein.

„Richtig. Jesus sagte zu dem Verbrecher am Kreuz: ‚Ich versichere dir: Heute noch wirst du mit mir im Paradies sein.'[23] Als Stephanus gesteinigt wurde, schaute er hinauf zum Himmel beziehungsweise zum Paradies und sah die Herrlichkeit Gottes.[24] Wir haben nicht viele weiterführende Informationen, aber in diesem ‚Zwischenstadium' werden wir bewusst in der Gegenwart Gottes leben."

„Als Jesus über den Tod seines Freundes Lazarus spricht, sagt er, dass Lazarus ‚eingeschlafen'[25] sei", erwiderte ich. „Heißt das nicht, dass es sich beim ‚Zwischenstadium' um einen Ort handelt, an dem wir schlummern und uns nicht bewusst sind, was passiert?"

„Nein, Jesus benutzte diesen Ausdruck, um zu zeigen, dass Lazarus an einem Ort der Ruhe in Gottes Gegenwart war. Dies war eine vorübergehende Station, ebenso wie der Schlaf. Letzten Endes wird der gegenwärtige Himmel jedoch einem neuen Himmel und einer neuen Erde Platz machen. Das ist die zweite Phase."

„Also ist der Himmel letztendlich kein weit entfernter Ort, sondern er ist *hier*", folgerte ich.

„Richtig. Der Himmel ist die vollständige Erneuerung unserer Welt, ein sehr irdischer, physischer Ort, nicht nur für Geister oder Seelen, sondern für auferweckte Körper, die für Gottes Reich gemacht wurden. Johannes sagt in der Offenbarung: ‚Dann sah ich einen neuen Himmel und eine neue Erde, denn der alte Himmel und die alte Erde waren vergangen. Und auch das Meer war nicht mehr da. Und ich sah die Heilige Stadt, das neue Jerusalem, von Gott aus dem Himmel herabkommen wie eine schöne Braut, die sich für ihren Bräutigam geschmückt hat.'"[26]

„Bedeutet das, dass der neue Himmel sich über dem heutigen Jerusalem befinden wird?"

„Manche denken das und auch, dass Gott im wiederaufgebauten Tempel wohnen wird. Aber meines Erachtens handelt es sich hier um eine zu wörtliche Interpretation. Die Bibel spricht davon, dass es ein *neues* Jerusalem sein wird. Mit anderen Worten: Diese neue Welt wird unserer gegenwärtigen Erde ähneln, aber es wird ein veränderter Ort sein, in dem veränderte Menschen leben. Es wird in dieser Stadt keinen Tempel geben, denn Johannes sagt uns, dass ‚der Herr, Gott, der Allmächtige, und das Lamm ... ihr Tempel' sind.[27]

Wir sprechen hier von einer wunderbaren Erlösung und Wiederherstellung der gesamten Schöpfung", fuhr er fort, während seine Stimme immer lebhafter wurde. „Jesus beschrieb diese Stadt als einen Ort, an dem es vielen Wohnungen für seine Nachfolger gibt.[28] Gott wird bei uns wohnen und wir werden bei

Gott wohnen. Wir werden tatsächlich Gottes Angesicht sehen. Können Sie sich das vorstellen? Die gesamte Schöpfung wird erlöst werden und Gott preisen. Es wird sozusagen eine Schöpfung im Idealzustand sein, so wie sie ursprünglich geplant war. Das hebräische Wort für *gut* ist *tov*. Das heißt, alles, was wirklich *tov* ist in unserer Welt, wird im neuen Himmel und auf der neuen Erde noch besser sein. Sie wird ein Ort der Freude, der Musik und Lieder, der Festivals und Feierlichkeiten sein. Und die ‚Chicago Cubs' werden jedes Jahr die ‚World Series' gewinnen", fügte er augenzwinkernd hinzu.

Das klang *wirklich* außergewöhnlich.

„Wie wird dies alles geschehen?", fragte ich.

„Paulus beschreibt den Ablauf im 15. Kapitel des 1. Korintherbriefs folgendermaßen: Am Anfang steht die Auferstehung von Jesus. Danach wird er wiederkommen, um die bösen Mächte, die in der Welt ihr Unwesen treiben, zu entmachten. Daraufhin wird er den Tod bezwingen, bevor er Gott, seinem Vater, das Reich übergibt. Paulus beendet seinen Bericht mit den Worten: ‚Und Gott ... wird über alles und in allem der Höchste sein.'[29] Damit hat die Weltgeschichte ihr Ziel erreicht. Gott ist das Alpha und das Omega – der Anfang und das Ende aller Existenz, und alles wurde um seinetwillen geschaffen."[30]

Was steht im Mittelpunkt: Gott oder sein Reich?

„Was erfahren wir aus der Bibel über die Körper, die wir im neuen Himmel und auf der neuen Erde haben werden?", fragte ich.

„Ja, unsere Seelen werden tatsächlich wieder einen Körper erhalten, aber diesmal werden es verwandelte, unverwesliche Körper sein", erklärte McKnight. „Tatsächlich wird all das, was man über den auferstandenen Körper von Jesus sagen kann, auch auf unsere Körper zutreffen. Unsere Körper werden perfekt auf unser neues, ewiges Leben zugeschnitten sein."[31]

Er tätschelte seine Glatze. „Im Himmel werde ich sogar Haare haben", fügte er grinsend hinzu.

„Wie alt werden wir denn im Himmel sein?", fragte ich.

„Darüber hat es viele Debatten gegeben. Manche denken, wir werden so alt sein wie Jesus bei seiner Auferstehung, aber wir wissen es nicht. Ich denke, dass wir älter werden, ohne zu altern. Mit anderen Worten: Wir werden im Laufe der Zeit nicht abbauen, sondern intellektuell kontinuierlich wachsen, während wir immer Neues lernen und uns weiterentwickeln. Es ist wichtig festzuhalten, dass wir hier nicht von einem *neuen* Körper sprechen, sondern von einer Verwandlung unseres *jetzigen* Körpers. Die beiden werden einander vollkommen entsprechen – sie werden sozusagen in einer Eins-zu-eins-Beziehung zueinander stehen. Die Menschen werden uns im Himmel wiedererkennen. Sie werden sagen: „Hey, das ist Lee Strobel. Er hat es auch hierhergeschafft – wer hätte das gedacht?!"

Worüber wir natürlich beide herzlich lachen mussten.

McKnight fuhr fort: „Paulus sagte, dass wir jetzt ‚natürliche menschliche Körper' haben und dann ‚geistliche Körper haben' werden.[32] Damit meinte er, dass wir einen Körper haben werden, der perfekt an eine geistliche Welt angepasst ist. Auf der einen Seite wird unser Körper ‚normal' sein. Als die Jünger Jesus zum Beispiel auf dem Weg nach Emmaus begegnet sind, sah er für sie ganz gewöhnlich aus. Er hatte einen Körper, der Nahrung benötigte und die Spuren seines vorherigen Lebens trug. Aber in anderer Hinsicht wird unser Körper auch außergewöhnlich sein – er wird in einem Zimmer auftauchen können, ohne dass wir die Tür öffnen müssen, und er kann sogar von der Herrlichkeit Gottes umstrahlt sein."[33]

„Wir Amerikaner sind ja ziemlich individualistisch", meinte ich. „Wir neigen dazu, uns den Himmel als einen Ort vorzustellen, an dem wir Gott auf ganz persönliche, individuelle Weise erfahren werden. Aber es ist viel mehr als das, oder?"

„Ja, wenn wir an den Himmel denken, neigen wir Christen dazu, eine von zwei Extrempositionen einzunehmen", antwortete er. „Manche Menschen haben eine rein *theozentrische* oder Gott-zentrierte Vorstellung vom Himmel. Sie richten ihr Augenmerk auf die einzelnen Personen, die Gott anbeten und verherrlichen. Gott wird erhoben und geehrt, aber dies kann nicht nur durch einen endlosen, ekstatischen Lobpreisgottesdienst geschehen. Gott wird auch geehrt, wenn wir uns um andere kümmern, wenn wir gute Eltern sind, wenn wir unseren Garten hegen und pflegen. Manchmal stellt diese theozentrische Sicht den Himmel als rein spirituelle Erfahrung und nicht als reales, körperliches Erleben dar.

Auf der anderen Seite gibt es eine Reich-Gottes-zentrierte Sicht des Himmels, die den gemeinschaftlichen Aspekt des Lebens nach dem Tod betont. Bei dieser Sicht stehen Gott und sein Volk, Lobpreis und Gemeinschaft, Gerechtigkeit, Frieden und soziales Engagement im Mittelpunkt. Es ist eine körperliche Existenz, in der alle Menschen in geheilten, glücklichen Beziehungen zueinander stehen, weil sie Gott völlig hingegeben sind."

„Denken Sie, dass diese Sichtweise auch überzogen sein könnte?"

„Ja, diese Beschreibungen des Himmels könnten fast zu weltlich ausfallen", sagte er.

Tatsächlich habe ich Bilder gesehen, auf denen das Leben nach dem Tod als eine große, freundliche Nachbarschaftsparty dargestellt wurde. Jemand hat sich einmal darüber beklagt, dass den sozialen Aspekten des Himmels zu viel Bedeutung beigemessen werden. ‚Wer möchte schon jeden Tag einen Festumzug und eine Grillparty veranstalten?'"[34]

„Die Antwort liegt meines Erachtens irgendwo in der Mitte", sagte McKnight. „Wir sollten versuchen, diese beiden Sichtweisen in Einklang zu bringen. Der Himmel wird beides sein: ein Ort der Anbetung *und* ein Ort der Gemeinschaft. Wir werden in einer wunderbaren, beglückenden Verbindung mit Gott leben *und* wir werden Freude aneinander haben. Wir werden einen König haben, *und* wir werden Bürger seines Königreichs sein, die in einer blühenden Gesellschaft zusammenleben werden."

„Doch wie können die Menschen im Himmel ihr Leben genießen", fragte ich, „wenn sie wissen, dass es andere gibt – vielleicht sogar Angehörige –, die in der Hölle leiden?"

McKnight nickte ernst. „Dieses Thema ist im Laufe der Jahre immer wieder heiß diskutiert worden", meinte er. „Dazu gibt es jede Menge Theorien. Wir wissen nicht, wie Gott dies handhaben wird, aber wir können darauf vertrauen, dass er damit irgendwie umgehen wird. C. S. Lewis schrieb, dass Gott nicht zulassen werde, dass die Hölle noch irgendein Anrecht auf den Menschen hat, die rechtmäßig die Ewigkeit mit Gott genießen."[35]

Die himmlische Veranda

Der Aspekt der himmlischen Gemeinschaft hat mich schon immer fasziniert. Ich bat McKnight, das Thema zu vertiefen.

„Ich denke, der Himmel wird eine Art globales Dorf sein", sagte McKnight. „Er ist ein Ort, der für all diejenigen entworfen wurde, die eine Beziehung zu Gott haben möchten und in Gemeinschaft mit anderen leben wollen. Denn was passierte mit Jesus, als er von den Toten auferstand? Er stellte umgehend die Gemeinschaft mit seinen Jüngern wieder her. Im Himmel wird Gott auf seinem Thron sitzen und gleichzeitig werden alle seine Geschöpfe in liebevollen Beziehungen zueinander stehen."

McKnight unterbrach seine Schilderungen, um mich daran zu erinnern, dass die Bibel uns keine detaillierten Beschreibungen des Himmels liefert. Vielmehr werden dort Metaphern und Bilder verwendet, damit wir uns vorstellen können, wie das ewige Leben mit Gott sein wird. Ein solches Bild beschreibt zum Beispiel, dass Jesus im himmlischen Haus Wohnungen für uns vorbereitet.[36]

„Wenn ich meiner Fantasie freien Lauf lasse", sagte McKnight, „dann stelle ich mir gern vor, dass unsere Wohnungen eine Veranda haben, auf der wir Gemeinschaft miteinander pflegen, und einen Garten, in den wir uns zurückziehen können."

„Eine Veranda?", fragte ich.

„Ja, Veranden sind ein Zeichen von Gastfreundschaft", antwortete er. „Ein Gemeindeleiter, der sich mit neuseeländischer Architekturgeschichte beschäftigt hat, fand heraus, dass Häuser vor dem Zweiten Weltkrieg mit Veranden gebaut wurden, auf denen die Leute abends mit ihrer Familie saßen. Wenn Spaziergänger vorüberkamen, begrüßten sie sie und luden sie ein, sich zu ihnen zu setzen und ein Schwätzchen zu halten. Doch nach dem Krieg verschwanden die Veranden allmählich. Sie wurden durch Gärten ersetzt, die hinter dem Grundstück lagen und wohin sich die Menschen zurückziehen konnten."[37]

Weil wir uns verkleinern wollten, hatten Leslie und ich uns interessanterweise in der letzten Zeit ziemlich viele Häuser angeschaut, und eine unserer Prioritäten war gewesen, dass unser neues Zuhause eine geräumige Veranda hatte, auf der wir sitzen und mit unseren Nachbarn in Kontakt treten konnten. Doch zu meinem Erstaunen hatte ich feststellen müssen, dass selbst in

Gegenden, in denen primär Ruheständler lebten, nur wenige Häuser eine solche Veranda besaßen.

„Die Vorstellung gefällt mir", sagte ich daher.

„Mir auch", erwiderte er. „In meiner Kindheit gab es in meinem Elternhaus keine Klimaanlage. Also gingen wir nach dem Abendessen meist in den Garten, um uns abzukühlen. Dann kamen oft Nachbarn zum Plaudern vorbei. Es war großartig. Ich glaube, im Himmel wird ein perfektes Gleichgewicht zwischen Privatsphäre, hingebungsvoller Liebe zu Gott und inniger, liebevoller Gemeinschaft mit Angehörigen und Freunden herrschen.

Oh, und es wird Partys geben – und was für welche!", fügte er hinzu. „In der Bibel werden oft Metaphern von Banketten und Festen verwendet – tatsächlich ist das erste Bild vom Reich Gottes in der Endvision der Offenbarung eine Hochzeitsfeier voller Liebe, Freundschaft und Gemeinschaft.[38] Im Himmel werden ganz unterschiedliche Menschen in Gemeinschaft miteinander leben – alle werden von jeder Schuld befreit und miteinander versöhnt sein, alle Beziehungen werden sich durch Vertrauen und Freude auszeichnen, und jeder wird eine Geschichte zu erzählen haben – eine Geschichte, die wir alle hören wollen."

Die erste Stunde im Himmel

Wenn die Menschen im Himmel in echter – und wirklich überirdischer – Gemeinschaft miteinander leben werden, was ist dann mit den alltäglichen Konflikten, hitzigen Streitereien und Beziehungsproblemen, die in dieser Welt zwischen uns stehen? Werden sie uns nicht in die Ewigkeit folgen und Gottes Plan durchkreuzen, dass wir für immer in Harmonie miteinander leben sollen? Ich sprach diesen Gedanken an.

„Das ist eine gute Frage." McKnight nickte. „Und sie bringt mich zum nächsten Punkt, und zwar zu dem, was meiner Ansicht nach in unserer ersten Stunde im Himmel geschehen wird."

„Und das wäre?"

„Versöhnung", antwortete er. „Ich glaube, dass wir mit jeder Person ein Vier-Augen-Gespräch führen werden, mit der wir ungelöste Konflikte hatten – wir werden einander die Wahrheit sagen, unsere Fehler eingestehen, ehrlich zueinander sein und um Vergebung bitten. Wir werden keine Ausflüchte mehr machen, nichts beschönigen, uns nicht verstellen. Freundschaften werden wiederhergestellt, Beziehungen in Ordnung gebracht. Wir werden uns die Hände reichen, einander auf den Rücken klopfen, uns in die Arme nehmen und Tränen der Erleichterung und Freude vergießen."

„Denken Sie das wirklich?"

„Wie könnten wir denn in Frieden und Harmonie miteinander leben, wenn diese Gräben nicht zugeschüttet werden?", fragte er. „Natürlich weiß ich nicht, wie das genau vonstattengehen wird. Vielleicht wird es sich ja in einem Augenblick vollziehen, vielleicht aber auch nicht. Aber es muss geschehen. Und wir werden wollen, dass es geschieht. Gott wird uns das Verlangen und die Fähigkeit schenken, uns miteinander zu versöhnen. Tutsis werden sich mit Hutus aussöhnen, untreue Ehemänner werden sich mit ihren verletzten Frauen zusammensetzen, rebellische Kinder werden sich mit ihren Eltern vertragen."

Diese letzte Aussage weckte in mir eine Erinnerung. Die Beziehung zwischen meinem Vater und mir war angespannt. Am Abend meiner Highschool-Abschlussfeier waren wir heftig aneinandergeraten und auf dem Höhepunkt unseres Streites sagte er mir: „Ich empfinde so wenig Liebe für dich, dass ich damit keinen Fingerhut füllen könnte!" Danach haben wir uns nie wieder wirklich versöhnt; stattdessen kehrten wir unseren Streit unter den Teppich. Ich glaube jedoch, dass mein Vater, der 1979 gestorben ist, Jesus vertraut hat und dass wir uns eines Tages im Himmel wiedersehen werden. In den vergangenen Jahren ist mir durch viel Gebet und Selbstreflexion klar geworden, wie sehr meine eigene Rebellion, Unehrlichkeit und Selbstsucht zu der Kluft zwischen uns beigetragen haben. Ich sehnte mich danach, ihm das alles zu sagen, meine Fehler zuzugeben und ihn um Vergebung zu bitten. Ich wollte den Groll überwinden, den wir beide so viele Jahre lang gehegt hatten.

Ich sprach das McKnight gegenüber an und er hörte mir mit der Geduld eines Seelsorgers zu. „Nun", kommentierte er dann, „ich denke, dass Ihrem Vater all diese Dinge schon viel deutlicher bewusst sind als Ihnen."

„Wirklich?"

„Er wünscht sich nichts so sehr, wie sich mit Ihnen zu versöhnen. Ich denke, dass er auf seiner Seite des Konflikts schon Buße getan hat. Und eines Tages wird Ihre Beziehung geheilt sein. Es wird ein wunderbarer Moment für Sie beide sein. Stellen Sie sich das einmal vor: Von da werden Sie mit ihm für immer in dieser innigen Vater-Sohn-Beziehung leben, nach der Sie sich beide gesehnt haben."

Ich lächelte und nestelte an meinem Aufnahmegerät, als wollte ich überprüfen, ob es noch einwandfrei funktionierte. Das war natürlich ein Vorwand. Ich wollte nicht, dass McKnight bemerkte, dass ich feuchte Augen hatte.

Das Angesicht Gottes sehen

In der Bibel gibt es einige Textstellen, die sich auf die Hoffnung beziehen, Gott in der Ewigkeit von Angesicht zu Angesicht zu sehen. Oft wird diese Erfahrung die „Anschauung Gottes" oder auch „beseligende Gottesschau" genannt, eine Lehre, die unerklärlicherweise in der protestantischen Theologie mehr und mehr in Vergessenheit geraten ist.

Der Theologe Hans Boersma, der sich mit der „beseligenden Gottesschau" in der christlichen Tradition beschäftigt hat, schrieb: „Wir sind dem, wie Gott uns ursprünglich geschaffen hat, dann am nächsten, wenn wir die Anschauung Gottes zu unserem höchsten Wunsch erheben."[39] Andrew Louth, emeritierter Professor an der *University of Durham*, schrieb: „Die ‚beseligende Gottesschau' – das Schauen auf Gott in höchster Freude – ist das letztendliche Ziel des Christenlebens, die Erfüllung unseres Lebens als Nachfolger von Jesus."[40]

In den Psalmen schrieb David: „Eine einzige Bitte habe ich an den Herrn: ... im Haus des Herrn zu sein, um seine Freundlichkeit zu sehen und in seinem Tempel still zu werden."[41] Paulus bekräftigte, dass wir, obwohl wir die Dinge jetzt noch unvollkommen sehen, eines Tages in der Ewigkeit „alles in völliger Klarheit erkennen".[42] Und Jesus sagte in der Bergpredigt: „Glücklich sind die, die ein reines Herz haben, denn sie werden Gott sehen."[43]

„Ich finde das verwirrend", meinte ich zu McKnight. „In der Bibel steht, dass Gott zu Mose gesagt hat: ‚Mein Gesicht kannst du jedoch nicht sehen, denn jeder Mensch, der mich sieht, muss sterben.'"[44]

„Ja, in der Bibel steht, dass Menschen Gott nicht ansehen und seinen überwältigenden Glanz nicht ertragen können", pflichtete McKnight mir bei. „Im Hier und Jetzt können wir Menschen

Gottes Gegenwart in ihrer ganzen Fülle nicht aushalten, aber in der Ewigkeit werden alle seine Nachfolger ihn von Angesicht zu Angesicht sehen. Der Apostel Johannes bestätigt ausdrücklich, dass alle im Himmel ‚sein Gesicht sehen'[45] werden. Wenn wir dort sind, werden wir nicht nur fähig sein, in seiner wunderbaren Gegenwart zu *überleben*, sondern wir werden uns auch in alle Ewigkeit *daran erfreuen.*"

Er wies mich darauf hin, dass Jesus gesagt hat: „Wer mich gesehen hat, hat den Vater gesehen!"[46] Einmal wurde Jesus vor den Augen seiner Jünger verwandelt, und „sein Gesicht leuchtete wie die Sonne". Sogar „seine Kleidung wurde strahlend weiß".[47]

„Sie sahen ihn, als er seine Herrlichkeit zeigte – seinen auferstandenen Körper –, und das Buch der Offenbarung beginnt damit, wie Johannes einen Blick auf ebendiesen herrlichen Jesus erhascht", sagte McKnight. „Wenn wir Jesus in der Ewigkeit sehen, wird uns das mit tiefer, überwältigender Freude erfüllen. Wir werden uns vollkommen lebendig fühlen und eine tiefe, innige Beziehung zu Gott, dem Allmächtigen, haben."

McKnight erzählte mir, dass seine Kinder früher die Buchreihe „Das Magische Auge" geliebt hatten, bei deren Bildern man so lange auf eine Ansammlung Punkte starrt, bis diese sich in ein dreidimensionales Bild verwandeln, während man die periphere Wahrnehmung verliert. Während sich die Augen anpassen und der Blick sich durch die Betrachtung des Bildes verändert, tritt man gewissermaßen in das Bild hinein.

„In der Gegenwart Gottes zu sein wird so ähnlich sein, nur viel schöner. Unser tägliches Leben in seiner Nachfolge ist wie diese Ansammlung von Punkten – manchmal ist es wunderbar, manchmal weniger", sagte er. „Aber wenn wir Gott mit unserem verwandelten Körper begegnen und ihn in seiner ganzen Herrlichkeit erleben, werden alle Punkte auf einmal Sinn ergeben – und wir werden ihn sehen, wie er wirklich ist, weil wir sein werden wie er.[48] Johannes vom Kreuz bezeichnete Gottes Gegenwart auch als eine ‚lebendige Liebesflamme'[49] – das heißt, unser Leben bei Gott wird eine wunderbar warme, innige Erfahrung sein."

Er biss sich auf die Unterlippe. „Noch sind wir dafür nicht bereit", fuhr er dann fort und in seiner Stimme lag ein Hauch von Sehnsucht. „Aber eines Tages werden wir es sein. Dann wird der Vorhang weggezogen, und wir werden dazu imstande sein, Gottes Gegenwart unmittelbar zu erfahren. Wissen Sie, Lee, genau dazu ist der Himmel gedacht: Er ist für die Menschen gedacht, die sich danach sehnen, das wunderschöne, strahlende Gesicht Gottes anzuschauen."

Jonathan Edwards, der im 18. Jahrhundert lebte, hat dies einmal so ausgedrückt: „Wie gut ist Gott, dass er den Menschen zu diesem Ende geschaffen hat, um ihn in seiner, des Allmächtigen, Gegenwart zu beglücken."[50]

Charles Spurgeon war ebenfalls überwältigt bei dem Gedanken daran: „Die wahre Herrlichkeit des Himmels ist, dass wir ihn sehen werden, den gleichen Jesus, der am Kreuz von Golgatha starb, dass wir zu seinen Füßen niederfallen und ihn anbeten werden, mehr noch, dass er uns küssen wird mit den Küssen seines Mundes und uns dazu einladen wird, für immer bei ihm zu wohnen."[51]

„Niemand hat Gott jemals gesehen", steht in Johannes 1,18 (Einheitsübersetzung). „Der einziggeborene Sohn, der in des Vaters Schoß ist, der hat ihn bekannt gemacht." Im griechischen Urtext beschreibt die idiomatische Wendung „in seinem Schoß", wie nah Gott und sein Sohn einander sind.

Tatsächlich schreibt Michael Reeves in seinem Buch *Delighting in the Trinity*, dass Johannes ein Bild von Jesus zeichnet, auf dem er für immer im Schoß des Vaters ist. „Niemand würde es wagen, sich das vorzustellen", sagte Reeves, „Aber Jesus erklärt ausdrücklich (Johannes 17,24), dass es sein Wunsch ist, dass diejenigen, die an ihn glauben, dort bei ihm sind."[52]

Seien Sie mutig – nur für einen Moment – und *stellen Sie sich das einmal vor.*

Zuverlässig und wahr

Es ist eine unglaubliche Vorstellung: Der Himmel wird *hier* sein, in dieser Welt, die völlig verändert, erneuert sein wird. Es wird keine Sünde und keinen Verfall mehr geben, ein pulsierender Ort voller Freundschaften und Austausch und unsäglich schöner Natur, wo sich alles darum dreht, dass Gottes Kinder Gemeinschaft miteinander und mit ihrem dreieinigen Schöpfer haben.

Wie der Apostel Johannes in Offenbarung 21,5 schreibt: „Und der, der auf dem Thron saß, sagte: ‚Ja, ich mache alles neu!' Und dann sagte er zu mir: ‚Schreib es auf, denn was ich dir sage, ist zuverlässig und wahr!'"

Der Schriftsteller John Eldredge meint dazu: „Wenn Gott die Realität, wie wir sie kennen, wegwischen und eine neue Realität erschaffen würde, würde die Aussage wie folgt lauten: ‚Ich mache lauter *neue Dinge*!' Aber das sagt er nicht."[53] Gott sagt vielmehr, dass er „alles neu" machen wird. „Die ersten Christen", schreibt N. T. Wright, „waren davon überzeugt, dass Gott für den gesamten Kosmos das tun würde, was er für Jesus an Ostern getan hatte."[54]

Wir können uns darauf verlassen, dass Gottes Worte „zuverlässig und wahr" sind – aber was bedeutet das eigentlich konkret? Unsere Neugier ist geweckt. Wir haben Fragen über Fragen. Über die Jahrhunderte hinweg sind immer wieder hitzige

Debatten entbrannt. Wir sind versucht, über den Text hinauszugehen und unserer Fantasie freien Lauf zu lassen, aber ich war entschlossen, diesem Impuls zu widerstehen.

Ich zog einen Notizblock aus meiner Tasche. „Ich habe sieben Fragen zum Thema ‚Himmel', die mich brennend interessieren", sagte ich dann zu McKnight.

Er signalisierte mir mit einer Handbewegung, dass ich fortfahren sollte. „Ich werde mein Bestes tun", antwortete er.

Kapitel 6

Sieben Fragen zum Himmel

Schlüsselfragen über das
ewige Leben mit Gott

In der heutigen Zeit, wo die Spekulationen über den Himmel überhandnehmen, finde ich es ebenso spannend wie wohltuend, sorgfältig zu prüfen, was die Bibel dazu sagt.
Randy Alcorn: *5 Curious Questions about Heaven*

Wenn es um das Thema „Himmel" geht, tauchen unzählige Fragen auf. Die Vorstellung von einem neuen Himmel und einer neuen Erde regt unsere Fantasie an und weckt unsere Neugier. Sie spornt uns an, die Bibel durchzuforsten, und lässt uns den Tag herbeisehnen, an dem Gott „alle [unsere] Tränen abwischen" und es „keinen Tod und keine Trauer und kein Weinen und keinen Schmerz mehr geben" wird.[1]

Und da ich einen so hochkarätigen Theologen wie Scot McKnight vor mir hatte, konnte der Journalist in mir dem Angebot nicht widerstehen, sieben brennende Fragen zu dem Thema vorzubringen, was uns im Jenseits erwartet. Mit McKnights

Einverständnis schlug ich ein neues Blatt in meinem Notizblock auf, nahm den Füller zur Hand und setzte unser Gespräch in der gemütlichen Lounge der kleinen Chicagoer Vorstadtgemeinde fort.

Aber ich begann nicht mit dem theologisch bedeutsamsten Thema – auch nicht mit dem tiefgründigsten oder mit dem, das die weitreichendsten Konsequenzen hat –, sondern mit der Frage, die bei fast jedem Vortrag von den Zuhörern gestellt wird.

Frage Nr. 1: Kommen unsere Haustiere in den Himmel?

In McKnights Fall war es ein schwarzer Labrador namens Sam, bei mir ein Königspudel namens Nikki. Die Haustiere, die wir in unserer Kindheit besitzen, schenken uns Geborgenheit und sind wunderbare Begleiter – aber werden wir sie im Himmel wiedersehen?

„Sam hat mich immer beim Zeitungsaustragen begleitet", erinnerte sich McKnight. „Aber er hatte den Instinkt eines Retrievers. Wenn ich eine Zeitung warf, rannte er hinterher und brachte sie mir zurück." Ob es nun ein Kätzchen oder ein Hamster, ein Chinchilla oder ein Wellensittich ist: Die meisten Familien haben einen tierischen Freund mit Fell, Federn oder Schuppen, den Kinder und Eltern gleichermaßen lieben. Unser Herz sagt uns, dass wir ihn gern in der Ewigkeit wiedersehen würden, aber was sagt die Bibel dazu? Ist der Titel des Zeichentrickfilms *Alle Hunde kommen in den Himmel* eine theologisch korrekte Aussage?

„Was Tiere im Allgemeinen anbelangt, glaube ich, dass der neue Himmel und die neue Erde mit allen möglichen Tierarten bevölkert sein wird", erklärte er. „Raubtiere und ihre Beutetiere werden friedlich miteinander leben. Darauf lässt eine Aussage im Buch Jesaja schließen: ‚Dann werden der Wolf und das Lamm einträchtig zusammenleben; der Leopard und die Ziege werden beieinander lagern. Kalb, Löwe und Mastvieh werden Freunde und ein kleiner Junge wird sie hüten.'² Was Gott tut, das bringt er auch zu einem Abschluss. Und was Gott für unsere heutige Welt erschaffen hat, wird er in der zukünftigen Welt vollenden."

„Aber was passiert mit meinem Hund und mit dem Ihren?", fragte ich. „Werden unsere Haustiere uns eines Tages im Himmel begrüßen?"

Die meisten Menschen scheinen genau das zu glauben. Eine Studie über den ältesten Tierfriedhof in den USA, auf dem 70 000 Tiere begraben sind, zeigte: Vor 1980 gab es kaum Inschriften, die davon sprachen, dass auch Bello und Minka auf die Ewigkeit hoffen durften. Aber seit den 1990er-Jahren hat sich das geändert. Von da an geht aus zahlreichen Grabinschriften hervor, „dass die Besitzer an ein Weiterleben ihrer Tiere nach dem Tod glauben und dass sie erwarten oder zumindest hoffen, im ewigen Leben wieder mit ihren Lieblingen vereint zu sein".³

McKnight lächelte. „Als der Theologe Rich Mouw noch ein kleiner Junge war, fragte er seine Mutter, ob Haustiere im Himmel sein werden – und als Mouw selbst Vater war, stellte sein Sohn ihm die gleiche Frage. In beiden Fällen lautete die Antwort: ‚Nun, Hunde haben keine Seele, weißt du. Aber bei Gott ist alles möglich. Er wird das tun, was für uns und die Tiere am besten ist.'⁴

Und er *wird* das tun, was für uns alle am besten ist", schloss McKnight. „Ich bin davon überzeugt, dass der Himmel kein langweiligerer Ort sein wird als diese Erde, und ich denke, die Erde wäre ohne Haustiere definitiv langweiliger. Auch wenn es für uns im Himmel sicher viel wichtigere Dinge geben wird als unsere Haustiere, könnte ich mir gut vorstellen, dass unsere Hunde im Himmel bei uns sind. Das wäre einfach typisch Gott."

„Aber Katzen nicht", betonte ich.

„Natürlich. Keine Katzen. Das versteht sich ja wohl von selbst."

Scrappy und Scupper
Auch wenn die Sache mit den Katzen natürlich nur ein Scherz war, befindet sich McKnight mit seinem vorsichtigen Optimismus in guter Gesellschaft. Viele christliche Denker gelangen bei diesem Thema zu der gleichen Einschätzung. Als der Philosoph Peter Kreeft gefragt wurde, ob es im Himmel Haustiere geben würde, antwortete er lächelnd: „Warum denn nicht?"[5] Er verwies dabei auf Psalm 36, Vers 7: „Herr, du sorgst für Menschen und Tiere gleichermaßen." In manchen Bibelübersetzungen wird an dieser Stelle sogar ausdrücklich das Verb „retten" gebraucht. [6]

Kreeft fuhr fort: „Uns ist von Anfang an die Verantwortung für die Tiere übertragen worden, und wir haben diesen göttlichen Auftrag auf der Erde noch nicht erfüllt. Daher scheint es naheliegend, dass der richtige Umgang mit Tieren im Himmel eine Rolle spielen wird ... Und womit könnte man besser beginnen als mit den Tieren, die schon jetzt Teil unseres Lebens sind?"[7]

Und Joni Eareckson Tadas Haustier, der Schnauzer Scrappy?

„Wenn Gott unsere Tiere wieder zum Leben erweckt, würde mich das nicht überraschen", schreibt sie. „Das würde ihm ähnlich sehen. Es würde genau zu seinem Charakter passen: maßlos. Überbordend. Unfassbar großzügig, wenn es um seine Gnade geht. Bei all den schwindelerregenden Entdeckungen und ekstatischen Freuden, die uns im Himmel erwarten, wäre die Möglichkeit, Scrappy wiederzusehen, so ein großartiges, verrücktes

Extra – ein überraschendes, scheinbar überflüssiges und doch so wunderbares Sahnehäubchen."[8]

Hank Hanegraaff, der Mann, der schon seit so langer Zeit Antworten auf Fragen zur Bibel gibt, weist darauf hin, dass im Garten Eden Tiere lebten, und meint: „Das legt die Vermutung nahe, dass im wiederhergestellten Garten Eden ebenfalls Tiere leben werden."[9] Er ist zwar der Meinung, dass wir nicht sicher sein können, ob bestimmte Tiere für ein Leben in der Ewigkeit auferweckt werden, würde jedoch „persönlich diese Möglichkeit nicht ausschließen".

Angesichts der Tatsache, dass die Bibel zu dieser Frage keine konkreten Aussagen macht, geht der Theologe Alan Gomes diese Thematik ein wenig zurückhaltender an. „Manche Verse und biblische Texte deuten an, dass es möglicherweise Tiere in der Ewigkeit geben wird", schreibt er. Er fügt jedoch hinzu: „Wenn es Tiere auf der neuen Erde gibt, ist es sehr unwahrscheinlich, dass es dieselben Tiere sein werden, die auf der Erde existiert haben. Ich denke, Gott würde neue Tiere schaffen und nicht solche, die vorher gelebt haben, wiederauferwecken."[10]

Gomes gibt jedoch zu, dass ihm das persönliche Interesse am Thema fehlt, da er von seinem Wellensittich namens Scupper nur „mäßig begeistert" war. „Was mich angeht", so Gomes, „habe ich kein Pferd in diesem Rennen."[11]

Der Philosoph J. P. Moreland hat in dieser Hinsicht sowohl gute als auch schlechte Nachrichten. Die gute Nachricht ist, dass unsere Tiere zwar keine komplexen Seelen wie die Menschen haben, die nach Gottes Ebenbild erschaffen sind, dass es in der Bibel jedoch Hinweise darauf gibt, dass sie eine Art primitiver Seele besitzen.[12]

Seine schlechte Nachricht ist: „Und während die Seele des Menschen den Tod des Körpers überlebt, glaube ich nicht, dass Tierseelen ihren Körper überleben. Möglicherweise irre ich mich in diesem Punkt, aber ich glaube, dass die Seele eines Tieres zusammen mit dem Körper aufhört zu existieren."[13]

Ich hoffe, dass er sich irrt – Sam und Nikki zuliebe. Oh, und Scrappy zuliebe. Und sogar einem nur mäßig geschätzten Wellensittich namens Scupper zuliebe.

Frage Nr. 2: Werden wir im Himmel noch verheiratet sein?

Als Leslie und ich 1972 geheiratet haben, schworen wir, uns zu lieben und füreinander da zu sein, „bis der Tod uns scheidet". Das ist der Standardwortlaut der Eheversprechen, aber bedeutet das, dass unsere eheliche Beziehung am Grab automatisch enden wird?

Allerdings, sagen einige christliche Denker. Sie vertreten die Auffassung, dass es im Himmel keine Ehen oder Familien geben wird. Zum Beispiel fassen Colleen McDannell und Bernhard Lang Augustinus' Lehre zu diesem Thema wie folgt zusammen: „Alle besonderen Bindungen [Ehe, Familie, Freundschaften] werden in einer allumfassenden, unspezifischen Gemeinschaft der Liebe aufgehen."[14]

Randy Alcorn, dessen Buch *Der Himmel: Was uns dort wirklich erwartet* ein Bestseller ist, schrieb dazu: „Im Himmel wird es *eine* Ehe geben, nicht viele. Diese Ehe wird das sein, was die irdische Ehe symbolisierte und worauf sie hinwies: die Ehe mit Christus und seiner Braut (der Gemeinde). Also werden wir alle verheiratet sein – aber mit Christus."[15]

Von Theologen und bekannten Autoren bekommt man auf die Frage, ob es die Ehe im Himmel noch geben wird oder nicht, oft eine schnelle, eindeutige Antwort. „Glücklicherweise hat der

Sohn Gottes diese Frage so klar und deutlich beantwortet, wie man sich das nur wünschen kann. Und seine Antwort ist ein klares Nein", schreibt Alan Gomes, Professor an der *Talbot School of Theology*.[16]

Mark Hitchcock, Pastor einer Gemeinde in Oklahoma und Verfasser mehrerer Bücher, stimmt ihm hier zu: „Jesus sagte klar und deutlich, dass es die Ehe, so wie wir sie hier auf der Erde kennen, im Leben nach dem Tod nicht mehr geben wird."[17]

Ich wollte von McKnight wissen, ob er dieser Einschätzung zustimmte, und sah, wie sein Gesicht einen skeptischen Ausdruck annahm. Er räusperte sich. „Nun", meinte er dann, „ich bin nicht dieser Meinung."

Ich ließ mich tiefer in den Sessel sinken und wünschte mir eine Packung Popcorn. *Das verspricht interessant zu werden*, dachte ich.

„Denn sie werden wie Engel sein"

Es gibt zu diesem Thema eine zentrale Bibelstelle, die in allen drei synoptischen Evangelien überliefert ist.[18]

Einige Sadduzäer – Mitglieder einer religiösen Sekte, die nicht an die Auferstehung glaubten – erzählten Jesus eine hypothetische Geschichte, die die Auferstehung infrage stellen sollte.

Wie üblich schlug Jesus sie mit ihren eigenen Waffen. Er zitierte eine Stelle aus der Thora, die die Tatsache der Auferstehung bestätigt. Als Antwort auf eine Frage über die Ehe, die die Sadduzäer benutzten, um ihm eine Falle zu stellen, antwortete Jesus: „Denn wenn sie von den Toten auferstehen, so werden sie weder heiraten noch sich heiraten lassen, sondern sie sind wie die Engel im Himmel."[19]

„Das scheint für viele Menschen eine sehr eindeutige Antwort zu sein", sagte ich zu McKnight.

McKnight hob die Hand: „Moment", sagte er. „Ich sehe das etwas anders: Wenn Jesus hätte lehren wollen, dass es im Himmel kein Eheleben mehr geben würde, hätte er es doch wahrscheinlich deutlicher ausgedrückt. Er hätte sagen können: ‚Hört mir gut zu: Im Himmel wird es keine Ehe und keine Familie mehr geben.' Aber das hat er nicht getan. Er sagte, dass die Menschen ‚weder heiraten noch sich heiraten lassen'. Der erste Teil – ‚weder heiraten' – bezieht sich auf den Bräutigam und der zweite Teil – ‚noch sich heiraten lassen' – bezieht sich auf die Braut, die ihrem zukünftigen Ehemann anvertraut wird.

Was sagt er also wirklich? Er sagt, dass es im Himmel keine *Hochzeiten* geben wird und dass dort keine *neuen Ehen* geschlossen werden. Er äußert sich jedoch nicht dazu, ob Menschen, die jetzt schon verheiratet sind, im Himmel weiterhin verheiratet sein werden. Er sagt nur, dass es dort keine *neuen* Ehen geben wird. Warum? Weil ‚sie sind wie die Engel im Himmel'."

Ich unterbrach ihn. „Einige Kommentatoren meinen, dass Engel kein Geschlecht besitzen, was sich mit der Vorstellung deckt, dass es im Himmel keine Ehen geben wird."

McKnight griff nach seiner Bibel und schlug das Lukasevangelium auf. „Lukas' Bericht fügt einen wichtigen Hinweis hinzu. Er berichtet nämlich, dass Jesus sagt: ‚... *und sie werden auch nicht mehr sterben. In dieser Hinsicht werden sie den Engeln gleichen.*'[20] Jesus weist hier darauf hin, dass Engel ewig leben. In christlicher Hinsicht ist die Fortpflanzung ein wichtiger Grund für die Ehe. Aber im Himmel werden die Menschen ewig leben, also muss niemand mehr für Nachkommen sorgen, damit die Familie erhalten bleibt. Darum müssen im Himmel keine *neuen* Ehen mehr geschlossen werden."

Er klappte seine Bibel zu und fuhr fort: „Dies ist der Schlüsseltext, den die Leute zum Beweis dafür zitieren, dass es im Himmel keine ehelichen Beziehungen mehr gibt. Aber wie Sie sehen, sagt dieser Text gar nicht aus, dass die Ehen und die Familien, die hier auf der Erde bestehen, nicht auch im Himmel bestehen bleiben. Darum glaube ich, dass es im Himmel Ehen und Familien *geben wird* – und dass sie, wie alles andere auch, viel besser sein werden, als sie es heute sind."

McKnights Worte boten mir viel Stoff zum Nachdenken. Als jemand, der seit fast 50 Jahren glücklich mit einer wunderbaren Frau verheiratet ist, fände ich es natürlich großartig, diese erfüllende Ehe im Himmel für immer weiterzuführen.

Aber selbst wenn Alcorn, Gomes und Hitchcock damit recht haben sollten, dass die Ehe nicht weiterbestehen wird, würde das der Freude auf den Himmel keinen Abbruch tun. „Paare, die auf der Erde in einer so vertrauten, innigen Beziehung zueinanderstanden, werden einander auch in der Ewigkeit bei Gott weiterhin kennen, lieben und wertschätzen", schreibt Hitchcock. „Ich habe vor, in alle Ewigkeit mit meiner Frau Cheryl in einer Beziehung zu leben, die weit über alles hinausreicht, was wir hier auf der Erde erfahren haben."[21]

Und Gomes gelangt zu dem Schluss: „Gott nimmt uns in der Ewigkeit nichts weg – es sei denn, um uns stattdessen etwas Besseres, Vollkommeneres zu geben. In diesem Fall heißt das: Wir werden unseren irdischen Partner im ewigen Leben nicht weniger lieben als jetzt, sondern wir werden dann *alle Menschen* in einem Ausmaß lieben, das wir jetzt noch nicht fassen und oder gar erreichen können."[22]

Frage Nr. 3: Wird es im Himmel Belohnungen geben?

Werden im Himmel alle gleich sein oder werden manche Christen größere Belohnungen erhalten als andere? Wie sind biblischen Hinweise auf Belohnungen oder „Kronen" zu verstehen, die wir uns in diesem Leben „verdient" haben? Der Zugang zum Himmel wird uns nur durch Gottes Gnade gewährt, aber haben die „guten Werke", die die Christinnen und Christen auf dieser Erde tun, Auswirkungen auf die *Qualität* ihres Lebens nach dem Tod?

Viele Christen sind davon überzeugt. „In gewisser Hinsicht kann man durchaus sagen, dass alle, die Gott dienen, die gleiche Belohnung erhalten, und zwar das ewige Leben", schreibt Alan Gomes. „Aber es gibt auch Hinweise darauf, dass Gott seinen Nachfolgern darüber hinaus noch weitere Belohnungen gibt, die sich danach richten, wie treu sie ihm in diesem Leben gedient haben."[23] Andere Theologen sind sich da jedoch nicht so sicher.

„Ich kann mich noch daran erinnern, dass ich als Kind gern Bibelverse auswendig gelernt habe, weil ich dafür belohnt wurde – zum Beispiel durch die Anerkennung, die ich dafür von meinen Lehrern bekam", erzählte mir McKnight. „Aber wenn ich dieses Thema näher beleuchten wollte, würde ich mich vor allem einer konkreten Textstelle zuwenden, und zwar einem Gleichnis, das Jesus erzählt hat – der Geschichte von den Arbeitern im Weinberg."[24]

In dieser Geschichte geht es um Folgendes: Ein Weinbergbesitzer stellt am frühen Morgen Arbeiter ein und verspricht ihnen den üblichen Tageslohn – einen Denar –, wenn sie den Tag über in seinem Weinberg ihren Aufgaben nachgehen. Später an diesem Morgen stellt er weitere Arbeiter ein und sagt ihnen, sie würden am Abend den ihnen zustehenden Lohn erhalten. Er tut dies ein weiteres Mal zur Mittagszeit, am Nachmittag und kurz vor Feierabend.

Am Abend bekommen diejenigen, die als Letztes eingestellt wurden und nur eine Stunde gearbeitet haben, einen Denar ausbezahlt. Diejenigen, die früher eingestellt wurden, erhalten den gleichen Lohn, aber sie ärgern sich darüber, weil sie sich unfair behandelt fühlen. Der Weinbergbesitzer sagt daraufhin zu einem von ihnen: „Mein Freund, ich war nicht ungerecht! Warst du nicht damit einverstanden, dass du den ganzen Tag für den üblichen Lohn arbeitest? Nimm dein Geld und gib dich zufrieden. Ich will aber diesem letzten Arbeiter genauso viel geben wie dir. Oder ist es mir nicht erlaubt, mit meinem Geld zu machen, was ich will? Willst du dich etwa darüber beklagen, dass ich gütig bin?"

Ein Kommentator schreibt dazu: „Fast alle sind sich einig, dass Jesus mit dieser Geschichte zeigen möchte, dass alle, die ihm nachfolgen, grundsätzlich auf einer Stufe stehen. Alle erhalten den gleichen Lohn."[25] Ein anderer meint: „Vielleicht spielen im Reich Gottes ja unsere Verdienste und Fähigkeiten keine Rolle mehr, damit die Gnade Gottes umso deutlicher zutage tritt."[26]

McKnight erklärte mir, wie er diese Geschichte verstand. „Das Verhalten des Weinbergbesitzers wirkt vielleicht ungerecht und geradezu empörend. Aber Gottes Wege sind nicht unsere Wege", begann er. „In Gottes Reich scheint die Beziehung zwischen Arbeit und Lohn aufgehoben zu sein. Wir Menschen sind Krämerseelen, aber Gott ist verschwenderisch. Ein wichtiger Schlüsselsatz ist hier: ‚Oder bist du neidisch, weil ich großzügig bin?' Gottes Großzügigkeit ist das Gegenteil unseres menschlichen Neids. Wir sehnen uns nach Status und Anerkennung, aber er ist gnädig. Im Himmel werden wir alle gemeinsam Gott in *seiner* Herrlichkeit ehren und bestaunen – und nicht länger versuchen, uns selbst Ehre zu machen."

Kronen, Belohnungen, Gleichheit

Aber, wollte ich von McKnight wissen, was ist mit den Bibelstellen, in denen es um Belohnungen und „Kronen" geht, die Christen sich in diesem Leben verdienen?[27] In 2. Korinther 5, Vers 10 steht: „Denn wir alle müssen einmal vor Christus und seinem Richterstuhl erscheinen, wo alles ans Licht kommen wird. Dann wird jeder von uns das bekommen, was er für das Gute oder das Schlechte, das er in seinem Leben getan hat, verdient."

„Widerspricht das nicht dem Gleichnis von den Arbeitern im Weinberg?", wollte ich wissen.

„Erstens", entgegnete McKnight, „sollten wir uns durch all dieses Reden über Belohnungen nicht davon ablenken lassen, unser Augenmerk auf Gottes Herrlichkeit und sein Versprechen zu richten, dass wir im Himmel alle für immer vollkommene Erfüllung und Zufriedenheit erfahren werden. Zweitens sehen wir in Johannes' letzten Visionen vom Himmel in Offenbarung 20 bis 22 keine Abstufungen. Niemand ist dort wichtiger als der andere. Drittens denke ich, dass Gott das Bild von den Belohnungen wahrscheinlich deshalb benutzt, weil er uns dadurch motivieren will, ihm treu zu sein.

Und viertens", betonte er, „werden alle Kinder Gottes im Himmel voller Freude sein – und man kann ja in dieser Hinsicht nicht ‚voller' als ‚voll' sein. Gottes Großzügigkeit wird uns so überwältigen, dass wir keinen Zusammenhang mehr zwischen dem herstellen können, was wir auf der Erde getan haben, und etwaigen Belohnungen im Himmel. Ich finde es aufschlussreich, dass es in der Offenbarung an einer Stelle heißt: ‚Und sie legen ihre Kronen vor den Thron ...'[28] Dies ist ein gutes Bild: Alle Kronen müssen dem Gott der Gnade zu Füßen gelegt werden."

Der neutestamentliche Theologe Craig Blomberg kam in einem Artikel, der sich mit den Bibelstellen zu den Belohnungen im Himmel beschäftigte, zu dem Ergebnis: „Ich glaube nicht, dass es im Neuen Testament einen einzigen Text gibt, der, wenn er korrekt ausgelegt wird, die Vorstellung stützt, dass die Gläubigen aufgrund der ‚guten Werke', die sie als Christen auf dieser Erde getan haben, für immer und ewig voneinander unterschieden werden."[29]

Die meisten Kommentatoren, schreibt er, stimmen darin überein, dass es bei den Texten über die Kronen „nicht um verschiedene Grade von himmlischen Belohnungen geht, sondern nur um das ewige Leben".[30] Er fügt hinzu: „In einigen Texten des Neuen Testaments werden die Gläubigen davor gewarnt, dass sie für jede begangene Tat (Römer 2,6; Offenbarung 22,12) und jedes gesprochene Wort (Matthäus 12,36; Lukas 12,2–3) Rechenschaft ablegen müssen. Doch im Kontext dieser Bibelstellen deutet nichts auf verschiedene Stufen von Belohnungen oder bleibende Unterschiede hin, die über den Tag des Herrn hinaus weiterbestehen. Wir müssen uns Gottes Gericht stellen, damit er uns freisprechen – und nicht, damit er uns vor dem gesamten Kosmos wegen all unserer Verfehlungen bloßstellen kann."[31]

Eine intensivere Wahrnehmung?

Der Theologe Millard Erickson geht in einem seiner Bücher auf ein weiteres Gleichnis ein, in dem zehn Diener von ihrem Herrn je zehn Pfund Silber erhalten. Sie erwirtschaften damit unterschiedliche Gewinne, die sie ihrem Herrn bei seiner Rückkehr aushändigen, und werden von ihm entsprechend ihrer Treue belohnt.[32] Erickson gibt jedoch zu, dass die Einblicke, die uns die Bibel in den Himmel gewährt, „keinen echten Unterschied" zwischen den Menschen erkennen lassen – „alle beten an, alle regieren, alle dienen".[33]

Er schreibt weiter: Wenn die himmlischen Belohnungen zum Teil auch darin bestünden, dass manche Menschen einen sichtbaren Vorteil erlangten, z. B. einen größeren Raum, würde das die Freude der anderen schmälern und ihnen ewig ihre Unzulänglichkeiten vor Augen führen. Er hält es für möglich, dass die Belohnungen stattdessen darin bestehen könnten, dass Menschen im Himmel unterschiedliche subjektive Erfahrungen machen.

„Dann würden alle an einer gemeinsamen Aktivität teilnehmen, zum Beispiel Lobpreis, aber manche würden dies viel mehr genießen als andere", so Erickson. „Vielleicht werden diejenigen, die hier auf der Erde besondere Freude am Singen und den Gottesdiensten hatten, dann auch im jenseitigen Leben viel mehr Erfüllung darin finden als andere."

Zum besseren Verständnis führte er einen Vergleich an: In einem Konzert treffen die gleichen Schallwellen auf die Ohren der Konzertbesucher, aber bei denjenigen, die Musik studiert haben, lösen sie eine tiefere Erfahrung aus als bei denen, die um sie herum sitzen. „Im Himmel", schreibt er, „wird sich niemand dieser Unterschiede bewusst sein, und darum wird die Vollkommenheit des Himmels nicht dadurch getrübt werden, dass wir uns über vertane Chancen grämen."[34]

Ich sprach McKnight auf diesen Vergleich an. „Werden manche im Himmel eine intensivere Wahrnehmung haben?", wollte ich wissen.

„Dieser Standpunkt wurde im Verlauf der Kirchengeschichte recht häufig vertreten. Ist so etwas möglich? Vielleicht, ich weiß es nicht. Aber andererseits: Werden wir nicht alle eine intensive, vollkommene Wahrnehmung haben, wenn wir vollkommen erlöst sind?", gab er zu bedenken. „Ich vermute, letztendlich soll uns die Erwähnung von Belohnungen motivieren und ermutigen. Zumindest motiviert es mich – obwohl seine unendliche Gnade für uns eigentlich Grund genug sein sollte, ihm freudig zu dienen, denken Sie nicht auch?"

Frage Nr. 4: Wird in der Bibel ein Fegefeuer erwähnt?

„Man kann die Tatsache, dass die Lehre vom Fegefeuer heiße Debatten auslöst, nicht leugnen", schreibt der Philosoph Jerry Walls – und er weiß, wovon er spricht.[35] Als einer der wenigen baptistischen Professoren, der die Lehre vom Fegefeuer vertritt, muss Walls massive Kritik von anderen evangelikalen Denkern einstecken.[36]

Ein entschiedener Gegner der Lehre vom Fegefeuer war der Reformator Johannes Calvin, der im 16. Jahrhundert erklärte: „Wir müssen nicht nur unsere Stimme erheben, sondern aus voller Kehle und mit der ganzen Kraft unserer Lungen herausschreien, dass das Fegefeuer eine tödliche Erfindung Satans ist."[37]

Umso erstaunter sind daher viele Christen, wenn sie erfahren, dass kein Geringerer als das evangelikale Urgestein C. S. Lewis unmissverständlich schrieb: „Ich glaube an das Fegefeuer."[38] Mittlerweile, so Walls, „gibt es einige protestantische Denker, die bereit sind, ihre Sicht zu überdenken."[39]

Walls weist darauf hin, dass alle Theologen bei der Beurteilung dieser Frage zwei Tatsachen berücksichtigen sollten. Erstens ist der Himmel ein Ort der Heiligkeit und in Hebräer 12,14 steht: „Denn wer nicht heilig ist, wird den Herrn nicht sehen." Zweitens sind die meisten Menschen und auch Christen (wenn nicht sogar alle) zum Zeitpunkt ihres Todes weit davon entfernt, vollkommen heilig zu sein. Ihnen ist durch das, was Jesus Christus getan hat, vergeben, und sie haben vermutlich in ihrem Bestreben, heiliger zu werden, einige Fortschritte gemacht, aber sie sind weit davon entfernt, am Ziel dieser Reise angekommen zu sein.

Wenn evangelikale Christinnen und Christen sich mit diesen beiden Tatsachen konfrontiert sehen, entgegnen sie normalerweise, dass Gott die Gläubigen in seiner Gnade zum Zeitpunkt ihres Todes vollkommen macht. Die Alternative wäre das Fegefeuer, eine Zwischenstation zwischen dieser Welt und dem Himmel.

Bezüglich der Lehre vom Fegefeuer haben sich zwei unterschiedliche „Modelle" herauskristallisiert, die man als *Vergeltungsmodell* und als *Reinigungsmodell* bezeichnen könnte. Beim *Vergeltungsmodell* wird der Mensch so lange bestraft, bis Gottes Gerechtigkeit Genüge getan ist. Beim *Reinigungsmodell* geht es darum, dass „Gott den Prozess der Heiligung nach unserem Tod mit unserer eigenen Zustimmung so lange fortführt, bis wir vollständig geheiligt sind", um es mit Walls' eigenen Worten zu sagen.[40] „Das Fegefeuer ist der erfolgreiche Abschluss des Strebens nach dieser Heiligung, ohne die niemand Gott sehen kann", so Walls.[41]

C. S. Lewis war mit diesen beiden unterschiedlichen Ansätzen vertraut und ein Befürworter des *Reinigungsmodells*.

„Unsere Seelen *verlangen* das Fegefeuer, nicht wahr?", fragte er.[42]

Eine Feuerprobe

Ich fragte McKnight, ob biblische Texte die Lehre vom Fegefeuer stützen, insbesondere die häufig zitierte Bibelstelle, in der Paulus darüber spricht, dass unsere Werke „im Feuer geprüft" werden. Das griechische Wort für *Feuer* ist *pyr*, von dem das lateinische Wort *Purgatorium* – „Reinigungsort" – abgeleitet ist. Das deutsche Wort *Fegefeuer* ist eine Lehnübersetzung des lateinischen *Purgatorium*. Ihm liegt also die Vorstellung zugrunde, dass etwas „durch Feuer geläutert" (vollkommen gemacht) wird.

McKnight antwortete: „Ja und nein. Paulus schreibt in dieser Bibelstelle, dass entweder bei unserem Tod oder danach die Dinge, die wir in unserem Leben getan haben, durch Feuer geprüft werden und nur das, was dem Feuer standhält, ewigen Bestand haben wird. Das Bild des reinigenden Feuers ist also auf jeden Fall vorhanden. Trotzdem stützt diese Bibelstelle die Lehre des Fegefeuers nicht."

„Das müssen Sie mir näher erklären."

„Schauen Sie sich den Text genau an", sagte er. Er schlug seine Bibel auf und las aus 1. Korinther 3,11–15 (Luther):

Einen andern Grund kann niemand legen außer dem, der gelegt ist, welcher ist Jesus Christus. Wenn aber jemand auf den Grund baut Gold, Silber, Edelsteine, Holz, Heu, Stroh, so wird das Werk eines jeden offenbar werden. Der Tag des Gerichts wird es ans Licht bringen; denn mit Feuer wird er sich offenbaren. Und von welcher Art eines jeden Werk ist, wird das Feuer erweisen. Wird jemandes Werk bleiben, das er darauf gebaut hat, so wird er Lohn empfangen. Wird aber jemandes Werk verbrennen, so wird er Schaden leiden; er selbst aber wird gerettet werden, doch so wie durchs Feuer hindurch.

McKnight deutete auf den Text. „Es geht nicht darum, dass *Menschen* geprüft und für untadelig befunden werden, sondern es geht um ihre *Werke*", sagte er. „Dieser Text lässt in keiner Weise darauf schließen, dass die Menschen nach dem Tod ihre Sünden unter Gottes strenger Hand abarbeiten müssen. Wenn die Bibel von Läuterung spricht, bezieht sie sich auf das gegenwärtige Leben, ganz abgesehen davon, dass Läuterung ein Handeln Gottes bezeichnet und nichts, an dem wir uns aktiv beteiligen könnten. Dieser Text macht deutlich, dass Gott unsere Werke bei unserem Tod oder im Gericht beurteilt und uns von unserer Unvollkommenheit befreit, damit wir in seine Gegenwart treten können. Unsere ungenügenden Werke werden von uns gerichtet!"

Alan Gomes kommt in Bezug auf diese Bibelstelle zum selben Schluss. „Im Kontext", schreibt er, „spricht Paulus über die unterschiedlichen Belohnungen, die Gläubige für ihren Dienst für Jesus bekommen werden. Bei dieser Bibelstelle geht es nicht darum, dass wir durch zeitlich befristete Strafen für unsere Sünden bezahlen oder durch ein Fegefeuer geläutert würden."[43]

Ich fragte McKnight: „Gibt es andere Bibelstellen, die die Lehre vom Fegefeuer stützen?"

„Nein, gibt es nicht", sagte er und klappte die Bibel zu. „Manche zitieren das 2. Buch der Makkabäer, wo davon berichtet wird, dass Soldaten für die Seelen der Toten beten, damit diese bei der Auferstehung am letzten Tag dabei sind.[44] Aber für protestantische Christen gehört dieses Buch aus verschiedenen Gründen nicht zum biblischen Kanon. Nimmt man diese Bibelstelle trotzdem genauer unter die Lupe, zeigt sich, dass sie keine Handhabe dafür bietet, an die Existenz eines Fegefeuers zu glauben."[45]

Nun lehnte sich McKnight vor, um seinen Worten mehr Gewicht zu verleihen. „Ehrlich gesagt, Lee, kann ich *keinerlei* biblische Basis für das Fegefeuer finden", sagte er. „Wir sollten sehr darauf achten, das, was Jesus uns als reines Gnadengeschenk anbietet, nicht zu schmälern. *Das* ist die Gefahr, die meines Erachtens besteht, wenn man an ein Fegefeuer glaubt."[46]

Frage Nr. 5: Sollten sich Christen einäschern lassen?

Urne oder Sarg? Heutzutage entscheiden sich immer mehr Menschen für eine Feuerbestattung. Zurzeit sagen 55 Prozent der Amerikaner, dass sie lieber verbrannt werden möchten – eine Zahl, die, so die Vorhersage, bis zum Jahr 2030 auf 70 Prozent ansteigen wird.[47] In Deutschland ist die Zahl mit 74 Prozent Einäscherungen sogar noch deutlich höher.[48] Die Hauptgründe dafür sind ökonomischer und ökologischer Natur (Einäscherungen sind billiger und umweltfreundlicher).

Obwohl N. T. Wright die Einäscherung nicht grundsätzlich als unchristlich verurteilt, steht er dieser Praxis ablehnend gegenüber und weist darauf hin, dass Verbrennungen vor allem im Rahmen des buddhistischen oder hinduistischen Glaubens an der Tagesordnung sind. „Wenn Menschen darum bitten, dass ihre Asche über einen Abhang, in einen Fluss oder an einen Strand gestreut wird, den sie besonders lieben, können wir diesen Wunsch durchaus nachvollziehen", schreibt er. „Aber das, was dahintersteckt – das Verlangen, dadurch einfach weiter ein Teil der Schöpfung zu sein, ohne jede Hoffnung auf ein zukünftiges Leben in einem auferweckten Körper, ist ein Schlag ins Gesicht der klassischen christlichen Theologie."[49]

Hank Hanegraaff vertritt die gleiche Ansicht: „Die Schrift zieht ganz eindeutig die Erdbestattung einer Verbrennung vor ... Während die Beerdigung auf die Auferstehung hinweist, symbolisiert die Verbrennung in ihren östlichen Spielarten die Befreiung der Seele aus dem Körper."[50] Als Billy Graham nach seiner Meinung zum Thema gefragt wurde, sprach er sich ebenfalls gegen eine Einäscherung aus: „Wenn es in unserer Macht steht, sollten wir das Zelt ehren, in dem wir während unseres irdischen Lebens wohnen. Denn Gott selbst hat unseren Körper erschaffen."[51]

Als ich McKnight zu diesem Thema befragte, stellte sich heraus, dass der entscheidende Punkt für ihn das Motiv ist, das sich hinter der Entscheidung für eine Einäscherung verbirgt. „Ich habe kein grundsätzliches Problem damit, wenn sich jemand verbrennen lassen möchte", erklärte er. „In der Bibel steht: ‚Denn du bist aus Staub und wirst wieder zu Staub werden.'[52] In Prediger 12,7 heißt es: ‚Denn dann wird der Staub wieder zur Erde, aus der er kommt, und der Geist kehrt zu Gott zurück, der ihn gegeben hat.' Und eine Verbrennung beschleunigt doch gewissermaßen nur unsere unausweichliche Rückkehr zu dem Staub, aus dem Gott dann unseren Auferstehungskörper erschaffen wird, mit dem wir im Himmel leben werden."

„Und sicher hätte Gott auch kein Problem damit, Menschen aufzuerwecken, die sich haben einäschern lassen", merkte ich an.

„Das stimmt. Ein Mensch, der beerdigt wird, wird sich letztendlich ebenso vollständig auflösen wie ein Mensch, der eingeäschert wird. Es dauert nur länger. Jemand, der von einem wilden Tier gefressen oder durch eine Atombombe getötet wird, kann von Gott wiederhergestellt und auferweckt werden, also stellt auch eine Verbrennung meines Erachtens kein unüberwindliches Problem für Gott dar."

„Haben Sie überhaupt irgendwelche Vorbehalte gegen eine Einäscherung?"

„Tatsächlich wäre ich besorgt, wenn sich jemand aus den falschen Motiven heraus dafür entscheidet, verbrannt zu werden."

„Zum Beispiel?"

„Wenn er es tut, weil er eine ablehnende Einstellung zu seinem Körper hat, würde ich es nicht unterstützen. Das ist nicht christlich. Unsere Körper sind von Gott geschaffen. Sie sind der Tempel des Heiligen Geistes und werden in der Bibel hochgeachtet. Es ist nicht richtig, wenn jemand seinen Körper verbrennen lassen will, weil er ein negatives Selbstbild hat. Oder wenn jemand die Einäscherung als eine Möglichkeit betrachtet, wie er seine Seele so schnell wie möglich von seinem Körper befreien kann. Das hat nichts mit christlicher Theologie zu tun – eher mit griechischer Philosophie. An keiner einzigen Stelle wird in der Bibel gelehrt, dass unsere Seelen in unserem Körper gefangen sind und befreit werden müssen."

Wenn das Motiv jedoch zum Beispiel sei, keinem anderen den Platz auf dem Friedhof wegzunehmen, dann habe er keinerlei Einwände gegen eine Verbrennung, so McKnight.

„Ich würde Pastoren jedoch raten", sagte er, „einfühlsam und taktvoll herauszufinden, warum jemand verbrannt werden möchte, um so sicherzustellen, dass dieser Wunsch nicht auf einem theologischen Missverständnis beruht."

Frage Nr. 6: Was passiert mit Kindern, die sterben?

In seinem Buch *The Heaven Promise* erzählt McKnight die bewegende Geschichte einer Frau, die als Teenager abgetrieben hatte und später heiratete und mehrere Kinder bekam. Als die Kinder alt genug waren, setzten sie und ihr Mann sich mit ihnen zusammen, um ihnen die Geschichte zu erzählen. „Natürlich waren sie schockiert. Heulten Rotz und Wasser. Genau wie ich. Ich bat sie um Vergebung, denn schließlich war das Ungeborene gewissermaßen ein Halbgeschwisterchen von ihnen gewesen."

Später an diesem Tag überreichten ihr zwei ihrer Kinder einen Zettel. „Wir haben uns einen Namen für das Baby ausgedacht", sagten sie. Die Kinder hatten einen Buchstaben von jedem ihrer Namen genommen und daraus den Namen „Kasey" kreiert.

„Ich habe so geweint, als mir die Mädchen diesen Zettel gegeben haben. Und ich habe danach noch ziemlich oft geweint", sagte sie. „Ich glaube, dass der Tag kommen wird, an dem ich ein Kind namens Kasey treffen werde. Und ich glaube, dass das Gleiche auch für Kinder gilt, die tot zur Welt kamen. Ob wir dem Baby einen Namen geben oder nicht, Gott hat diesem Kind eine Seele geschenkt."[53]

„Ich denke, dass alle Mütter von ganzem Herzen diese Hoffnung teilen", sagte ich zu McKnight. „Aber lässt sich diese Hoffnung auch biblisch begründen?"

„In der Bibel finden wir keine eindeutige Aussage darüber, was mit Sternenkindern oder verstorbenen Kindern allgemein passiert", sagte er. „Wenn man die Hinweise zusammensetzt – nicht nur einige Verse heranzieht, sondern das, was wir in der gesamten Bibel über das Wesen Gottes erfahren –, kommen viele Theologen zu dem Ergebnis, dass sie im Himmel sein werden. Darunter sind übrigens so bekannte Christen wie Charles Hodge, B. B. Warfield, John Stott und Billy Graham."

Um diese Ansicht zu untermauern, verweisen viele Theologen auf Römer 1,20, wo es heißt, dass wir Menschen keine Entschuldigung dafür haben, Gott nicht zu kennen, da die Schöpfung darauf hinweist, dass es ihn gibt. Kleine Kinder nehmen jedoch die Schöpfung nicht so wahr wie Erwachsene. Daher können sie logischerweise nicht dafür verantwortlich gemacht werden, wenn sie nicht erkennen können, dass Gott existiert.

Andere christliche Denker glauben aufgrund einer Aussage, die David über seinen verstorbenen Sohn macht, dass Kinder errettet werden: „Eines Tages werde ich zu ihm gehen, aber es kann nicht zu mir zurückkehren."[54] Eine andere häufig zitierte Bibelstelle ist die, in der Jesus sagte: „Lasst die Kinder zu mir kommen. Haltet sie nicht zurück! Denn das Himmelreich gehört ihnen."[55]

„Wie sehen Sie das Ganze?", fragte ich McKnight.

„Mein Ausgangspunkt ist die Tatsache, dass Gott liebevoll, gut und gerecht ist", entgegnete er. „Und daraus schließe ich, dass er Fehlgeborene oder Kleinkinder nicht in die ewige Dunkelheit schicken wird. Ich glaube vielmehr, dass Kinder auferweckt und heranwachsen werden – zur großen Freude ihrer Eltern, die sie einmal im Himmel wiedersehen. Wie der Theologe Graham Twelftree sagte: ‚Uns bleibt nichts anderes übrig, als diese Sache in den Händen eines Gottes zu lassen, dem wir vertrauen, weil wir persönlich erfahren haben, dass er durch und durch gerecht und die Liebe in Person ist.'"[56]

„Das beruhigt sicher viele Eltern wie mich, die Kinder durch eine Fehlgeburt verloren haben", sagte ich.

„Wir haben diese Erfahrung ebenfalls gemacht, allerdings geschah das Ganze sehr früh. Ich erinnere mich daran, wie ich einmal mit einer Frau über dieses Thema sprach, die eine Abtreibung hinter sich hatte. Sie weinte, als sie mir davon erzählte. Das verriet, wie sehr sie sich danach sehnte, dass das, was geschehen war, wiedergutgemacht würde."

Ich sprach eine weitere Sichtweise an. „Manche Theologen sagen, dass Gott in seiner Allwissenheit Babys aufgrund dessen beurteilen wird, wie sie sich entschieden hätten, wenn sie die Gute Nachricht gehört hätten."

„Ja, das ist die molinistische Sichtweise, mit der viele gut leben können.[57] Wir wissen natürlich nicht genau, ob es wirklich so ist", antwortete McKnight. „Aber ich glaube an einen weiten Himmel, in dem diese Kinder heranwachsen und in Ewigkeit blühen und gedeihen dürfen. Wenn mich also Menschen, die ein Ungeborenes oder ein Kleinkind verloren haben, fragen, wo dieses jetzt ist, sage ich ihnen: ‚In den Händen unseres guten Gottes.'"

Frage Nr. 7: Wer wird im Himmel sein?

Ich ging davon aus, dass diese Frage einfach wäre und McKnight mir eine ebenso einfache Antwort geben würde – aber es stellte sich heraus, dass dieses Thema eine ausführlichere Erklärung erforderte.

„Wer wird im Himmel sein?", wiederholte McKnight meine Frage. „Das ist einfach. Die Bibel liefert uns eine klare Antwort: Jesus."

„Ähm, ja, das weiß ich", antwortete ich. „Aber können Menschen dorthin kommen?"

„Ah", sagte er, „so gehen wir gern an diese Fragen heran, stimmt's? Wir wollen wissen, was wir tun müssen, um in den Himmel zu kommen. Und die Antwort ist auch hier wieder: Jesus. Er ist derjenige, der lebte, starb und in die Gegenwart Gottes auferweckt wurde und der für immer das Zentrum des himmlischen Königreiches sein wird. Alles beginnt mit ihm. Er sagte seinen Nachfolgern, dass er einen Ort vorbereiten würde, an dem sie mit ihm in Ewigkeit wohnen würden.[58] Also lautet die Antwort: Diejenigen, die *zu Christus* gehören, werden im Himmel sein. Der Himmel ist für Jesus und seine Leute gedacht.

Wissen Sie", fuhr er fort, „wenn wir den Fokus auf *uns* legen und darauf, was *wir* tun müssen, um in den Himmel zu kommen, wenden wir den Blick von *ihm* ab. Wir müssen nichts *tun*, um in den Himmel zu kommen – wir müssen keine religiösen Rituale befolgen, keine lange Liste von Geboten abarbeiten oder jede Menge guter Taten vollbringen. Wir müssen einfach nur auf Jesus schauen, uns ihm zuwenden, ihm vertrauen und *sein* Leben unser Leben, *seinen* Tod unseren Tod und *seine* Auferstehung unsere Auferstehung sein lassen. Die Frage, die wir stellen müssen, lautet: ‚Gehöre ich zu Jesus Christus?'"

„Wie würden Sie dann das Evangelium – also die Gute Nachricht – zusammenfassen?"

McKnight atmete tief durch. „Nun, wir müssen uns anschauen, was das Neue Testament als das Evangelium bezeichnet. In 1. Korinther 15 schreibt Paulus, die gute Botschaft, durch die wir gerettet werden, bestehe darin, ‚dass Christus für unsere Sünden starb, genau wie es in der Schrift steht. Er wurde begraben und ist am dritten Tag von den Toten auferstanden, wie es in der Schrift steht. Er wurde von Petrus gesehen und dann von den zwölf Aposteln.'[59] *Das* ist das Evangelium, sagt Paulus.

Gegen Ende seines Lebens schrieb er: ‚Denke an Jesus Christus, der als Mensch aus dem Geschlecht Davids stammte und von den Toten auferstanden ist. *Das* ist die Botschaft, die ich predige.'[60] Mit anderen Worten: Erinnert euch daran, dass Jesus der Messias ist – dafür war die Abstammung von David, die Paulus hier erwähnt, ein entscheidendes Indiz – und dass er von den Toten auferstanden ist.

Also bestand die erste und wichtigste Botschaft der Christen darin, die Geschichte von Jesus zu erzählen: Er war der Messias, die menschgewordene Liebe Gottes, er starb unverschuldet durch die Hand von Sündern, Gott hat ihn vom Tod auferweckt, er fuhr auf in den Himmel, und er kommt wieder, um in Ewigkeit zu herrschen. An Pfingsten erzählte Petrus genau diese Geschichte von Jesus.[61] Als er Kornelius begegnete, erzählte Petrus erneut die Geschichte von Jesus – und der Heilige Geist kam auf jeden einzelnen Anwesenden und sie sprachen in fremden Sprachen und wurden getauft.[62] Die Geschichte von Jesus, sagte Paulus, ist die Botschaft, die rettet.

Das Wichtigste ist meiner Ansicht nach, dass wir den Schwerpunkt unserer Bemühungen nicht darauf legen, wie wir am besten für unseren Tod vorsorgen – also wie wir sicherstellen, dass es uns gut geht, wenn wir einmal sterben. Wir sollten die Geschichte von Jesus in den Mittelpunkt unseres Lebens stellen. Seine Geschichte rettet und befreit. In ihr begegnen wir dem Helden der großartigsten (wahren!) Geschichte, die jemals erzählt wurde. Wir begegnen demjenigen, der uns so sehr geliebt hat, dass er das Kreuz auf sich nahm, um für uns zu sterben. Wer wird also im Himmel sein?", wiederholte McKnight meine Ausgangsfrage. „Die Antwort ist: Jesus und seine Leute."

Das heißt, Jesus ist der einzige Weg in Gottes Königreich – ein Anspruch, der vielen Menschen zu schaffen macht. „Wagen wir es, ihn herablassend zu behandeln?", fragt der Philosoph Peter

Kreeft vom *Boston College*. „Wagen wir es, ihm den Kopf zu tätscheln und gönnerhaft zu sagen: ‚Ja, ja, schon gut. Wir wissen, dass du ein bisschen übertreiben musstest, um den ungebildeten Bauern, die in jener unseligen, finsteren Zeit gelebt haben, ein bisschen Angst vor Gott einzujagen. Aber heute wissen wir es besser. Wir haben den Durchblick ... Wir wissen, dass es andere Wege geben *muss*. Das sagt doch jeder. Wir können nicht alles auf eine Karte setzen – *deine* Karte –, so wie du das verlangst. Das ist doch keine vernünftige Entscheidung.'"[63]

Darauf hat Kreeft eine klare Antwort: „Nein. Das ist es nicht. Man kommt nicht in den Himmel, indem man vernünftige Entscheidungen trifft ... Man verliebt sich auch nicht, indem man eine vernünftige Entscheidung trifft. Wer sich verliebt, gibt alles und hält nichts zurück. Und genau das beschreibt Jesus. Liebe gibt sich nicht mit weniger zufrieden ... Jesus hat uns nicht nur den Weg gezeigt, sondern dass er selbst der Weg *ist*. Erinnern wir uns, wo alle menschlichen Wege enden: im Tal des Todes. Jeder stirbt. Wie können wir da hoffen, dass wir *diesen* Weg allein schaffen? Nur einer ist diesen Weg gegangen und wieder zurückgekommen: der eine, der die ungeheuerliche Behauptung aufgestellt hat: ‚Ich bin das Leben.'"[64]

Der Himmel und seine Alternative

Nach meinem Interview mit McKnight verließ ich die Kirche und setzte mich ins Auto. Ich fuhr nicht gleich los, sondern dachte noch etwas nach. Wir hatten in der kurzen Zeit über so vieles gesprochen. Mir war fast schwindelig bei der Vorstellung, dass der Himmel eine herrliche Neuschöpfung unserer Welt sein würde, dass sie so überwältigend schön sein würde, wie wir es uns nur wünschen können – und noch viel schöner. Und in seinem Mittelpunkt, auf dem Thron, unser Meister, unser Herr, unser König, unser bester Freund, unser Alles in Allem, Jesus Christus, unser Bruder. Mehr als je zuvor wollte ich meine Augen auf ihn gerichtet halten. Nur seine Geschichte weist uns den Weg zum ewigen Leben.

Alle anderen Wege führen leider in eine Sackgasse. Wie bedrückend die Vorstellung auch ist – ich wusste, dass ich das Thema „Hölle" nicht umschiffen konnte. Ich nahm mein Handy, scrollte durch mein Adressbuch und suchte nach der Nummer eines der wenigen Philosophen, von denen ich wusste, dass sie eine ausgewogene biblische Perspektive zu so einem unschönen Thema beisteuern könnten.

Kapitel 7

Die Logik der Hölle

Ergeben die traditionellen
Lehren Sinn?

*Ich kann mir kein stärkeres und überzeugenderes
Argument für den Atheismus vorstellen als die
ewigen Qualen der Hölle.*
Nikolai A. Berdjajew, ukrainischer Philosoph

*Diejenigen, die den Wunsch haben, der ewigen
Strafe zu entgehen, sollten sich davor hüten,
gegen Gott zu streiten.*
Augustinus: *Vom Gottesstaat*

Am Gründonnerstagabend des Jahres 1300 stieg der 35-jährige italienische Dichter Dante Alighieri in die Hölle hinab, begleitet vom Geist des antiken römischen Dichters Virgil. So zumindest die Geschichte, die in Dantes 14 233 Zeilen langem Epos *Die göttliche Komödie* geschildert wird. Diese allegorische Reise durch *Inferno* (Hölle), *Purgatorio* (Fegefeuer) und *Paradiso* (Paradies) gilt als eines der größten Werke der Weltliteratur.

Dante beschreibt darin, wie er das Tor der Hölle durchschreitet, das die in Stein gemeißelte Inschrift trägt:

Der Eingang bin ich zu der Stadt der Schmerzen,
Der Eingang bin ich zu den ew'gen Qualen,
Der Eingang bin ich zum verlor'nen Volke ...
Lasst, die ihr eingeht, alle Hoffnung fahren.[1]

Dante und Virgil betreten die Hölle, die wie ein gewaltiger unterirdischer Trichter bis zum Mittelpunkt der Erde reicht und in neun Höllenkreise unterteilt ist. Die Strafen, die die Verlorenen dort erleiden, sind ganz unterschiedlicher Natur und stehen im Zusammenhang mit den Sünden, die sie begangen haben. Zum Beispiel müssen Wahrsager, die verbotene Mittel nutzten, um in die Zukunft zu schauen, in Ewigkeit ihren Kopf nach hinten gewandt tragen, sodass es ihnen unmöglich ist, das zu sehen, was vor ihnen liegt. Für den König, der den Turm zu Babel errichten ließ (das Ereignis, das dazu führte, dass es verschiedene Sprachen gibt), ist jede Sprache für immer unverständlich, und genauso wenig können alle anderen verstehen, was er sagt.[2]

Der erste Kreis der Hölle ist der Limbus, die Vorhölle, der für tugendhafte Nichtchristen reserviert ist. Der zweite Kreis ist für die Wollüstigen, der dritte Kreis für die Vielfraße, der vierte für die Geizigen und die Verschwender, der fünfte für die Jähzornigen, der sechste für Ketzer, der siebte für die Gewalttätigen, der achte für Betrüger und Böswillige, und der neunte Kreis ist für diejenigen gedacht, die sich des Verrats schuldig gemacht haben.

Im Mittelpunkt der Hölle ist ein gepeinigter Luzifer, dessen schlimmste und wahre Sünde der Verrat gegen Gott ist. Er wird mit drei Gesichtern dargestellt. Jeder Mund nagt ewig an einem bekannten Verräter der Geschichte, zu denen auch Judas

Iskariot gehört, der als „jene Seele, die schwerste Qual erfährt", beschrieben wird.[3]

Während Dante und Virgil sich durch die feurigen, fauligen Kreise vorarbeiten, werden die Qualen immer abscheulicher. Die Unbußfertigen werden von stinkenden Regenstürmen durchlöchert, in flammenden Gräbern gefangen gehalten, in Flüsse voll kochendem Blut geworfen, von Greifvögeln zerfleischt, von Flammen versengt, gnadenlos von Dämonen ausgepeitscht, in Kot eingetaucht, von Schlangen und Eidechsen attackiert und von Schwertern zerstückelt.

Aber was erstaunlich ist: Obwohl die meisten Menschen Dantes Bericht mit dem Bild eines unauslöschlichen Feuers verbinden, schildert er den letzten Kreis der Hölle tatsächlich als einen gefrorenen See, wo die Sünder, die sich des Verrats schuldig gemacht hatten, in verdrehter Haltung völlig in Eis eingeschlossen sind. Ein Symbol dafür, dass sie die Wärme der Liebe Gottes abgelehnt haben.[4]

Als er all dieses Leid sieht, löst das tiefen Schmerz in Dante aus. Er schreibt:

Und während so der eine Schatten sprach,
Vergoss der andre solchen Strom von Tränen,
Dass ich ohnmächtig ward, wie wenn ich stürbe,
Und nieder fiel ich, wie ein toter Körper.[5]

Dantes Beschreibung der Hölle hat im Laufe der Jahrhunderte unzählige Autoren und Künstler inspiriert und die Vorstellungen vieler Menschen darüber geprägt, was mit denen geschieht, die nicht in den Himmel kommen. Aber inwieweit spiegelt diese metaphorische Erzählung wider, wie die Hölle tatsächlich sein wird? Wie beschreibt die Bibel das Schicksal der Menschen, die sich weigern, Gottes Gnade anzunehmen?

Zwei Dinge sind sicher: Die Bibel lehrt, dass es einen Ort namens Hölle gibt – aber über die Einzelheiten der Hölle kann man nur spekulieren. Autor Preston Sprinkle stimmt dem zu: „Die Bibel verrät uns recht unmissverständlich, dass es eine Hölle gibt. Dennoch sind die Angaben, wie diese genau beschaffen sein wird, meiner Ansicht nach weniger klar."[6]

Tatsächlich sprach Jesus mehr über die Hölle und das Gericht als irgendjemand sonst in der Bibel. Er bezeichnete sie als *Gehenna* oder *Tal von Hinnom*. Dabei handelte es sich um das Tal, das das antike Jerusalem im Westen und Südwesten umgab.[7] Früher dachte man, bei *Gehenna* handele es sich um eine schwelende Müllhalde, die es zu Jesu Lebzeiten gegeben hatte. Heute jedoch sind viele Theologen der Meinung, *Gehenna* sei „viel schlimmer gewesen: ein Ort, an dem die abscheulichsten Dinge geschahen, zum Beispiel Kinderopfer", schrieb der Pastor und Professor Mark Jones.

„Die Gehenna wird mit dem Schlimmsten assoziiert, das es überhaupt gibt", fügte er hinzu. „Die Hölle ist ein durch und durch böser Ort, an dem es keinerlei Hoffnung gibt. Und sie ist ein ewiger Ort."[8]

Der „verrückte Onkel" der Kirche?

„Die Hölle, so wie sie traditionell verstanden wird, hat wenig Freunde", schreibt Steve Gregg in seinem Buch *All You Want to Know about Hell*[9]. Und das ist sicher wahr. Die Hölle ist kein Thema, das in einer höflichen Konversation angeschnitten wird – und heutzutage wird auch nicht mehr oft darüber gepredigt. Das erklärt vielleicht, warum nur eine knappe Mehrheit (58 Prozent) der Amerikaner an die Existenz der Hölle glaubt (vor einigen Jahren waren es noch 71 Prozent)[10] und nur 2 Prozent glauben, einmal tatsächlich dort zu landen[11], obwohl Jesus warnte: „Die Straße zum Verderben [Totenreich] ist breit und ihre Tür steht für die vielen weit offen, die sich für den bequemen Weg entscheiden."[12]

Laut der traditionellen christlichen Lehre über die Hölle müssen Menschen, die ihre Sünden nicht bereut haben, die Ewigkeit in einem Zustand bewusster Qual getrennt von Gott verbringen – eine wirklich schauderhafte Perspektive. Der in Harvard ausgebildete Kirchenhistoriker John Gerstner schrieb, dass es für evangelikale Christen „*einen* wesentlichen Grund" gibt, so unerschütterlich an dieser Lehre festzuhalten: „Weil sie in der Bibel steht."[13]

Aber ist das *wirklich* so? Oder ist dieses Thema differenzierter, als viele Christen annehmen? „Das Wort *Hölle* beschwört ein Bild herauf, das mehr von der mittelalterlichen Bilderwelt als von den ersten christlichen Schriftstücken herrührt", schrieb der Theologe N. T. Wright, emeritierter anglikanischer Bischof von Durham.[14]

Nach Ansicht des Bibellehrers Grady Brown „war die Lehre von der ‚nicht endenden Bestrafung' jahrhundertelang der ‚verrückte Onkel', den die Kirche in verständlicher Scham im hintersten Schlafzimmer eingesperrt hatte."[15] Der kanadische Theologe Clark Pinnock schrieb: „Ewige Folter ist vom moralischen Standpunkt aus nicht tolerierbar, denn sie verwandelt Gott in ein blutrünstiges Monster, das für seine Opfer ein immerwährendes Auschwitz bereithält, dem sie noch nicht einmal durch den Tod entrinnen können."[16] Der britische Atheist Bertrand Russell meinte dazu: „Ich meinerseits finde nicht, dass jemand, der wirklich zutiefst menschenfreundlich ist, an eine ewig währende Strafe glauben kann."[17]

In den vergangenen Jahren hat sich eine wachsende Zahl von Professoren und Predigern für Alternativen zum traditionellen

Verständnis der Hölle ausgesprochen. Einige meinen, dass diejenigen, die nicht bereit sind, ihre Schuld einzusehen, nach einer zeitlich begrenzten Zeit des Leidens einfach von Gott ausgelöscht werden. Andere glauben, dass „die Liebe das letzte Wort hat", also jeder am Ende gerettet wird – vermutlich sogar Hitler, Pol Pot und Mao Tse-tung. Wenn die Hölle tatsächlich existiert, wird sie nach dieser Überzeugung letztendlich leer sein.

Ich werde diese Theorien im nächsten Kapitel unter die Lupe nehmen. Aber als Erstes wollte ich jemandem mein Ohr schenken, der ein Verfechter der konventionellen Sicht ist, dass die Hölle ewige Qualen beinhaltet. Und welcher Ort wäre besser geeignet, um so jemanden zu finden, als das hochsommerliche Florida, wo die glühende Hitze oft mit dem Hades verglichen wird – nicht ohne Grund, wie mir scheint.

Interview Nr. 6: Dr. Paul Copan

Ein Mann der leisen Töne, aufrichtig, sanftmütig und von ausgesuchter Höflichkeit – der Philosoph Paul Copan ist ein vollendeter Gentleman und liebevoller Vater von sechs Kindern. Gleichzeitig ist er aber auch ein hochkarätiger Wissenschaftler mit einem unbestechlichen Verstand, der nicht davor zurückschreckt, sich auf kontroverse Debatten einzulassen. Sein 2011 erschienenes Buch mit dem provokanten Titel *Is God a Moral Monster?*, auf das drei Jahre später der Titel *Did God Really Command Genocide?* folgte, gehören wegen seiner scharfsinnigen Analyse schwieriger Texte des Alten Testaments zu den absoluten „Must-reads" auf diesem Gebiet.[18]

Copan, der osteuropäische Wurzeln hat (seine Mutter wurde in Lettland geboren, sein Vater in der Ukraine), promovierte an der *Marquette University*. Er hat fast 40 Bücher verfasst oder herausgegeben, zu denen populäre Werke wie *True for You, But Not for Me*, *When God Goes to Starbucks* und *How Do You Know You're Not Wrong?* ebenso zählen wie akademische Fachbücher, zum Beispiel *The Routledge Companion to Philosophy of Religion*, *The Naturalness of Belief* und *The Kalām Cosmological Argument* (eine zweibändige Anthologie).

Er ist Professor und Inhaber des *Pledger Chair of Philosophy and Ethics* an der *Palm Beach Atlantic University* in West Palm Beach. Außerdem war er Gastdozent an der Universität Oxford und sechs Jahre lang Präsident der *Evangelical Philosophical Society*. Seine Vortragsreisen haben ihn rund um den Globus geführt, von Russland bis Singapur und von Finnland bis Indien.

Copan schreibt in einem seiner neuesten Bücher – der zweiten Auflage von *Loving Wisdom: A Guide to Philosophy and Christian Faith* – auch über die Hölle. So wurde ich ursprünglich auf ihn aufmerksam.[19]

„Sie beginnen das Kapitel mit der Aussage, dass die Lehre von der Hölle Gläubige und Ungläubige gleichermaßen verstört", begann ich. „Wie geht es Ihnen persönlich damit? Finden Sie, rein emotional betrachtet, die traditionelle Sicht der Hölle beunruhigend?"

Copan nahm die Frage mit einem leichten Nicken zur Kenntnis und rückte seine Brille zurecht. „Ja, in gewisser Weise schon", antwortete er. „C. S. Lewis schreibt in einem seiner Bücher, dass er die Lehre der Hölle gern verwerfen würde, aber wenn das Christentum auf Tatsachen beruhe, könnten wir uns nicht aussuchen, welchen Teil der Realität wir glauben wollen und welchen wir ablehnen."

Ich kannte Lewis' Worte: „Es gibt keine Lehre, die ich lieber aus dem Christentum tilgen möchte als diese – wenn es nur in meiner Macht läge. Aber sie wird sehr eindeutig durch die

Heilige Schrift gestützt und vor allem durch die Worte unseres Herrn selbst; sie ist von der Christenheit niemals aufgegeben worden; und auch die Vernunft stimmt ihr zu."[20]

Copan fuhr fort: „In der Bibel können wir nachlesen, dass der Richter der ganzen Welt tun wird, was richtig und gerecht ist.[21] Das heißt: Wenn die Hölle in unseren Augen etwas fundamental Ungerechtes wäre, müssten wir unsere Sichtweise korrigieren. An der Güte und Gerechtigkeit Gottes ist nicht zu rütteln. Sie wiegen schwerer als unsere beschränkten Vorstellungen von der Hölle, die manchmal durch jahrhundertealte Traditionen geprägt sind, die bis zu Dantes ‚Inferno' zurückreichen."

Ich nickte. „Umso mehr Grund herauszufinden, was biblisch ist und was nicht."

„Genau."

„Wir können machen, was wir wollen!"

„Denken Sie, dass die traditionelle Sicht der Hölle viele Menschen abstößt?", wollte ich wissen.

„Bis zu einem gewissen Grad ja, aber man muss da ein bisschen ins Detail gehen", begann er. „Bei manchen sitzen die emotionalen Vorbehalte gegen das Konzept einer Hölle – die meist auf verzerrten Darstellungen oder Missverständnissen beruhen – sehr tief. Darum ändert sich auch dann nichts daran, wenn wir den Betreffenden gute philosophische, intellektuelle Argumente präsentieren."

„Können Sie dies genauer erklären?"

„Der Soziologe Robert Bellah und der Pädagoge Allan Bloom haben darauf hingewiesen, dass Freiheit das höchste Gut unserer Zeit ist und Relativismus zur Grundeinstellung in unserer

Kultur geworden ist.²² Wenn dies tatsächlich der Weltsicht des Durchschnittsmenschen entspricht, dann ist es nicht weiter verwunderlich, dass die Lehre von der Hölle ihn vor den Kopf stößt. Die Hölle lässt keinen Raum für Relativismus und das Vorhandensein der Hölle würde die Freiheit des Einzelnen untergraben. Und neuerdings", fügte Copan hinzu, „sehen wir uns zusätzlich mit einer weiteren Herausforderung konfrontiert, wenn wir von der Hölle sprechen. Greg Lukianoff und Jonathan Haidt haben sie in ihrem Buch ‚The Coddling of the American Mind‘ angesprochen."²³

Ich grinste. „Das ist ein spannender Titel."

„Spannend, ja, und zutreffend", antwortete Copan. „Die Autoren weisen darauf hin, dass immer mehr Universitäten ihre Studenten vor Worten und Ideen schützen, die ihnen nicht behagen. So schaffen sie eine Art Sicherheitszone und hindern Professoren daran, mikroaggressive Äußerungen von sich zu geben wie beispielweise: ‚Amerika ist das Land der unbegrenzten Möglichkeiten.‘ Die Autoren argumentieren, dass die Universitäten zur Infantilisierung unserer Kultur beitragen, indem sie jede Meinungsäußerung verbieten, die andere vor den Kopf stoßen oder Unbehagen auslösen könnte."

„Und", warf ich ein, „die Hölle ist zweifellos ein Thema, das extremes Unbehagen auslösen kann."

„Ganz genau."

„Wie würden Sie all diesen Einwänden begegnen?"

„Zuerst einmal würde ich darauf hinweisen, dass viele Jesus für *die* herausragende moralische und spirituelle Autorität der Weltgeschichte halten – und dass er trotzdem sehr oft über die Hölle gelehrt hat. Wenn Gott der Herr des Universums ist, sollten wir erwarten, dass sein Handeln und seine Maßstäbe unendlich viel

---

* „Die Verweichlichung des amerikanischen Geistes" (Anm. d. Übers.)

besser und differenzierter sind als unsere beschränkten menschlichen Moralvorstellungen. Unsere Sicht kann durch unser Eigeninteresse oder durch unsere kulturelle Brille getrübt sein und unsere Vorstellungen davon verzerren, was fair und gerecht ist.

Zweitens kann es sein, dass die Vorstellung einer Hölle für andere Kulturen kein moralisches Problem darstellt. Warum also stülpen wir den nicht westlichen Kulturen unser individualistisches westliches Verständnis über?

Drittens kann uns die Tatsache, dass sowohl Gott als auch die Hölle existieren, daran erinnern, dass die kosmische Gerechtigkeit sich letztendlich durchsetzen wird. Menschen werden mit dem Bösen, das sie getan haben, nicht davonkommen, sondern für ihre Taten zur Verantwortung gezogen werden – und das ist eine gute Sache. Ich habe mal die Geschichte des rumänischen Pastors Richard Wurmbrand gelesen, der unter dem brutalen Diktator Nicolae Ceaușescu wegen seines Glaubens ins Gefängnis kam und gefoltert wurde."

Copan blätterte einige Notizen durch, um Wurmbrands Aussagen zu finden. „Er schrieb: ‚Für uns ist die Grausamkeit des Atheismus kaum zu fassen. Wenn aber ein Mensch nicht an eine Belohnung des Guten und eine Bestrafung des Bösen glaubt, dann gibt es auch keinen Grund mehr, menschlich zu sein. Da gibt es keine Zurückhaltung mehr vor den Abgründen des Bösen, die im Menschen verborgen sind. Die kommunistischen Folterknechte sagten oft: ‚Es gibt keinen Gott, kein Danach, keine Bestrafung des Bösen. Wir können machen, was wir wollen.'"[24]

„Wow", kommentierte ich. „Das ist heftig."

„Und die Aussage ist auch völlig logisch, wenn es keine Konsequenzen für böses Handeln gibt. Ja, und viertens müssen wir im Blick behalten: Wenn eine bestimmte Sichtweise der Hölle die Güte und Gerechtigkeit Gottes schmälert, müssen wir sie ablehnen. Das kann bedeuten, dass wir gewissen Vorstellungen von der Hölle mit Vorsicht begegnen sollten."

„Für manche Menschen könnte die Existenz der Hölle durchaus ein Weckruf sein", merkte ich an.

„Richtig. Jesus hat gesagt: Wenn ihr eure Schuld nicht einseht und um Vergebung bittet, geht ihr verloren.[25] Die Lehre von der Hölle kann uns daran erinnern, dass wir vor Gott Rechenschaft ablegen müssen und dass es fatale Folgen hat, wenn wir uns von ihm abwenden."

Flammen, Finsternis, Zähneknirschen

„Zur Beschreibung der Hölle gehört typischerweise ein ewig loderndes Feuer", sagte ich zu Copan. „Manche Theologen nehmen das wörtlich. So sagte etwa John Walvoord, der langjährige Präsident des *Dallas Theological Seminar*, dass ‚die häufige Erwähnung von Feuer in Verbindung mit ewiger Bestrafung den Schluss nahelegt, dass die Bibel auch genau das meint'.[26] Andere hingegen behaupten, das mit den Flammen sei symbolisch gemeint. Wie sehen Sie das?"

„Ich glaube nicht, dass es in der Hölle im geothermischen Sinne heiß ist", erwiderte er. „Meines Erachtens handelt es sich bei diesen Bildern der Hölle um Metaphern. John Stott und andere haben darauf hingewiesen, dass sich zwei Schlüsselbilder der Hölle gegenseitig ausschließen, wenn wir sie wörtlich verstehen: Feuer und Finsternis. Die Flammen würden den Ort erhellen. Außerdem wird das Bild der Flammen mit dem Feuersee in den Kapitel 19 und 20 der Offenbarung assoziiert. Das ist der Ort, an den der Teufel und die Dämonen geworfen werden. Feuer in unserem physikalischen Sinn verzehrt physische Körper aus

Fleisch und Blut, aber geistige Wesen wie sie nicht. Das bedeutet: Wörtlich verstandenes Feuer wäre im Hinblick auf Menschen zwecklos."

„Moment, das geht mir alles ein bisschen schnell", warf ich ein. „Ist der Gedanke, dass die Flammen metaphorisch gemeint sind, nicht bloß ein moderner Versuch, das Bild der Hölle für diejenigen, die sich davon abgestoßen fühlen, ein bisschen abzumildern?"

Copan schüttelte den Kopf. „Ganz und gar nicht", sagt er nachdrücklich. „Sogar die Reformatoren Martin Luther und Johannes Calvin haben sie bildlich verstanden."[27]

„Eine Metapher verweist immer auf eine Realität, die sie beschreiben will", sagte ich. „Was bedeuten dann diese Bilder von Flammen und von Finsternis?"

„Beide Bilder stehen für ein Dasein fernab von Gottes Gegenwart.[28] Das ist das eigentliche Wesen der Hölle: von der Quelle des Lebens und der Freude abgeschnitten und von Gottes Segen ausgeschlossen zu sein. Finsternis ist ein Bild dieser Trennung und dieses Abgeschnittenseins. Feuer repräsentiert Gottes heiliges Gericht. Selbst in diesem Zustand des Getrenntseins erhält Gott diejenigen am Leben, die aus freien Stücken beschlossen haben, nichts mit ihm zu tun haben zu wollen. Von Gottes Gegenwart ausgeschlossen zu sein – ‚die große Scheidung', wie C. S. Lewis es genannt hat –, ist der schlimmstmögliche Verlust, den ein Mensch erleiden kann. Das ist höllische Qual."

„Ist die Hölle also eine ewige Folterkammer?", fragte ich.

„Es gibt einen Unterschied zwischen ‚Folter', die einem von außen auferlegt wird, und ‚Qual', die von innen kommt. Qual ist tatsächlich selbst verschuldet. Sie entsteht dadurch, dass Menschen die Gnade ablehnen, die Gott ihnen angeboten hat. Darum folgen sie ihren eigenen Wegen ohne Rücksicht auf das, was er vielleicht von ihnen möchte. Gott will aber nicht, dass irgendjemand verloren geht! Die Hölle ist die Konsequenz dessen, dass Menschen sich freiwillig von ihm und seiner Liebe abwenden – eben Gott-los-werden."

„Wie ist diese Qual beschaffen?"

„In Offenbarung 14,11 ist vom ‚Rauch ihrer Qualen' die Rede und davon, dass sie ‚Tag und Nacht keine Erleichterung finden'. Gequält zu sein heißt, keine Ruhe zu finden. Nur zwei Verse weiter können wir lesen, dass diese Qual das Gegenteil dessen ist, was den Gläubigen zuteilwird, nämlich: ‚Sie sollen von all ihren Mühen ausruhen'.

„In Matthäus und Lukas wird mehrfach von ‚Zähneknirschen' gesprochen", sagte ich. „Was hat es mit diesem Bild auf sich?"

„Der neutestamentliche Theologe Craig Blomberg schrieb, dass das ein Bild für die Wut auf Gott ist. Dieses zornige Zähneknirschen sehen wir zum Beispiel bei denjenigen, die im Begriff standen, Stephanus zu steinigen.[29] Auch dieses Bild soll uns darauf hinweisen, dass die Hölle geistliches Leid bedeutet. Dieses Leid ist die natürliche Konsequenz eines Lebens, das ohne Gott gelebt wurde, und die natürliche Folge der Entscheidung, nicht in der Gegenwart Gottes sein zu wollen. Tatsächlich würde Gottes Gegenwart *größeres* Leid für sie bedeuten."

„Sie meinen, diese Menschen würden gar nicht in den Himmel *wollen*?"

„Richtig. Sie müssten umkehren, Buße tun, um in Gottes heiliger Gegenwart sein zu können. Deswegen hat der Philosoph Dallas Willard auch geschrieben, dass ‚die Feuer des Himmels heißer brennen als die Feuer der Hölle'.[30] Sie kreisen viel lieber fern von Gott armselig um sich selbst, als sich dem Unbehagen auszusetzen, das die überwältigende Liebe und Schönheit Gottes in ihnen auslösen würde."

Ich stellte die Frage, die so viele Menschen beschäftigt: „Warum sollte ein guter Gott Menschen in die Hölle schicken?"

„Ich denke, diese Frage beruht auf einem falschen Verständnis der Realität", sagte Copan.

„Inwiefern?"

„Das entscheidende Wort ist ‚schicken'. Jede Entscheidung, die wir in diesem Leben treffen, bringt uns unserem endgültigen Ziel näher – entweder zu Gott hin oder von Gott weg. Durch die moralischen und geistlichen Entscheidungen, die wir treffen, stellen wir selbst die Weichen für unsere Zukunft. Somit schicken diejenigen, die Gottes Herrschaft ablehnen, *sich selbst* in die Hölle. Dadurch, dass sich die Menschen von Gott abwenden, stürzen sie sich selbst ins Elend. Die Menschen befördern sich selbst in die Hölle – und Gott lässt sie widerwillig gehen. Wie der Musiker Michael Card es so treffend in Worte fasst: ‚He simply speaks the sentence that they have passed upon themselves' – Gott spricht einfach nur das Urteil, das sie über sich selbst verhängt haben."[31]

Dallas Willard sieht das genauso. „Manche Menschen wollen sich nicht nur vor Gott verstecken, sondern so weit wie möglich von Gott entfernt sein ... Sie wollen einfach an einem Ort sein, wo Gott nicht ist, und genau das ist ihrem Wesen nach die Hölle", schrieb er. „Wenn sie dermaßen darauf fixiert sind, ihr eigener Gott zu sein und ihr Leben nach ihren eigenen Vorstellungen zu führen, wird sie das von Gott fernhalten. Es ist so wie mit dem Lehrer, der Unruhestifter irgendwann aus dem Klassenzimmer schickt, indem er sagt: ‚Na gut, wenn du unbedingt gehen willst, dann geh.'"[32]

Damit ich noch besser verstand, was er meinte, erzählte Copan mir eine Geschichte, die aus einer Folge der amerikanischen Fernsehserie *Twilight Zone* stammt. Die Folge trägt den Titel „A Nice Place to Visit"* und wurde 1960 zum ersten Mal

---

* Auf Deutsch trägt die Episode den Titel „Mr. Valentines Neuanfang". Sie war 1998 zum ersten Mal im deutschen Fernsehen zu sehen.

im US-Fernsehen ausgestrahlt. Copan beschrieb mir die Handlung dieser ungewöhnlichen Episode: „Nachdem der Kleinkriminelle Rocky Valentine erschossen worden ist, kommt er im Jenseits wieder zu sich und stellt fest, dass er von dem umgeben ist, wonach er sich sein ganzes Leben lang gesehnt hat: Frauen, Ruhm und Reichtum.

Irgendwann wird er jedoch dieser Dinge überdrüssig, da sie ihm nicht wirklich Zufriedenheit schenken. Also sagt er seinem ‚Schutzengel' Mr. Pip, dass er den Himmel verlassen möchte, um ‚an den anderen Ort' zu gehen. Der ‚Engel' fragt ihn, warum in aller Welt er denke, dass er im Himmel sei. ‚*Dies* ist der andere Ort!' Am Ende der Folge bezeichnet der Erzähler Rod Serling Valentine als einen Mann, der jetzt ‚alles hat, was er immer wollte – und nun in alle Ewigkeit damit leben muss'."[33]

Von Grashüpfern, Fröschen und Babys

Viele Kritiker sind der Meinung, die Ewigkeit in der Hölle zu verbringen sei eine zu harte Strafe dafür, dass man während eines zeitlich begrenzten irdischen Lebens falsch gehandelt hat. „Begrenzte Wesen können nur eine begrenzte Anzahl an Sünden begehen. Darum reicht doch auch eine begrenzte Leidenszeit aus, um dafür zu büßen", argumentiert John Stackhouse jr., ein kanadischer Religionswissenschaftler.[34]

Der ehemalige Pastor Rob Bell stellt in seinem Buch *Das letzte Wort hat die Liebe* die Frage: „Wurden Milliarden Menschen geschaffen, nur um die Ewigkeit in bewusst erlebter Strafe und Qual zu verbringen, im endlosen Leiden für endliche Sünden, die sie während weniger Jahre begingen, die sie auf der Erde verbrachten?"[35]

Ich legte Copan diese Frage vor. „Wäre eine endlose Leidenszeit nicht ein Unrecht, das mit dem Wesen Gottes nicht in Einklang steht?"

„Die Zeit, die notwendig ist, um eine Sünde zu begehen, ist nicht ausschlaggebend dafür, wie schwerwiegend die Sünde ist", antwortete er. „Wenn ich jetzt eine Pistole nähme und Sie mir nichts, dir nichts erschießen würde – wie viel Zeit nähme das in Anspruch? Ein paar Sekunden? Trotzdem wären die Auswirkungen dieser Tat katastrophal und würden lange Zeit nachwirken, über Generationen hinweg. Auf der anderen Seite würde ich vielleicht Jahre brauchen, um Sie um Ihre Ersparnisse zu bringen, indem ich von Zeit zu Zeit ein bisschen von Ihrem Bankkonto abzweige. Aber ein Mord, der in einem Augenblick verübt wird, wäre ein schlimmeres Verbrechen und hätte eine härtere Bestrafung verdient.

Wissen Sie", fuhr er fort, „die ewige Hölle ist für die Menschen bestimmt, die den ewigen Gott bewusst ablehnen – das unendlich Gute! –, die Gott nicht kennenlernen wollen und das unermessliche Geschenk der Vergebung, das er anbietet, verschmähen. Unsere Herzenshaltung ist Gott wichtiger als die Anzahl von Sünden, die wir begangen haben. Menschen werden nicht deshalb aus der Gegenwart Gottes verbannt, weil sie eine Reihe endlicher Sünden begangen haben, sondern weil sie das höchste Gut, das es gibt, verschmähen. Bedenken Sie auch, dass die Menschen diese Sünden im Ungehorsam gegen einen unendlichen Gott begehen – auch das ist wichtig."

Das erinnerte mich an ein Gleichnis, dass der konservative Theologe Denny Burk einmal erzählt hat. Stellen Sie sich vor, sagte er, Sie begegnen einem Fremden, der auf einer Parkbank sitzt und einem Grashüpfer die Beine ausreißt. Sie würden das vielleicht seltsam finden, aber Sie würden deshalb nicht gleich einen Streit vom Zaun brechen. Nun stellen Sie sich vor, er würde Fröschen die Beine ausreißen. Das würde Ihnen schon etwas mehr ausmachen. Aber was ist, wenn er dasselbe mit einem Welpen machen würde? Damit wäre zweifellos eine Grenze überschritten, und Sie würden vermutlich die Polizei rufen. Und nun stellen Sie sich vor, er hätte ein Baby auf dem Schoß und würde versuchen, diesem Baby die Beine auszureißen. Da würden Sie doch Himmel und Hölle in Bewegung setzen, um das Kind zu retten. Sie würden selbst dann eingreifen, wenn Sie sich dadurch in Gefahr brächten, und den Mann anzeigen, weil die Gerechtigkeit das einfach erfordert.

„In jedem der genannten Szenarien geht es um die gleiche Sünde – einem Lebewesen die Beine auszureißen. Der einzige Unterschied besteht darin, wer das Opfer dieser Sünde ist", schrieb Burk. „Die Schwere einer Schuld – und damit die Strafe, die ihr entspricht – richtet sich nicht nur nach dem Vergehen an sich, sondern auch nach dem Stellenwert desjenigen, gegen den es begangen wird."

Wenn Gott wie ein Grashüpfer wäre, so Burk, dann „wäre es keine so große Sache, gegen ihn zu sündigen", und „ewige, bewusste Folter unter dem Zorn Gottes ... wäre eine ziemlich übertriebene Strafe". Aber, betonte er, „gegen ein unendlich herrliches und liebevolles Wesen zu sündigen, ist ein unendlich abscheuliches Verbrechen, das eine unendlich schreckliche Bestrafung erfordert".[36] Wir erkennen oft nicht, wie groß unsere Schuld ist – und wie schwer daher die Strafe ist, die wir dafür eigentlich verdienten –, weil uns nicht klar ist, wie groß und liebevoll Gott ist.

Ich erzählte Copan dieses Gleichnis. „Das Bild passt gut", pflichtete er mir bei. „Das höchste Gut abzulehnen zieht die Konsequenz nach sich, von diesem höchsten Gut getrennt zu sein. Das Strafmaß entspricht dem Verbrechen."

Thomas von Aquin hat dies vor Hunderten von Jahren in seiner *Summa Theologiae* folgendermaßen in Worte gefasst: „Nun ist eine Sünde, die gegen Gott gerichtet ist, unendlich. Je höher die Person steht, gegen die gesündigt wird, desto schwerwiegender ist die Sünde. Es ist ein schlimmeres Verbrechen, ein Staatsoberhaupt zu töten als einen gewöhnlichen Bürger – und Gottes Größe ist grenzenlos. Daher erfordert eine Sünde, die gegen ihn begangen wird, ewige Strafe."[37]

„Ich möchte noch einen weiteren Punkt hinzufügen", ergänzte Copan.

„Und der wäre?"

„Die Tatsache, dass die Rebellion gegen Gott nicht auf einen gewissen Zeitraum hier auf Erden begrenzt ist, sondern in der Hölle ohne Unterlass fortgesetzt wird – und daher fortwährende Konsequenzen erfordert", erklärte er.

„Der namhafte Theologe D. A. Carson hat geschrieben, dass es in der Bibel keine Hinweise darauf gibt, dass man in der Hölle noch zu Gott umkehren kann." Copan blätterte durch ein paar Notizen, bis er das Zitat von Carson fand: „Vielleicht sollten wir uns die Hölle als einen Ort vorstellen, an dem die Menschen weiterhin rebellieren, weiterhin ihre eigenen Wege gehen, weiterhin in sozialen Beziehungen leben, die von Hass und Vorurteilen bestimmt sind, und sich weiterhin dem lebendigen Gott widersetzen. Und da sie sich weiterhin gegen Gott auflehnen, werden sie weiterhin von ihm getrennt sein. Ein ewiger Kreislauf."[38]

Copan fügte hinzu: „Wir haben ja vorhin schon darüber gesprochen: Das Zähneknirschen in der Hölle ist ein Bild für den fortwährenden Zorn auf Gott. Und wenn die Menschen sich Gott weiterhin unaufhörlich widersetzen und ihn hassen, dann ist eine fortwährende Hölle nur die logische Konsequenz."

In der Hölle werden nicht alle „über einen Kamm geschoren"

Vor 20 Jahren, als ich persönlich damit rang, die Lehre von der Hölle mit der Gerechtigkeit Gottes in Einklang zu bringen, hatte ich den Philosophen J. P. Moreland aufgesucht und ihn zu diesem Thema ausgequetscht.[39]

Einer seiner Gedanken, die mir weitergeholfen haben, war, dass nicht alle in der Hölle auf die gleiche Art und Weise leiden werden. Adolf Hitler wird nicht dasselbe erleben wie mein eingebildeter Nachbar, der sein ganzes Leben verächtlich die Nase über Gott gerümpft, aber niemanden umgebracht hat. Moreland führte hier Matthäus 11,20–24 an, wo Jesus sagte, dass bestimmte Städte mehr leiden werden als andere, weil sie trotz der Wunder, die er dort vollbracht hatte, nicht zu Gott umgekehrt waren.

Der neutestamentliche Theologe Craig Blomberg argumentierte ähnlich und verwies darauf, dass Lukas 12,42–48 „zu den Bibelstellen gehört, die am überzeugendsten die Annahme stützen, dass es in der Hölle unterschiedliche Grade der Qualen gibt".[40]

In diesem Gleichnis sagt Jesus: „Ein Verwalter, der den Willen seines Herrn kennt, sich aber bewusst nicht danach richtet, wird schwer bestraft werden. Wer dagegen falsch handelt, ohne es zu wissen, wird mit einer leichteren Strafe davonkommen" (Hoffnung für alle).

Auch Augustinus war davon überzeugt, dass es verschiedene Grade der Qualen geben würde, und sagte im 5. Jahrhundert: „Wir dürfen indes nicht leugnen, dass selbst das ewige Feuer nach den Untaten der Bösen bemessen sein wird."[41]

Daher wollte ich von Copan wissen: „Stimmen Sie der Aussage zu, dass in der Hölle nicht alle über einen Kamm geschoren werden?"

„Ja, absolut. So wie es unterschiedlich gravierende Sünden gibt, gibt es auch unterschiedlich schwere Konsequenzen. In 4. Mose 15 zum Beispiel geht es um bewusste und unbewusste Sünden. Jesus erwähnt bei einer Gelegenheit die Lästerung des Heiligen Geistes, für die es weder in diesem noch im zukünftigen Leben Vergebung gibt, im Gegensatz zu allen anderen Sünden oder Lästerungen, die vergeben werden können.[42] Oder schauen wir uns die jüdischen Lehrer zur Zeit Jesu an, die die ‚schwerere Sünde' begingen, während die Schuld der römischen Besatzer im Vergleich dazu geringer beurteilt wurde."[43]

„Für mich ergibt es Sinn, dass die Qualen, die die Sünder in der Hölle durchleben, sich nach dem Maß ihrer Schuld richten. Das entspricht Gottes Gerechtigkeit."

„Für mich auch. Die Tatsache, dass sich das unterschiedliche Ausmaß der Schuld auf das Leben nach dem Tod auswirkt, ist ein wichtiges Argument gegen den oft erhobenen Vorwurf, dass die Hölle unverhältnismäßig sei", antwortete er. „Wie ich vorhin schon gesagt habe, wird in der Bibel die Frage aufgeworfen: ‚Sollte nicht der Richter der ganzen Welt gerecht handeln?'[44] Und die Antwort ist: Ja, natürlich wird er das tun. In der Hölle wird die Schwere des Leids sich nach der Schwere der Schuld richten."

Sméagol wird zu Gollum

„Und noch etwas", sagte Copan. „Da die Menschen in der Hölle Gott weiterhin hassen und sich gegen ihn auflehnen, ist es gut möglich, dass das Bild Gottes, das alle Menschen in sich tragen, immer mehr verblasst. Dann sind sie irgendwann nur noch ein Schatten ihrer selbst."

Er schaute mich ernst an. „Ich finde es bemerkenswert, wie das Buch der Offenbarung eine irrationale Feindschaft der Menschen gegen Gott beschreibt, an der sie trotz der harten Konsequenzen festhalten. Der Text spricht von Menschen, die ‚von großer Hitze verbrannt' wurden, dem Reich des Tieres, das ‚in Finsternis gestürzt' wurde, und ‚riesigen Hagelkörnern', die vom Himmel herabfielen. Die Menschen ‚zerbissen sich vor Schmerz ihre Zungen'. Und dennoch – trotz all dieser Dinge – hören sie nicht auf, Gott zu verfluchen und zu verhöhnen.[45] Was hier geschieht, könnte man als korrosive Degeneration bezeichnen."

„Was meinen Sie damit?"

„Dass die Unerlösten im Endstadium ihrer Existenz ihre Menschlichkeit verlieren. Sie erinnern sich sicher daran, was mit J. R. R. Tolkiens Hobbit Sméagol passierte: Mit der Zeit verwandelte er sich in den unheimlichen, abstoßenden, durch und durch verdorbenen ‚Unter-Hobbit' Gollum. In seinem Buch ‚Die große Scheidung' spricht C. S. Lewis von einer nörgelnden Frau, die schließlich in einer postmortalen Existenz mehr einem personifizierten Nörgeln ähnelt als einer Frau. Letzten Endes verwandelte sie sich in eine Art unablässig und maschinenhaft vor sich hinredenden Schatten.[46]

Manche Theologen sind der Meinung, dass die unerlösten Menschen, die sich bis zum Schluss gegen Gott auflehnen, am Ende ausgelöscht werden. Die von Lewis und anderen beschriebene Entmenschlichung erinnert an diese Sichtweise. Sie sind nicht länger die, die sie einmal waren – ihre Persönlichkeit hat sich aufgelöst."

Copan sah ein paar Blätter durch, bis er ein Zitat von N. T. Wright fand:

Meiner Ansicht nach ... haben Menschen die Möglichkeit, sich immer mehr von Gottes Plan und Absichten für ihr Leben zu entfernen und das Bild Gottes immer weniger widerzuspiegeln ... bis sie es schließlich vollkommen verlieren und so zu Wesen werden, die einmal menschlich waren und es nun nicht länger sind. Diejenigen, die sich beharrlich weigern, Jesus nachzufolgen, dem wahren Abbild Gottes und des wahren Menschen, werden ihm aufgrund ihrer eigenen Entscheidung immer unähnlicher und somit unweigerlich auch immer weniger menschlich. Manchmal sagen wir sogar von lebenden Menschen, dass sie unmenschlich geworden sind ...

Ich finde nichts im Neuen Testament, das mich die Möglichkeit ausschließen lässt, dass manche – vielleicht sogar viele – der von Gott geschaffenen Menschen sich dafür entscheiden können und dafür entscheiden werden, sich selbst vollkommen zu entmenschlichen.[47]

Copan legte das Blatt zur Seite. Sein Blick war nüchtern und traurig zugleich. „Und so", sagte er, „gäbe es zum Schluss in der Hölle keine Menschen, sondern menschliche ‚Überbleibsel', wie C. S. Lewis sich ausdrückte.[48] Menschlichen Schutt. Entmenschlichte Wesen, in denen das Licht der Gott-Ebenbildlichkeit für immer erloschen ist. Das ist so unfassbar traurig."

„Eine furchtbare Qual"

Alles an der Hölle ist furchtbar, dachte ich, als wir eine kleine Gesprächspause einlegten. Wenn man die Behauptung aufstellt, dass die Flammen und Würmer nur bildlich gemeint sind, birgt das eine Gefahr: Manche Menschen seufzen dann vielleicht erleichtert auf und kommen zu dem Schluss, dass die Hölle doch nicht so schlimm ist, wie sie gedacht hatten. Aber in Wirklichkeit ist sie viel schlimmer, als irgendjemand sich vorstellen kann.

Darum hat Jesus auch Bilder verwendet. Keine nüchterne, sachliche Beschreibung könnte die Schrecken der Hölle wirklich angemessen darstellen.

Der Reformator Johannes Calvin hat gesagt: „Diese bildliche Sprache beschreibt auf eine Weise, die unserem begrenzten Fassungsvermögen angepasst ist, eine furchtbare Qual, die kein Mensch begreifen und keine Sprache zum Ausdruck bringen kann."[49]

In seinem Gleichnis von Lazarus und dem reichen Mann verwendet Jesus das Bild des Feuers, um uns einen bedrückenden Eindruck davon zu vermitteln, wie das Leben im Jenseits, getrennt von Gott, beschaffen ist.[50]

Lazarus, der während seines Lebens ein Bettler war, ist in Abrahams Schoß geborgen, der geizige Reiche hingegen erleidet Qualen und bittet: „Vater Abraham, hab Mitleid mit mir! Schicke mir Lazarus, damit er seine Fingerspitze in Wasser taucht und mir die Zunge kühlt, denn ich leide entsetzliche Qualen in diesen Flammen." Das ist jedoch nicht möglich, weil die beiden durch „eine tiefe Kluft" voneinander getrennt sind. Daraufhin bettelt der reiche Mann, dass Lazarus zum Haus seines Vaters geschickt werden möge, um seine fünf Brüder „vor diesem Ort der Qual" zu warnen, „damit sie nicht hierherkommen müssen, wenn sie sterben." Abraham jedoch erwidert, Mose und die Propheten hätten sie bereits gewarnt und seine Brüder könnten auf diese hören, wenn sie es wollten.

Zugegeben, es geht in dieser Geschichte nicht um die ewige Hölle, sondern um den Zwischenzustand nach dem Tod und vor dem endgültigen Gericht – dem Ort, der gemeinhin als Hades bezeichnet wird. Wir wissen das, weil die Brüder des reichen Mannes noch am Leben sind.

Der Fokus des Gleichnisses liegt auch nicht darauf, Lehren über das Leben nach dem Tod zu vermitteln, sondern über das diesseitige Leben. Dennoch scheint es unwahrscheinlich, dass Jesus seine Zuhörer in Bezug auf das endgültige Schicksal der Menschen in die Irre führen würde, die nicht bereit sind umzukehren. Es liegt nahe, dass er mit seiner bildlichen Sprache einen Vorgeschmack auf das Leid vermitteln wollte, das denjenigen bevorsteht, die in die Hölle kommen. Auch wenn das Feuer in diesem Gleichnis sicher bildlich zu verstehen ist, da der Reiche sich im körperlosen Zustand befindet und keinen physischen Schmerz wahrnehmen kann, wird die Qual äußerst anschaulich vermittelt.[51]

Randy Alcorn schreibt dazu: „In der Geschichte vom reichen Mann und Lazarus lehrte Jesus, dass die Bösen in der Hölle entsetzlich leiden, dabei bei vollem Bewusstsein sind, ihre Wünsche und Erinnerungen und ihr Denkvermögen behalten, sich nach Erlösung sehnen, nicht getröstet werden und ihrer qualvollen Situation nicht entrinnen können sowie jeglicher Hoffnung beraubt sind."[52]

Vor einigen Jahren machte der Theologe Alan Gomes es sich zur Aufgabe, ein Bild des furchtbaren Daseins fern von Gottes Gegenwart zu entwerfen, das die Gottfernen nach ihrem Tod erwartet. „Es gibt ... jeden Grund zu der Annahme, dass die Bösen in der Hölle große körperliche Schmerzen erleiden werden. Dieses Leid wird sich in ihrem eigenen Innern vollziehen. Es wird nicht von Gott verursacht, der die Sünder in einem riesigen Kessel kocht oder sie langsam über einem Rost brutzelt", schrieb er.

„Nein", fuhr er fort, „sie werden die natürlichen Folgen dessen davontragen, dass sie Gott und die Güte ablehnen, mit der er ihnen begegnet ist. Sie werden den Schmerz vollkommener Verlassenheit erfahren, Reue ohne Trost und die endlose, brennende Qual ihres eigenen Gewissens, die sie für immer peinigen und doch niemals verzehren wird. Diesen Kelch, der bis zum

Rand gefüllt ist, werden sie trinken und in ihrem Körper und Geist von bohrenden Schmerzen gepeinigt werden."[53]

Und doch ...

Was wäre, wenn es einen Ausweg gäbe – eine tragfähige biblische Alternative zu dem traditionellen Bild der Hölle? Was wäre, wenn Gott die Qualen der Widerspenstigen verkürzen würde, indem er sie auslöschen und so ihrem Leid ein Ende bereiten würde? Sicherlich wäre eine solche Vernichtung der eigenen Existenz einer Ewigkeit mit Qualen vorzuziehen. Oder was wäre, wenn einfach alle Menschen automatisch in den Genuss des Himmels – der Gnade Gottes – kämen? Wenn einfach jeder, der in Richtung Hölle unterwegs ist, früher oder später doch noch in den Himmel umgeleitet würde?

Ich streckte meine Beine aus, während ich darauf wartete, mein Gespräch mit Copan wiederaufzunehmen. Er hatte ein überzeugendes Plädoyer für die traditionelle Sicht der Hölle gehalten. Ich fragte mich, wie er den Herausforderungen der Auslöschungslehre und der Allversöhnung begegnen würde, die sich unter Christen wachsender Beliebtheit erfreuen.

Kapitel 8

Kommen wir irgendwie um die Hölle herum?

Gibt es Alternativen zur ewigen Qual?

Was die Hölle betrifft, so können wir es uns nicht leisten falschzuliegen. Hier geht es nicht um eine dieser Lehren, wo jeder seinen Senf dazugeben kann, mit den Schultern zuckt und dann weiterlebt wie gehabt. Viel zu viel steht auf dem Spiel. Zu viele Menschen stehen auf dem Spiel. Und die Bibel hat viel zu diesem Thema zu sagen.
Francis Chan und Preston Sprinkle: *Hölle light*

Er war so etwas wie der Papst der zeitgenössischen evangelikalen Bewegung. Das *Time Magazine* zählte ihn zu den 100 einflussreichsten Persönlichkeiten der Welt. Der von Cambridge graduierte Theologe hatte eine leitende Funktion im Bereich der internationalen Mission, war Pastor einer bedeutenden Kirche in London, geistlicher Berater der britischen Königin und Verfasser von mehr als 50 Büchern.

Dann schrieb John Robert Walmsley Stott 1988 sechs Seiten, die einige Theologen – darunter den Kirchengeschichtler John Gerstner – daran zweifeln ließen, ob John Stott überhaupt Christ war.

Was hatte Stott verbrochen? Er hatte die traditionelle protestantische Lehrmeinung von der Hölle als einem Ort ewiger, bewusster Qualen für die Menschen infrage gestellt, die Gottes Gnade ablehnten. Stattdessen hatte er sich „vorsichtig" der alternativen Sicht der *Auslöschung* oder *bedingten Unsterblichkeit* angenähert. Diese Lehre besagt, dass die Gottlosen für immer ausgelöscht werden, nachdem sie zuvor für eine begrenzte Zeit die Konsequenzen ihrer Gottlosigkeit in der Hölle erleiden müssen.[1]

Stott kam zu dem Ergebnis: „Ich bezweifle, dass ‚ewige, bewusst erlebte Qualen' mit der biblischen Offenbarung der göttlichen Gerechtigkeit vereinbar sind."[2]

„Die Traditionalisten, die die Mehrheit der evangelikalen Christen stellen, waren schockiert", schrieb der Theologieprofessor Robert Peterson, Autor des Buches *Hell on Trial: The Case for Eternal Punishment*. „Von da an ist unter den Evangelikalen eine heiße Debatte über dieses Thema entbrannt, und beide Seiten haben Bücher und Artikel verfasst, um ihre Sichtweise zu verteidigen und die der Gegenseite zu entkräften."[3]

Stotts anglikanischer Mitbruder John Wenham, Mitglied einer evangelikalen Denkfabrik der Universität Oxford, war einer der Theologen, die den Annihilationismus vertraten. „Ich glaube schon seit fünfzig Jahren, dass die Bibel die endgültige Vernichtung der Gottlosen lehrt, aber ich war lange nicht bereit, mich öffentlich zu dieser Ansicht zu bekennen", schrieb er in seinem 1991 erschienenen Buch *Facing Hell*. „Aber nun ist für mich der Zeitpunkt gekommen, an dem ich ehrlich sagen muss, was ich denke."

Und er nahm dabei kein Blatt vor den Mund. „Endlose, bewusst erlebte Qualen sind für mich ein Zeichen von Sadismus, nicht von Gerechtigkeit. Es ist eine Lehre, von der ich nicht weiß, wie ich sie predigen soll, ohne die Schönheit und Güte Gottes zu negieren", sagte er. „Es ist eine Lehre, die selbst die Inquisition in den Schatten stellt. In meinen Augen lässt sich all dies nicht mit der Realität und dem gesunden Menschenverstand vereinbaren."[4]

Und das war noch nicht alles. „Ich glaube, dass die Lehre von den endlosen, bewusst erlebten Qualen scheußlich und unbiblisch ist und dass sie die Christenheit viele Jahrhunderte lang furchtbar belastet hat – ein schrecklicher Schandfleck auf ihrer Verkündigung des Evangeliums", erklärte Wenham. „Ich würde mich glücklich schätzen, wenn ich vor meinem Tod noch dazu beitragen könnte, ihn wegzuwischen."[5]

Die Annihilationisten (oder Konditionalisten) – die Anhänger der Auslöschungslehre – betonen, dass der Mensch nicht von Natur aus unsterblich ist; eine Sichtweise, die tatsächlich von der traditionellen christlichen Lehre bestätigt wird. Diese besagt, dass Gott – der Einzige, der seinem Wesen nach unsterblich ist – denen ewiges Leben zuteilwerden lässt, die Jesus als Herrn und Befreier nachfolgen.[6] Da die Gottlosen also keine Unsterblichkeit besitzen, werden sie bei ihrem Tod einfach aufhören zu existieren, oder sie werden für das Jüngste Gericht wieder auferweckt, um dann für eine bestimmte Zeit die Konsequenzen ihres Handelns in der Hölle zu durchleben und danach für immer ausgelöscht zu werden. So oder so wird es keine ewigen Qualen im unauslöschlichen Feuer für sie geben.

Diese Sichtweise steht im Widerspruch zu dem, was Robert Peterson den „beeindruckenden Stammbaum" der traditionellen Auffassung nennt. Tertullian, Laktanz, Basilius der Große, Hieronymus, Kyrill von Jerusalem, Johannes Chrysostomos,

Augustinus, Thomas von Aquin, Luther, Calvin, Edwards, Whitefield und Wesley „haben alle die Lehre von den ewigen Qualen vertreten".[7]

Peterson schrieb, dass sich bei Justin dem Märtyrer und Theophilus von Antiochien bereits Vorstufen des Annihilationismus gefunden hätten und Arnobius (ca. 100–165) der Erste gewesen sei, der diese Lehre ausdrücklich vertrat. Das zweite Konzil von Konstantinopel (553) und das fünfte Laterankonzil (1512–1517) verurteilten die Auslöschungslehre jedoch.

Der Trend zur Auslöschungslehre

In der Moderne ist das Interesse an der Auslöschungslehre wieder aufgelebt.[8] „Meine Prognose ist, dass die Auslöschungslehre in zehn oder fünfzehn Jahren sogar innerhalb konservativer evangelikaler Kreise die dominante Sichtweise der Hölle sein wird", schreibt Preston Sprinkle, Co-Autor des Buches *Hölle light*. „Ich vermute das deshalb, weil ich weiß, wie viele bekannte Pastoren insgeheim diese Einstellung teilen. Ich denke, dass wir heute an einem Punkt angelangt sind, an dem wir nicht länger bereit sind, Traditionen nur deshalb zu übernehmen, weil es Traditionen sind."

Er schreibt, dass einige Pastoren sich davor scheuen, sich in der Öffentlichkeit zur Auslöschungslehre zu bekennen, weil „wir eine angstgesteuerte evangelikale Kultur haben, wo man schnell ausgrenzt wird, wenn man aus der Reihe tanzt".[9]

Der südkalifornische Pastor Gregory Stump, ein Verfechter der Auslöschungslehre, schreibt: „Ich habe oft erlebt, dass sich Kollegen von mir distanziert und mich ausgegrenzt haben, weil sie völlig anderer Meinung waren als ich. Ich musste sogar damit rechnen, aufgrund meiner Einstellung zur Hölle meine Arbeit zu verlieren."[10]

Auch wenn viele Christen davon überzeugt sind, die Bibel lehre, dass Menschen, die Gott abgelehnt haben, ewige Qualen erwarte, teilt Stump diese Einstellung nicht. Er schreibt, „die biblischen, theologischen und philosophischen Argumente für diese Sichtweise" seien „dürftig und kaum schlüssig".

Im Gegensatz dazu sei die Beweislage für die bedingte Unsterblichkeit eindeutig und überwältigend. „Diese Auffassung ließ sich meiner Ansicht nach aus dem biblischen Gesamtzeugnis ableiten. Sie war in sich stimmig, stand im Einklang mit der schrittweisen Offenbarung der Heilsgeschichte und löste viele philosophische und emotionale Probleme, die Generationen von Christen und Nichtchristen jahrhundertelang gequält haben."[11]

Stotts Argumente im Überblick

Den Vertretern der Auslöschungslehre wird oft vorgeworfen, ihre Einstellung habe emotionale Gründe – ein Vorwurf, den sie entschieden zurückweisen. „Auf der emotionalen Ebene", räumt John Stott zwar ein, „finde ich das Konzept [der ewigen Qualen] unerträglich, und ich verstehe nicht, wie Menschen damit leben können, ohne entweder ihre Gefühle abzutöten oder unter dem Druck zu zerbrechen." Unsere Gefühle allein seien jedoch „ein äußerst unzuverlässiger, wankelmütiger Wegweiser zur Wahrheit" und die einzig vertrauenswürdige Quelle sei die Bibel selbst.[12]

Stott führt unter anderem folgende Argumente an:[13]

- **Sprache**. „Im Zusammenhang mit dem endgültigen Zustand der Verdammnis werden oft Begriffe wie ‚vernichten' oder ‚verderben' benutzt", schreibt er. „Daher wäre es seltsam, wenn von Menschen gesagt wird, dass sie vernichtet werden, diese Vernichtung jedoch nicht vollzogen wird."
- **Symbolik**. Um die Hölle zu beschreiben, wird oft das Bild des Feuers benutzt. „Die Hauptfunktion des Feuers besteht nicht darin, Schmerzen zu verursachen, sondern zu vernichten – davon legen alle Verbrennungsöfen dieser Welt ein beredtes Zeugnis ab", so Stott. Angesichts dessen, dass die Bibel das Feuer als „ewig" und „unauslöschlich" bezeichnet, wäre es „sehr eigenartig, wenn das, was in dieses Feuer hineingeworfen wird, sich als nicht unzerstörbar erweisen würde".

  Und als Jesus im Gleichnis von den Schafen und den Böcken „ewiges Leben" und „ewige Verdammnis" gegenüberstellt[14], „definiert er in diesem Bibeltext nicht näher, wie genau diese beiden Gegebenheiten aussehen werden", so Stott. Auch das Gleichnis von Lazarus und dem reichen Mann schließt seiner Ansicht nach „seine endgültige Vernichtung nicht aus".

  Er räumt ein, dass in der Offenbarung davon die Rede ist, dass diejenigen, die im Feuersee seien, „in alle Ewigkeit Tag und Nacht gequält werden" würden. Aber er weist darauf hin, dass sich dies auf den Teufel, das Tier, den falschen Propheten und „die Hure Babylon" bezieht. Stott schreibt weiter: „Es handelt sich hier nicht um einzelne Personen, sondern um Symbole, die für diese Welt und die verschiedenen Ausdrucksformen ihrer Feindschaft mit Gott stehen. Es handelt sich nicht um Individuen, die Schmerz empfinden können. „Die naheliegendste Deutung ist für mich die, dass letzten Endes alle Feindschaft mit und aller Widerstand gegen Gott ausgeräumt werden."
- **Gerechtigkeit**. Stott sagt, die biblische Gerechtigkeit erfordere, dass Gott die Menschen entsprechend ihrer Taten richte.

Das bedeute, dass eine Strafe in einem angemessenen Verhältnis zu dem Bösen stehen müsse, das getan wurde. Er wirft die Frage auf: „Wäre es nicht vollkommen unverhältnismäßig, wenn Menschen für Sünden, die sie während eines begrenzten Zeitraums bewusst begangen haben, in alle Ewigkeit Qualen erleiden müssten?"

Stott weist außerdem darauf hin, dass „die ewige Existenz der Gottlosen in der Hölle nur schwer mit den Verheißungen von Gottes letztendlichem Sieg über das Böse zu vereinbaren wäre". Er stellt die Frage, wie Gott alle Dinge durch Jesus mit sich selbst versöhnen[15] und „über alles und in allem der Höchste sein" könne[16], während gleichzeitig eine unbestimmte Anzahl von Menschen weiterhin gegen ihn rebelliere.

Stott kommt zu dem Ergebnis: „Es wäre einfacher, die schreckliche Realität der Hölle und die universelle Herrschaft Gottes miteinander zu vereinbaren, wenn die Hölle endgültige Vernichtung bedeutet und die Gottlosen nicht länger existieren."

Sind seine Argumente schlagkräftig? Finden wir in der Bibel eine Bestätigung für die Annahme, dass die Gottlosen letztlich die endgültige Todesstrafe erleiden werden? Um diesen Punkten nachzugehen, setzte ich mein Gespräch mit dem Philosophen Paul Copan fort, der die traditionelle Auffassung vertritt, dass die Hölle mit ewigen Qualen einhergeht.

Fortsetzung des Interviews mit Paul Copan

Ich wollte Copan zu Beginn gleich einmal auf den Zahn fühlen und wissen, wie er zum Thema „bedingte Unsterblichkeit" stand. Darum las ich ihm den Schlusssatz aus Stotts Kapitel in

Rethinking Hell vor: „Meiner Ansicht nach sollte die endgültige Vernichtung der Bösen zumindest als legitime, biblisch fundierte Alternative zu ihren ewigen Qualen akzeptiert werden."[17]

„Ist die Lehre von der endgültigen Vernichtung häretisch oder bewegt sie sich noch im Rahmen der biblischen Lehre?", fragte ich.

Copan stellte sein Wasserglas ab. „Ich glaube, das Thema ist von untergeordneter Bedeutung", antwortete er. „Die Auslöschungslehre ist keine entscheidende Abweichung von der orthodoxen Lehrmeinung, auch wenn ich persönlich sie nicht teile. Schon einige frühe Kirchenväter teilten diese Auffassung, und es gibt ernst zu nehmende evangelikale Theologen, die sie ebenfalls vertreten. Wenn jemand, der so fest auf dem Fundament der Bibel steht und so hochgeachtet ist wie John Stott, die Position des Konditionalismus vertritt, sollten wir sehr vorsichtig damit sein, den Begriff ‚Ketzerei' ins Spiel zu bringen."

„Wie überzeugend sind die Argumente der Konditionalisten?"

„Um ihre Sichtweise zu begründen, stützen sie sich auf eine Reihe von Bibelstellen", sagte er. „Sie führen biblische Begriffe wie ‚Vernichtung', ‚zugrunde gehen' und ‚Tod' an und weisen auf Bilder von Bäumen hin, die umgehauen werden, oder Spreu und Reben, die verbrannt werden.[18] Im Neuen Testament wird Gottes Gericht als wütendes Feuer bezeichnet, das seine Feinde verzehren wird.[19] Judas weist auf die Zerstörung von Sodom und Gomorra hin[20] und schreibt: ‚Ihr Untergang im Feuer ist ein Symbol für das ewige Feuer, das Menschen erwartet, die sich voller Bosheit gegen Gottes erklärten Willen stellen.'[21] Wenn diese Städte zu Asche verbrannten, sollten wir das nicht als Hinweis darauf verstehen, welches Schicksal die Menschen erwartet, die Gottes Einladung ausschlagen? 2. Petrus 2,6 deutet darauf hin: Diese Städte wurden ‚in Schutt und Asche gelegt' und ‚vom

Erdboden vertilgt' – laut Petrus ein warnendes Beispiel dafür, ‚wie es Menschen ergehen wird, die für immer gottlos leben'."

Ich zog eine Augenbraue hoch. „Das klingt, als würden Sie sich dieser Meinung anschließen."

„Eine ganze Reihe biblischer Texte scheint die Position zu stützen. *Aber*", sagte er nachdrücklich und hob dabei den Zeigefinger, „wir sollten das gesamte Spektrum der biblischen Lehre berücksichtigen. Meiner Ansicht nach ist die Art und Weise, wie die Vertreter der Auslöschungslehre mit bestimmten Bibeltexten umgehen, zu oberflächlich und greift zu kurz. Darum halte ich weiterhin an der traditionellen Sicht fest. Ich finde die Argumente, die für die Auslöschungslehre ins Feld geführt werden, nicht stichhaltig genug."

„Vertreten Sie den Standpunkt, dass eine endgültige Vernichtung nicht möglich ist, weil jeder Mensch eine unsterbliche Seele hat?"

„Die Lehre von der Unsterblichkeit der Seele ist tatsächlich eine griechische Vorstellung, die von Philosophen wie Platon verfochten wurde. Für ihn ist der Körper das Gefängnis der Seele und der Tod ein willkommener Freund, der die Seele aus diesem Gefängnis befreit. Der Historiker und Theologe Jaroslav Pelikan hat aufgezeigt, dass die christliche Theologie diese Vorstellung übernommen hat.[22]

Es ist die Seele – also das Selbst –, das den Menschen als Individuum mit Selbstbewusstsein im eigentlichen Sinne ausmacht. Die Seele lebt auch nach dem physischen Tod weiter. Nach dem Tod kann die Seele ohne Körper bis zur endgültigen Auferstehung im Zwischenzustand existieren. Aber dieser Zustand ist nicht ideal – er ist, wie Paulus es nennt, ein Zustand der Nacktheit.[23] Unsterblichkeit ist in der Bibel immer mit Auferstehung verknüpft – genauer gesagt damit, dass alle Jesus-Nachfolger ihre unverweslichen Auferstehungskörper erhalten."[24]

Er fuhr fort: „Manche Konditionalisten behaupten, die Unsterblichkeit der Seele untermauere die Vorstellung, dass alle Menschen – ob sie nun Jesus vertrauen oder nicht – für immer leben. Ich würde dem entgegenhalten, dass alle Menschen körperlich auferstehen werden – Menschen, die Jesus nachgefolgt sind, werden unsterbliche Auferstehungskörper wie Jesus besitzen, und diejenigen, die nicht zu ihm gehören, werden Körper erhalten, die es ihnen ermöglichen, physisch in ihrem Zustand der Ruhelosigkeit weiterzuexistieren. Jesus verwendete dafür die Begriffe ‚zum ewigen Leben auferstehen' und ‚zum Gericht auferstehen'.[25] Die Körper der Unerlösten werden von Gott erhalten, aber diese Personen genießen nicht die Lebensqualität, die die Jesusnachfolger auf der neuen Erde genießen werden. Ihr Fortbestehen trägt nicht das Merkmal der ‚Unsterblichkeit'."

Lehrte Jesus die endgültige Auslöschung?

War Jesus ein Annihilationist? Bart Ehrman, Agnostiker und Professor für Neues Testament, ist genau davon überzeugt: „Eine genaue Lektüre der Aussagen von Jesus zeigt, dass ihm die Vorstellung, die Sünder würden nach ihrem Tod Qualen erleiden, tatsächlich fremd war", schreibt der umstrittene Theologe. „Stattdessen werden sie ausgelöscht werden."[26] Ehrman weist darauf hin, dass Jesus in seinem Bild von den zwei Toren, durch die ein Mensch gehen kann, die Formulierung gebraucht: „… das Tor zum *Verderben* ist breit" (Matthäus 7,13; Hoffnung für alle). „Jesus sagt jedoch nicht: Das Tor zur *ewigen Qual* ist breit."

„Wie beurteilen Sie dies?", fragte ich Copan.

„Ich gebe gern zu, dass Jesus nicht von ‚ewigen Qualen' redet, aber er redet von Weinen und Zähneknirschen. Die Behauptung, dass Jesus die Vorstellung fremd gewesen sei, dass die Gottlosen ewige Qualen erleiden, ist aus mehreren Gründen problematisch."

„Zum Beispiel?"

„Zum einen gab es bei den Juden eine ganze Reihe unterschiedlicher Vorstellungen über das Leben nach dem Tod, darunter auch die von ewiger Qual. Der jüdische Historiker Flavius Josephus, der im 1. Jahrhundert lebte, schreibt über die Pharisäer, sie würden behaupten, dass die Bösen ‚mit ewiger Qual gezüchtigt' werden und ‚ewige Kerkerhaft' erleben.[27] Und zum anderen gibt es da im 16. Kapitel des Lukasevangeliums die Geschichte von Lazarus und dem reichen Mann. Aus dieser Geschichte geht eindeutig hervor, dass die Bösen nach ihrem Tod Qualen erleiden."

Ich wandte ein: „Ehrman behauptet, der Verfasser des Evangeliums hätte Jesus diese bekannte rabbinische Geschichte nur in den Mund gelegt."

Copan lächelte. „Ja, das ist strittig", antwortete er. „Aber unbestreitbar benutzt Jesus mehrfach das Bild vom Weinen und Zähneknirschen, um den Zustand der Trennung von Gott zu beschreiben. Und das klingt für mich nicht nach sofortiger Auslöschung.[28] Zudem war Jesus mit Texten wie Daniel 12,2 vertraut, in denen von Menschen die Rede ist, die ‚zu ewiger Schmach' auferweckt werden."

In diesem Vers heißt es: „Und viele von denen, die in der Erde ruhen, werden aufwachen, die einen zum ewigen Leben, die anderen zu ewiger Schmach und Schande." Wie ein Autor treffend feststellte: „Dieser Satz ist grammatikalisch vollkommen eindeutig. Für die einen ewiges Leben, für die anderen ewige Schmach. Es gibt keine Möglichkeit, sich aus dieser simplen

Gegenüberstellung herauszuwinden. Dem Leid der Bösen Grenzen zu setzen, ohne gleichzeitig auch dasselbe für den Segen der Gerechten zu tun, ist logisch unmöglich."[29]

„Sie denken also nicht, dass Jesus ein Annihilationist war", meinte ich. Es war eher eine Feststellung als eine Frage.

„Nein. Denken Sie an seine Lehre von den Schafen und den Böcken, die wir im 25. Kapitel des Matthäusevangeliums finden, wo Jesus sagt, dass die Unerlösten ‚der ewigen Verdammnis übergeben werden'. In Vers 41 wird darauf hingewiesen, dass das *Feuer*, in das die Verdammten geschickt werden, ewig ist – aber in Vers 46 wird ausdrücklich betont, dass auch die *Qual* selbst ewig sein wird. Ich wäre gespannt zu hören, was die Verfechter der Auslöschungslehre zu diesem Punkt zu sagen hätten."

„Die Annihilationisten sagen, dass das griechische Wort für ‚ewig' – ‚aiōnios' – manchmal ‚das Alter betreffend' bedeuten kann", gab ich zu bedenken.[30]

„Ja, manchmal schon", pflichtete Copan mir bei. „Aber schauen wir uns doch einfach noch mal an, was in Vers 46 wörtlich steht: ‚Und sie werden der ewigen Verdammnis übergeben werden, den Gerechten aber wird das ewige Leben geschenkt.' Man kommt um diese offensichtliche Parallele nicht herum. Wenn das Leben im Himmel ewig ist, dann bedeutet das automatisch, dass das Leben in der Hölle ebenfalls ewig ist."

Tatsächlich war Augustinus schon vor 1 600 Jahren zu dem gleichen Schluss gelangt. Er schrieb in seinem Werk *Vom Gottesstaat*: „So, wie das ewige Leben der Heiligen endlos sein wird, wird die ewige Bestrafung derjenigen, die verdammt sind, ebenfalls kein Ende haben."[31]

Copan wies auch darauf hin, dass Jesus laut Vers 41 sagt, die Verfluchten würden „ins ewige Feuer, das für den Teufel und seine bösen Geister bestimmt ist" geworfen. Copan warf ein: „Und was passiert dann mit dem Teufel und seinen Helfershelfern?

In Offenbarung 20,10 steht, dass sie in den Feuersee geworfen werden und ‚in alle Ewigkeit gequält werden Tag und Nacht' – und Vers 41 lässt darauf schließen, dass den Umkehrunwilligen offenbar dasselbe Schicksal bevorsteht."

Er fügte hinzu: „Das griechische Verb für ‚Qual' oder auch ‚Folter'– ‚basanismos' – beschreibt Leid bei vollem Bewusstsein. Dieser Begriff zieht sich durch das gesamte Neue Testament. In Offenbarung 14,11 steht: ‚Der Rauch ihrer Qualen wird für alle Zeit aufsteigen.'

Wie der neutestamentliche Theologe G. K. Beale sagte, wird das griechische Wort für ‚Qual' nirgendwo in der Offenbarung oder anderen biblischen Texten im Sinne der Auslöschung der persönlichen Existenz verwendet. Die Offenbarung benutzt das Wort ohne Ausnahme für die Beschreibung von Qualen, die Menschen erleiden müssen."[32]

Ich blickte von den Notizen auf, die ich eilig hingekritzelt hatte. „Damit steht die Annihilationstheorie vor einigen ernsthaften Herausforderungen", sagte ich.

„Allerdings – und das sind noch nicht alle."

Biblische Argumente gegen den Annihilationismus

Ich befragte Copan zu den Versen, die vom Verderben der Unerlösten sprechen. „Bart Ehrman betont doch, dass Jesus sagte, das breite Tor führe ‚zum Verderben'.[33] Im ersten Moment klingt das sehr nach endgültiger Vernichtung."

„Moment mal", widersprach Copan. „Verderben impliziert nicht immer, dass etwas aufhört zu existieren."

Das schien mir unlogisch. „Wirklich?", fragte ich. „Können Sie mir da ein Beispiel nennen?"

„Ja, in 2. Petrus 3,6 steht, dass die Erde zu Noahs Zeiten vernichtet[34] wurde. Aber wir wissen, dass sie natürlich weiterhin existierte. Im Gleichnis von der verlorenen Münze in Lukas 15,9 wird dasselbe griechische Wort – *apollymi* – verwendet. An dieser Stelle wird es mit ‚verloren' übersetzt – die Münze war verloren, obwohl sie weiterhin existierte. Auch die biblische Erwähnung eines ‚zweiten Todes' impliziert nicht zwangsläufig eine Auslöschung unserer Existenz. Schließlich waren wir einst aufgrund unserer Verfehlungen und unseren Sünden tot, obwohl wir physisch lebendig waren."[35]

„Welche weiteren Bibelstellen sprechen gegen die Auslöschungslehre?"

„Zum Beispiel 2. Thessalonicher 1,9, wo steht, dass die Gottlosen ‚mit ewigem Verderben bestraft und für immer vom Herrn und seiner herrlichen Macht getrennt sein' werden. Warum sollte erwähnt werden, dass sie von Gott und seiner Macht getrennt sein werden, wenn ‚ewige Verdammnis' bedeutet, dass sie doch völlig ausgelöscht werden? Auf der anderen Seite steht in 1. Thessalonicher 4,17, dass die Gläubigen ‚in Ewigkeit bei ihm … bleiben'. Wir haben es hier wieder mit einer parallelen Situation zu tun, die zeigt, dass sowohl die Erlösten als auch die Unerlösten für immer weiterleben werden."

Copan führte noch einige weitere Bibelstellen aus dem Neuen Testament an, die besser verständlich sind, wenn man davon ausgeht, dass Menschen in der Hölle ewiges Leid empfinden:

- „Schauen wir uns Judas an. Jesus sagte, es wäre für ihn besser gewesen, wenn er nicht geboren worden wäre.[36] Das klingt nicht gerade so, als hätte Jesus damit gemeint, dass er vom Zustand der Nicht-Existenz (vor seiner Geburt) in den der Existenz und danach wieder in den der Nicht-Existenz (nach dem Tod) übergegangen wäre bzw. übergehen würde. Die Aussage von Jesus lässt auf weitaus schlimmere Konsequenzen schließen. Und es geht ihm um mehr als die Tatsache, dass Judas in den Augen der Nachwelt für immer ein Verräter sein wird.

- Jesus hat bei anderer Gelegenheit gesagt, es sei besser, verstümmelt zu sein und ein Auge oder eine Hand zu verlieren, als mit einem unversehrten Körper in die Hölle geworfen zu werden.[37] Wenn die Menschen nach ihrem Tod zu irgendeinem Zeitpunkt einfach aufhören würden zu existieren, dann ergäbe diese Warnung keinen Sinn. Der Theologe Craig Blomberg schrieb interessanterweise: ‚Wenn die Hölle einfach gleichbedeutend wäre mit der Auslöschung der menschlichen Existenz, dann gäbe es vermutlich viele Situationen, in denen die Menschen diesen Zustand wünschenswerter fänden, als während ihres Lebens unter einer starken körperlichen Einschränkung zu leiden.'[38]
- Jesus sagte ebenfalls, dass die Lästerung gegen den Heiligen Geist die eine Sünde ist, die ‚nicht in dieser Welt und auch nicht in der zukünftigen' Welt vergeben werden wird.[39] Dies lässt darauf schließen, dass diejenigen, die diese Sünde begehen, in Ewigkeit weiterexistieren werden.
- Bei einer Gelegenheit erklärte Jesus auch, wer ihm nicht gehorcht, ‚werden das ewige Leben nie erfahren, sondern der Zorn Gottes liegt weiterhin auf ihnen'.[40] Wie kann der Zorn Gottes auf jemandem verbleiben, der irgendwann nicht mehr existiert?
- In einem seiner Briefe verwendet Paulus den Begriff ‚ewiges Verderben'.[41] Damit bezieht er sich auf das apokryphe Buch 4. Makkabäer – in der gesamten Literatur die einzige Stelle zu dieser Thematik, an der dieser Begriff verwendet wird. Und dieses Buch enthält gleich mehrere Passagen, in denen von bewusstem Leid im Erleben des Gerichts die Rede ist – und nicht von Vernichtung.[42]

- Die Annihilationisten vertreten die Auffassung, dass das Bild des Feuers auf die Endlichkeit der Existenz hindeute. Aber es ist interessant, dass Jesus bei seinen Ausführungen über die Hölle von dem Wurm spricht, der nicht stirbt, und dem Feuer, das nicht erlischt.[43] Warum sollte er so etwas sagen, wenn es ihm nur darum ginge, dass die menschliche Existenz einmal endet? Würmer können nicht weiterfressen, wenn sie etwas vollständig verzehrt haben. Ja, das Feuer ist eine Metapher, aber wenn ein Mensch aufhört zu existieren, warum wird dann betont, dass das Feuer nicht ausgeht?

  Und warum wird in Bezug auf die wiederauferweckten Bösen ausdrücklich betont, dass ‚unsterbliche' Würmer sich fortwährend an ihrem Körper laben? Das ist doch ein Bild für eine Qual, die viel schlimmer ist als der Tod oder die Vernichtung an sich. Was ist schon dabei, wenn ein Wurm sich an unserem Körper vergreift, wenn wir eh tot sind? Dieselbe Metaphorik finden sich auch im apokryphen Buch Judith. Dort heißt es an einer Stelle: ‚Der Herr, der Allmächtige, wird sie bestrafen am Tag des Gerichts und wird ihren Leib plagen mit Feuer und Würmern. Da werden sie seiner Macht innewerden und klagen bis in Ewigkeit.'[44] Offensichtlich ist dieser dauerhafte Zustand des Leids schlimmer als der Tod an sich. All dies deutet darauf hin, dass hier um mehr geht als um bloße Vernichtung."

Gott triumphiert über das Böse

Im vorigen Kapitel hatte Copan bereits Antworten auf die Fragen gegeben, die John Stott im Hinblick auf Gottes Gerechtigkeit und die Verhältnismäßigkeit der Hölle gestellt hatte. Aber ich wollte von Copan auch wissen, was er über eine weitere von Stotts Behauptungen dachte: „Wenn die Menschen, die sich gegen Gott gestellt haben, auf ewig in der Hölle existieren, ließe sich das doch schwer mit den Verheißungen von Gottes endgültigem Sieg über das Böse vereinbaren."[45]

Copan nahm sich einen Moment Zeit, um über diese Frage nachzudenken. „Ich denke darüber Folgendes", begann er. „Die Tatsache, dass Gott nach Aussage von 2. Petrus 3,13 einen neuen Himmel und eine neue Erde erschaffen wird, wo ‚Gottes Gerechtigkeit herrschen' wird, besagt in meinen Augen schon, dass das Gute zu diesem Zeitpunkt über das Böse triumphiert hat. Also, dass Gott den endgültigen Sieg davongetragen hat. Meiner Ansicht nach ist es für diesen endgültigen Sieg Gottes nicht erforderlich, dass alle diejenigen ausgelöscht werden, die Böses getan haben, oder gar, dass letztendlich alle Menschen errettet werden."

Ich klappte mein Notizbuch zu. Wir hätten noch stundenlang über dieses Thema reden können – tatsächlich sind ganze Bücher über diese Thematik geschrieben worden. Aber ich war der Meinung, dass wir die wichtigsten Punkte besprochen hatten.

„Wie ich schon sagte, können die Verfechter der Auslöschungslehre gute Argumente für ihre Position vorbringen", fasste Copan zusammen. „Aber für mich reichen sie nicht aus, um das historische Verständnis der Hölle über den Haufen zu werfen, das der Christenheit über die Jahrhunderte hinweg überliefert wurde. Es geht bis auf die frühesten Kirchenväter zurück. So sagte zum Beispiel Polykarp, ein Schüler des Apostels Johannes, unmittelbar vor seinem Tod auf dem Scheiterhaufen: ‚Ihr droht mir mit einem Feuer, das für eine Stunde brennt und dann erlischt, aber ihr wisst nichts von dem Feuer des kommenden Gerichts und der ewigen Bestrafung, das den Gottlosen bevorsteht. Warum wartet ihr? Tut, was immer ihr wollt.'"[46]

Robert Peterson, ein Verfechter der traditionellen Lehre, hat gemeinsam mit Edward Fudge, einem Vertreter der Auslöschungslehre, das Buch *Two Views of Hell: A Biblical and Theological Dialogue* verfasst. Er äußerte die Befürchtung, dass das typische Hin und Her im Dialog zwischen den beiden Lagern bei einigen den Eindruck erwecken könnte, die Argumente der beiden Seite seien gleich valide und die Frage ließe sich nicht abschließend klären.[47]

Dem widersprach auch Copan entschieden. „Das stimmt einfach nicht", sagte er. „Obwohl sie sich redlich bemühen, greift die konditionalistische Exegese der Schlüsseltexte zu kurz."[48]

Somit blieb nur noch eine mögliche Alternative zu einer ewigen Hölle übrig: der *Universalismus*. Diese Lehre, die auch *Allversöhnungslehre* genannt wird, besagt, dass am Ende alle Menschen erlöst werden. Ich wollte Copan fragen, ob sich diese theologische Auffassung biblisch begründen lässt.

Allversöhnung: Kommen alle, alle in den Himmel?

Die Vorstellung, dass Menschen bewusst bis in alle Ewigkeit Qualen in der Hölle erleben werden, ist „moralisch verwerflich, pervers, unverzeihlich grausam, zutiefst irrational, durch und durch böse und entbehrt jeder Gerechtigkeit". Und wenn es tatsächlich eine ewige Hölle gäbe, hätte sich, „das Christentum damit als moralisch verwerflicher und logisch inkohärenter Glaube selbst disqualifiziert und sollte daher abgelehnt werden".[49]

Das schreibt zumindest der einflussreiche Theologe David Bentley Hart von der *University of Notre Dame* in seinem 2019 erschienenen Buch *That All Shall Be Saved*. Diese 224 Seiten lange, oft sehr zynisch klingende Abhandlung enthält 118 abwertende Kommentare über Theologen, die nicht seiner Meinung sind, über ihre Ansichten, ihren Gott und ihr Verständnis der Hölle.[50] Tatsächlich sagt der Theologe Douglas Farrow, dass Hart „nahezu den kompletten Bestand an Beleidigungen ausgeschöpft hat, über den diese Welt verfügt".[51]

Der ehemalige Pastor Rob Bell behandelt dieses Thema auf eine verbindlichere, freundlichere Art und Weise. In seinem Bestseller *Love Wins* (deutsch: *Das letzte Wort hat die Liebe*), in dem er sich positiv über die Allversöhnungslehre äußert, schreibt er: „Hinter dieser Sicht steht der Glaube, dass sich – ausreichend Zeit vorausgesetzt – jeder Gott zuwenden und sich in der Freude und dem Frieden Gottes wiederfinden kann. Die Liebe Gottes bringt jedes noch so harte Herz zum Schmelzen und selbst die ‚verdorbensten Sünder' werden letztlich ihren Widerstand aufgeben und zu Gott umkehren."[52]

Der christliche Universalismus besagt, dass Gott letztendlich allen Menschen durch Jesus Christus vergeben und alle annehmen wird – manche vielleicht erst, nachdem sie für eine begrenzte Zeit in der Hölle geläutert worden sind. Hart schreibt: „Ich für meinen Teil habe nicht das Geringste dagegen, dass Hitler von seinen Sünden gereinigt und gerettet wird."[53]

Die Verfechter der Allversöhnungslehre weisen auf Gottes Heilsgeschichte mit den Menschen hin: die Schöpfung, den Sündenfall, dann Jesus Christus, der alles – und jeden – mit sich versöhnt. Sie zitieren Verse wie Titus 2,11 („Denn die Gnade Gottes, die allen Menschen Rettung bringt, ist sichtbar geworden"), Johannes 12,32 („Und wenn ich am Kreuz aufgerichtet bin, werde ich alle zu mir ziehen"), 1. Korinther 15,22 („Die Menschen sterben, weil alle mit Adam verwandt sind. Ebenso werden durch Christus alle lebendig gemacht und neues Leben empfangen") und 2. Petrus 3,9 („Denn [Gott] möchte nicht, dass auch nur ein Mensch verloren geht, sondern dass alle Buße tun und zu ihm umkehren").

„Nur eine Minderheit innerhalb der Kirche vertritt den christlichen Universalismus, aber es handelt sich dabei keineswegs um eine neumodische liberale Theologie", schrieb der Universalist Robin Parry. „Ihre Wurzeln reichen weit in die Vergangenheit zurück bis in die Zeit der frühen Kirche. Damals galt der Universalismus neben der Auslöschungslehre und der der ewigen Qualen als eine weitere, biblisch begründbare christliche Meinung."[54]

Der bekannteste frühe Verfechter des Universalismus war Origenes (ca. 185–254), dessen Ansichten durch das fünfte ökumenische Konzil 553 für häretisch erklärt wurden.[55] „Über 1600 Jahre vertrat kaum ein bedeutender Theologe die Meinung, dass alle Menschen gerettet werden würden", schrieben Francis Chan und Preston Sprinkle in dem Buch *Hölle light*. „Das begann sich im 19. Jahrhundert zu ändern, als eine Reihe von Intellektuellen Origines' Auffassung wieder hervorkramten und zur Debatte stellten."[56]

In den vergangenen Jahrzehnten hat das Interesse an der Allversöhnungslehre wieder zugenommen, in der akademischen Welt durch die Schriften des Schweizer Theologen Karl Barth und in der breiteren Öffentlichkeit durch den äußerst populären Pastor und Autor Rob Bell, der es bis in die *Oprah Winfrey Show* geschafft hat.

Die Macht, Nein zu Gott zu sagen

Copans Reaktion auf den Universalismus war sehr entschieden: „Ich glaube, dass es sich bei der Allversöhnung um eine gefährliche Irrlehre handelt", sagte er unverblümt. „Mit Sicherheit findet man davon keine Spur im Alten Testament, wo es schon in Psalm 1,6 heißt: ‚Über die Wege der Gottesfürchtigen wacht der Herr, die Wege der Gottlosen aber führen ins Verderben.'"

„Kann jemand gleichzeitig Christ und Universalist sein?", fragte ich.

„Universalisten können durchaus gute Christen sein. Der schottische Pastor und Autor George MacDonald, der im 19. Jahrhundert lebte, war ein Universalist, der einen großen Einfluss auf C. S. Lewis hatte. Lewis betonte anerkennend, dass MacDonald ‚dem Geist von Christus selbst ... beständig nahe' war.[57] Dennoch fällt der Universalismus aus dem Rahmen der christlichen Mainstream-Traditionen, auch wenn er in der Kirchengeschichte dann und wann einzelne Befürworter hatte."

„In emotionaler Hinsicht hat die Vorstellung, dass am Ende alle gerettet werden, auf jeden Fall etwas sehr Tröstliches", meinte ich.

„Ja, wer möchte das nicht?! Selbst Gott möchte das!", bestätigte Copan und seine Augen weiteten sich. „Darauf wird zum Beispiel in 1. Timotheus 2,4 und 2. Petrus 3,9 hingewiesen: Gott möchte, dass alle Menschen gerettet werden und die Wahrheit erkennen. Aber Jesus ist der *potenzielle* Retter aller Menschen und nicht der *tatsächliche* Retter aller Menschen.[58] Mit anderen Worten: Errettung ist *ihrer Absicht nach* universal – sie ist Gottes erklärter Wille –, *tatsächlich* jedoch wird sie nicht universal angenommen – das ist Gottes permissiver (zugelassener) Wille."

Mir brummte der Kopf. „Können Sie das ein bisschen genauer erklären?", fragte ich.

„Eigentlich ist es ganz einfach", erwiderte er. „Die Erlösung wird allen Menschen angeboten, aber nicht alle nehmen sie in Anspruch."[59]

Er hielt kurz inne und fuhr dann fort: „Die Bibel weist wiederholt darauf hin, dass es immer Menschen geben wird, die vollumfänglich und endgültig *Nein* zu Gott sagen. Begrenzte moralische Wesen – seien es Engel oder Menschen – haben die Fähigkeit, sich gegen Gottes moralische Ordnung zu entscheiden. Nur Gott ist intrinsisch gut; er kann nichts Falsches tun. Das trifft jedoch nicht auf Geschöpfe wie uns zu, die nicht von Natur aus moralisch handeln. Sie haben die Möglichkeit, sich nicht für das absolute, höchste Gut zu entscheiden, sondern stattdessen geringere, begrenzte Güter zu wählen. Sie können etwas, das an sich gut ist, zu ihrem Ersatzgott machen und so zu Götzendienern werden."

Ich unterbrach ihn, um einen Einwand vorzubringen: „In Kolosser 1,16 steht, dass Jesus derjenige war, durch den Gott ‚alles' erschaffen hat. Vier Verse später wird gesagt, dass Gott durch ihn ‚alles' mit sich selbst versöhnt hat. Klingt das nicht verdächtig nach Allversöhnung?"

„Man muss weiterlesen, um das ganze Bild zu sehen", antwortete Copan. „Paulus schreibt nämlich etwas später: ‚Durch seinen Tod am Kreuz ... hat er euch mit sich selbst versöhnt ... *Ihr müsst allerdings* an dieser Wahrheit festhalten und euren Glauben bewahren.'[60] Hier liegt also eine Bedingung vor. Im 5. Kapitel des Römerbriefes finden wir eine ähnliche Parallele. In Vers 18 heißt es dort: ‚... die Sünde Adams brachte Verdammnis über alle Menschen, aber die Tat von Christus ... macht alle Menschen in Gottes Augen gerecht ...' Und im 1. Korintherbrief schreibt Paulus: ‚... da ja durch einen Menschen der Tod kam, so auch durch einen Menschen die Auferstehung der Toten. Denn wie in Adam alle sterben, so werden auch in Christus alle lebendig gemacht werden.'[61] So wie in Adam ‚alle' gesündigt haben, sind in Christus ‚alle' mit Gott versöhnt. *Aber*", fuhr Copan fort und sah mich eindringlich an, „wir haben es hier nicht mit identischen Gruppen zu tun. ‚In Adam' zu sein bedeutet, Teil der alten, gefallenen Menschheit zu sein und der Verdammnis entgegenzusehen. ‚In Christus' zu sein bedeutet hingegen, dem zu vertrauen, was Jesus für uns getan hat, und damit Teil der neuen, erlösten Menschheit zu sein, die Gottes Erlösungsangebot angenommen hat."

Ich nickte. „Mit anderen Worten: Man gehört entweder zu der einen oder zu der anderen Gruppe."

„Richtig. Und man kann diese Texte nicht losgelöst von dem betrachten, was Paulus an anderer Stelle sagt – dass einige ‚für immer vom Herrn und seiner herrlichen Macht getrennt sein' werden[62] oder dass diejenigen, die ein falsches Evangelium predigen, ‚in Ewigkeit verflucht' sein sollen."[63]

„Es gibt aber doch noch mehr Bibelstellen, in denen steht, dass Jesus gekommen ist, um ‚alle' zu befreien, zum Beispiel 1. Timotheus 2,6. Dort heißt es, dass Jesus sein Leben gab, ‚um alle Menschen freizukaufen'."

„Aber was ist mit ‚alle' genau gemeint? Sehen wir uns zum Vergleich einmal einen kurzen Bericht aus dem 14. Kapitel des Matthäusevangeliums an. Dort steht in Vers 35, die Leute brachten ‚alle ihre Kranken zu [Jesus], damit er sie heilte'. Und zwei Sätze weiter heißt es dann: ‚Und alle, die ihn berührten, wurden gesund.' Das bedeutet für mich: Prinzipiell hatten alle Kranken, die zu ihm gebracht wurden, die Möglichkeit, geheilt zu werden. Aber nur diejenigen, die ihre Hand ausstreckten und ihn berührten, wurden tatsächlich gesund."[64]

Ich nickte zustimmend und er fuhr fort: „Wenn man dies auf die Sache mit der Erlösung überträgt, bedeutet das also: Jesus hat für die Schuld der gesamten Welt bezahlt und bietet allen

Sündern seine Gnade an. Aber wir müssen nun unsererseits die Hand ausstrecken und sein Angebot annehmen, um tatsächlich errettet zu werden. Nicht jeder wird das tun – und Gott wird auch niemanden dazu zwingen."

Ich hatte einen weiteren Einwand.

„Jesus sagt bei einer Gelegenheit, dass er gekommen ist, um ‚zu suchen und zu retten, was verloren ist'.[65] Wenn sich nun einige nicht retten lassen, bedeutet das dann, dass seine Mission gescheitert ist?"

Copan schüttelte den Kopf. „Nein, er betrachtete seine Mission nicht deshalb als gescheitert, weil nicht alle bereit waren, den schmalen Weg einzuschlagen. Jesus wusste, dass die elf Jünger, die der Vater ihm anvertraut hatte, bewahrt werden würden, auch wenn der ‚Sohn des Verderbens' – Judas – letztlich verloren gehen würde.[66] Am Kreuz hat Jesus seine Mission vollendet – das wusste er genau, darum sagte er auch: ‚Es ist vollbracht!'[67] In Jesaja 53 steht, dass Gottes ‚gerechter Diener für viele Gerechtigkeit erwirken' wird[68] – auch wenn nicht alle ihr Vertrauen auf den Messias setzen. Jesus hat sich mit uns im Leben und im Tod identifiziert, um all diejenigen zu erretten, die sich für den schmalen Weg entscheiden."

Copan nahm einen Schluck Wasser und fuhr dann fort: „Denken wir an das Gleichnis vom verlorenen Sohn. Am Ende stellt Jesus seinen Zuhörern die herausfordernde Frage: Werden wir hineingehen und mit dem reuigen Sünder feiern, oder werden wir wie der selbstgerechte ältere Bruder draußen bleiben? Gott sagt die Feier nicht ab, nur weil einige nicht hineingehen wollen. Warum sollte Gott sich von den Neinsagern davon abhalten lassen, mit denen zu feiern, die dabei sein wollen? Es liegt an uns Menschen, ob wir Gottes Gnadenangebot annehmen oder nicht. Jesus geht selbst davon aus, dass einige seine Einladung annehmen werden und andere nicht. Das Gleichnis vom vierfachen Ackerfeld im 13. Kapitel des Matthäusevangeliums zeigt das sehr deutlich."

Die Freiheit, Nein zu sagen

Ich blätterte einige Notizen durch und fand schließlich das Zitat, nach dem ich suchte. „Der Bibelkommentator William Barclay hat einmal gesagt: ‚Wenn ein Mensch am Ende der Zeit außerhalb der Liebe Gottes bleibt, heißt das, dass dieser Mensch die Liebe Gottes besiegt hat – und das ist unmöglich.'"[69]

Ich hatte kaum den Satz beendet, als Copan mich unterbrach. „Aber wir können die vielen Bibelstellen nicht ignorieren, die darauf hinweisen, dass manche ihren eigenen Weg gehen und dass Gott ihnen letztlich wie gewünscht die Scheidungsurkunde ausstellt, obwohl er alles gegeben hat – sogar sein Leben –, um ihre Liebe zu gewinnen. Gott zwingt den Menschen seine Liebe nicht auf. Judas 21 ermahnt uns: ‚Bleibt in der Liebe Gottes!' Das zeigt doch, dass wir uns Gottes liebendem Einfluss entziehen können. Wenn Gottes ‚absolute Souveränität' beinhaltet, dass am Ende alle gerettet werden: Wie soll das vonstattengehen, wenn es am Menschen selbst liegt, ob er Gottes Gnade annimmt oder ablehnt? Selbst die Liebe Gottes kann zurückgewiesen werden.

Wir lesen in der Bibel immer wieder, dass Gott alles tut, um die Menschen zu erreichen, und stets aufs Neue von ihnen zurückgewiesen wird. Das rebellische Verhalten seines Volkes scheint Gott geradezu zur Verzweiflung zu treiben. Im Gleichnis vom Weinberg in Jesaja 5, wo davon die Rede ist, dass Israel schlechte Frucht hervorbringt, fragt Gott zum Beispiel: ‚Was hätte ich für meinen Weinberg' – damit ist Israel gemeint – ‚noch mehr tun können, das ich nicht getan habe?'

In Matthäus 23 wird davon berichtet, dass Jesus über Jerusalem weint, weil er dessen Bewohner um sich sammeln wollte, wie eine Henne ihre Küken unter ihre Flügel nimmt, aber die Menschen waren nicht dazu bereit. In Apostelgeschichte 7,51 wirft Stephanus seinen unnachgiebigen Verfolgern, die im Begriff sind, ihn zu steinigen, vor: ‚Könnt ihr nicht endlich aufhören, euch dem Heiligen Geist zu widersetzen?' So ist das eben bei dickköpfigen Rebellen: Je mehr Gnade und Liebe ihnen Gott entgegenbringt, desto entschlossener laufen sie vor ihm davon. Sie wollen auf eigene Faust ihr Glück finden."

Mit diesen Worten kramte Copan ein Zitat von C. S. Lewis hervor: „Ich würde alles darum geben, mit Überzeugung sagen zu können: ‚Alle Menschen werden gerettet.' Aber meine Vernunft stellt die Gegenfrage: ‚Mit ihrem Willen oder ohne ihn?' Wenn ich sage: ‚Ohne ihren Willen', bemerke ich sofort den Widerspruch: Wie kann der höchste Akt des Willens, die Selbsthingabe, unwillentlich sein?' Sage ich: ‚Mit ihrem Willen' – so entgegnet meine Vernunft: ‚Und wenn sie *nicht* wollen – was dann?'"[70]

Es scheint", fuhr Copan fort, „dass einige Universalisten, die auf dem freien Willen der Menschen beharren und nicht mit dem Calvinismus sympathisieren, immer noch von einer Art ‚unwiderstehlicher Gnade' ausgehen."

„Aber steht in Philipper 2,10–11 nicht", meinte ich, „‚Vor Jesus müssen einmal alle auf die Knie fallen ... Und jeder ohne Ausnahme wird ... bekennen: Jesus Christus ist der Herr!' (Hoffnung für alle). Bedeutet das denn nicht, dass am Ende alle an Gott und sein Handeln glauben werden?"

„Aber werden sie sich wirklich *freiwillig* beugen?", fragte Copan. „Paulus zitiert hier Jesaja 45, Vers 23, und er ist sich bewusst, dass nicht alle, die sich vor Gott beugen, dies demütig und voller Reue tun. Gottes besiegte Feinde werden sich beschämt vor ihm beugen und widerwillig anerkennen, dass er der Herr ist.[71] Nur ein paar Kapitel weiter – in Jesaja 49,23 – wird darauf hingewiesen, dass manche sich tief vor Gott verneigen und ihm den Staub von den Füßen lecken werden. Der Gehorsam seiner Feinde wird wahrscheinlich geheuchelt sein. In Psalm 81,16 (Neue Genfer Übersetzung) steht: ‚Alle, die den Herrn hassen, müssten ihm Ergebenheit zeigen, und ihre Strafe würde ewig dauern.‘"

Rettung nach dem Tod?

Logisch betrachtet würde die Allversöhnung nur „funktionieren", wenn Gott den Menschen ermöglichen würde, *nach* ihrem Tod noch zu ihm umzukehren. Ich erwähnte Copan gegenüber, dass manche christliche Denker wie zum Beispiel Martin Luther dies für möglich hielten.

Luther schrieb 1522 in einem Brief sinngemäß: Eine andere Frage wäre, ob Gott einigen in ihrer Todesstunde oder nach ihrem Tod noch den Glauben schenken und sie dadurch erretten könnte. Wer wollte bezweifeln, dass er das tun könnte – aber ob er es wirklich tut, lässt sich nicht beweisen.[72]

Ich fragte Copan, wie er diese Aussage einordnete.

„Ja, in diesem Zitat hat Martin Luther – der *kein* Universalist war – zumindest theoretisch die Möglichkeit einer *postmortalen Gelegenheit*[73] eingeräumt. Damit ist gemeint, dass manche Menschen, die zu Lebzeiten das Evangelium nicht gehört haben, dennoch gerettet werden können. Seiner Auffassung nach wäre es vorstellbar, dass diese nach ihrem Tod die Botschaft von Jesus Christus noch hören und begreifen können und so durch den Glauben an ihn gerettet werden. Interessanterweise bezeichnet

Luther an anderer Stelle den römischen Staatsmann Cicero als ‚den besten Philosophen' und einen ‚wertvollen Mann' und fügt hinzu: ‚Ich hoffe, dass Gott Menschen wie Cicero ihre Sünden vergeben möge.'[74] Auch heutzutage halten manche Theologen es für denkbar, dass Gott bestimmten Menschen nach ihrem Tod noch die Möglichkeit gibt, die Gute Nachricht klar und eindeutig zu hören und sich auf dieser Grundlage für oder gegen Jesus zu entscheiden."

„Wer wären denn diese ‚bestimmten Menschen'?", unterbrach ich ihn.

„Diejenigen, die vor Jesus gelebt und nie etwas von Gott gehört haben, diejenigen, denen nie das Evangelium verkündet wurde, Kinder, die sterben, bevor sie Jesus kennenlernen konnten, Menschen mit geistigen Beeinträchtigungen und die Pseudoevangelisierten."

Dieser Begriff war mir neu. „Was bedeutet denn ‚pseudoevangelisiert'?"

„Ich habe diesen Ausdruck nicht geprägt – aber damit sind diejenigen gemeint, die aufgrund von Fehldarstellungen oder Negativbeispielen ein falsches Bild vom christlichen Glauben haben."

„Können Sie ein paar Beispiele nennen?"

„Zum Beispiel könnte es sein, dass Juden, die von sogenannten ‚Christen' verfolgt und als ‚Christusmörder' bezeichnet wurden, das Evangelium mit Antisemitismus in Verbindung bringen. Der Philosoph Jerry Walls teilt an diesem Punkt meine Meinung: Gott könnte Menschen, denen das Evangelium noch nicht oder nicht auf korrekte Weise vermittelt wurde, die Möglichkeit geben, nach ihrem Tod darauf zu antworten, nachdem es ihnen korrekt vermittelt worden ist."[75]

Ich brauchte präzisere Informationen und bohrte nach: „Wie weit dehnt Gott denn dieses Angebot aus?"

„Die Vertreter dieser Position sind der Auffassung, dass diejenigen, die zeitlebens bewusst die klare Botschaft des Evangeliums abgelehnt haben, nach ihrem Tod keine weitere Chance erhalten. Das Angebot gilt ausschließlich für Menschen, die das Evangelium überhaupt nicht gehört haben, denen es nicht richtig erklärt wurde oder die es aus irgendeinem Grund nicht begreifen konnten. Aber auch für diejenigen, die nach ihrem Tod diese Chance bekommen, ist das Angebot nicht unbegrenzt verfügbar. Diese Menschen treffen ihre Wahl und müssen danach für immer mit den Konsequenzen leben."

Copan erinnerte mich daran, dass der angesehene reformierte Theologe J. Oliver Buswell jr., ehemaliger Präsident des *Wheaton College*, gesagt hatte, dass diejenigen, die in ihrer Kindheit sterben, fähig seien, das Angebot von Jesus anzunehmen, weil ihre Intelligenz durch das Wirken des Heiligen Geistes wachse.[76] Copan ist überzeugt, dass Theologen, die an eine postmortale Gelegenheit glauben, sogar noch einen Schritt weitergehen könnten als Buswell. „Sie könnten argumentieren, es sei theologisch durchaus vorstellbar, dass die Intelligenz dieser Kinder *unmittelbar nach* ihrem Tod zunehmen könnte. Eine solche postmortale Möglichkeit in Betracht zu ziehen, würde auch keine Bedrohung der traditionellen christlichen Lehrmeinung darstellen."

Hat Luthers Sichtweise ihre Berechtigung?

Ich war mir nicht sicher, was ich davon halten sollte. „Das klingt ausgesprochen spekulativ", wandte ich ein.

„Ja." Copan nickte. „In gewisser Hinsicht haben Sie recht. Wir finden in der Bibel keine konkreten Aussagen zu der Frage, ob eine Errettung auch nach dem Tod noch möglich ist. Man kann nur indirekt darauf schließen, dass diese Option bestehen könnte. Aber man sollte sich in dieser Frage nicht auf reine Spekulation verlassen."

„Das sehe ich genauso", stimmte ich zu.

„Aber", fuhr er fort, „auch wenn es keine Bibelstelle gibt, die die Möglichkeit einer Umkehr nach dem Tod ausdrücklich einräumt, gibt es – zumindest, soweit ich weiß – auch keine Textstellen, die das eindeutig ausschließen. Wir sollten daher auch andere theologische Wahrheiten berücksichtigen: Gott liebt diese Welt und alle, die auf ihr leben[77], er hat dafür gesorgt, dass die ganze Welt gerettet werden kann[78], er will, dass alle errettet werden[79], und er fordert alle Menschen dazu auf, zu ihm umzukehren."[80]

Mir fiel ein Bibelvers ein, der der Möglichkeit einer postmortalen Errettung zu widersprechen schien. „Was ist mit Hebräer 9,27?", fragte ich Copan. „Da steht doch, dass es jedem Menschen bestimmt ist, einmal zu sterben, und dass danach das Gericht folgt?"

Copan antwortete mit einer Gegenfrage: „Aber folgt dieses Gericht wirklich *unmittelbar* auf den physischen Tod? Das erfahren wir nicht. Der nächste Vers deutet an, dass damit nur eine grundsätzliche zeitliche Abfolge gemeint ist. Dort steht, dass Jesus einmal als Opfer für unsere Sünden gestorben ist und dass er wiederkommen wird, um allen, die ihn erwarten, Rettung zu bringen. Zwischen diesen beiden Ereignissen müssen mindestens zweitausend Jahre liegen, denn bisher ist seine Rückkehr ja noch nicht erfolgt. Vielleicht sollten wir in diesem Punkt von Luther lernen und die Dinge, die uns nicht ausdrücklich offenbart worden sind, vertrauensvoll in Gottes Händen lassen?"

Ich fragte Copan nach den Folgen, die sich aus dieser Sichtweise ergaben. „Wie wirkt sich das auf den Missionsbefehl aus?

Warum sollen wir dann anderen von Jesus Christus erzählen, wenn diejenigen, die positiv darauf reagieren, das ebenso gut auch nach ihrem Tod noch tun können?"

„Luther würde wohl antworten, dass wir das Evangelium einfach deshalb weiterzusagen haben, weil Jesus uns diesen Auftrag gegeben hat. Punkt. Als Petrus einmal nach dem Schicksal des Jüngers fragte, ‚den Jesus liebte', hat Jesus geantwortet: ‚Was geht das dich an? Folge du mir nach.'[81] Ich könnte mir vorstellen, dass Jesus auf unsere Frage genau in diesem Sinne antworten würde: ‚Was geht das dich an? Predige du das Evangelium.' Wir wissen ja auch, dass Gott manchmal unkonventionelle Methoden verwendet, um Menschen zu erreichen – zum Beispiel dadurch, dass Jesus Muslimen im Traum erschienen ist und sie in seine Nachfolge gerufen hat.[82] Das hindert uns jedoch nicht daran, ‚zu allen Völkern' zu gehen und ihnen dabei zu helfen, Jünger zu werden."

„Sprechen noch weitere Gründe dafür, sich Luthers Sichtweise anzuschließen und die Möglichkeit einer postmortalen Errettung offen zu lassen?", fragte ich.

„Manche Kritiker behaupten, dass Gott nicht eindeutig genug sei. Sie argumentieren zum Beispiel, er halte sich zu verborgen oder das Evangelium werde nicht klar genug präsentiert. Solchen Menschen würden Theologen wie Luther antworten, dass Gott den Menschen durchaus eine umfassende Möglichkeit geben kann, ihm zu begegnen und das Evangelium wirklich zu verstehen – selbst wenn dies erst nach ihrem Tod geschieht.

Es gibt schließlich, wie Luther betonte, keinen Grund zu der Annahme, dass die klare Vermittlung der Liebe Gottes nur in diesem Leben erfolgen kann. Im Fall von Menschen mit geistigen Beeinträchtigungen oder solchen, die schon im Kleinkindalter sterben, ist das nicht möglich. Wenn Gott alle Menschen ohne Ausnahme dazu auffordert, zu ihm umzukehren[83], wird er dann nicht auch jedem eine faire Chance geben, dieser Aufforderung nachzukommen – trotz dessen mangelnden Fähigkeiten, seiner Unwissenheit oder des falschen Bildes, das ihm vom Evangelium vermittelt wurde?"

Opium für die Theologen

Die Vorstellung einer Errettung nach dem Tod war faszinierend, und es war sicher der Mühe wert, sich näher damit zu beschäftigen. Dennoch erschien mir vieles daran nach wie vor sehr spekulativ. Die Allversöhnungslehre steht und fällt jedoch mit der Möglichkeit, dass Menschen auch nach ihrem Tod noch zu Jesus umkehren können. Wenn es nicht auf breiter Ebene möglich ist, nach dem Tod noch errettet zu werden, ist dem Universalismus die Grundlage entzogen.

Aber selbst *wenn* Menschen nach ihrem Tod noch gerettet werden können, hieße das nicht automatisch, dass die Allversöhnungslehre korrekt ist. Vielleicht haben ja Theologen recht, die postmortale Entscheidungen für Gott prinzipiell für möglich halten: Dann bekommen nur bestimmte Menschen nach ihrem Tod noch die Möglichkeit, Gottes Einladung anzunehmen – nämlich solche, die in diesem Leben keine faire Chance dazu hatten –, und eben nicht jeder Mensch, der im Laufe der Weltgeschichte jemals gelebt hat.

Copan war schon sehr ausführlich auf die Schwächen der Allversöhnungslehre eingegangen. Dennoch bat ich ihn: „Falls es noch weitere Gründe gibt, warum diese Lehre nicht biblisch ist – würden Sie sie mir nennen?"

Er entgegnete: „Sowohl im Alten als auch im Neuen Testament finden wir keine Spur von Universalismus. Stattdessen wird in den Psalmen und den Sprüchen immer wieder ein Unterschied zwischen den Gerechten und den Ungerechten gemacht. Auch in Daniel 12,2 heißt es, dass ‚die einen zum ewigen Leben' auferweckt werden und ‚die anderen zu ewiger Schmach und Schande'. Im Neuen Testament ist vom Gericht über die Schafe und Böcke die Rede[84], und in Johannes 3,16 wird unterschieden zwischen denen, die ‚ewiges Leben' haben, und denen, die ‚verloren' gehen.

In Offenbarung 13,8 wird erwähnt, dass im ‚Buch des Lebens' eine begrenzte, nicht weiter wachsende Zahl von Namen steht – und später lesen wir, dass Menschen, die nicht in dieses Buch eingetragen sind, in den Feuersee geworfen werden.[85] In Römer 9,3 schreibt Paulus, er wäre bereit, verflucht und von Christus getrennt zu sein, wenn er dadurch seine jüdischen Brüder und Schwestern retten könnte. Matthäus 12,31–32 ist von der Sünde die Rede, die nicht vergeben werden kann – weder in diesem noch im zukünftigen Leben. Als Jesus gefragt wurde, ob nur wenige gerettet werden würden, antwortete er: ‚Die Tür zum Himmel ist eng. Bemüht euch hineinzukommen, denn viele werden es versuchen, doch wenn der Hausherr die Tür verschlossen hat, wird es zu spät sein.'[86] Keine dieser Aussagen lässt sich mit der Allversöhnungslehre vereinbaren."

Im Rahmen eines 2019 erschienenen Zeitschriftenartikels führte Copan ein Interview mit Michael McClymond, Professor für moderne christliche Theologie an der *St. Louis University*. Er sprach mit ihm über dessen herausragende historische und theologische Analyse des Universalismus, ein 1 325 Seiten umfassendes zweibändiges Werk mit 3 500 Fußnoten und dem Titel *The Devil's Redemption*.[87] McClymond hatte es unter anderem als Antwort auf Rob Bells Veröffentlichungen verfasst, der dieser ehemals als häretisch eingestuften Lehre zu neuer Popularität verholfen hatte.

„Die Allversöhnungslehre ist nicht nur ein theologischer Irrtum", sagte McClymond, „sie ist auch ein Symptom tiefliegenderer Probleme. Wir leben in einer Kultur des moralistisch-therapeutischen Deismus* und der Universalismus passt wunderbar in dieses Zeitalter. Die Allversöhnung ist das Opium der Theologen. Sie ist eine reine Wunschvorstellung, die widerspiegelt, wie wir die Welt gern hätten. Manche denken, eine liebevollere Kirche mit weniger strengen Wertvorstellungen hätte eine bessere Ausgangsposition, um neue Anhänger zu gewinnen. Aber vor zweitausend Jahren ist die vollkomme Liebe auf unserer Erde erschienen – und wurde ans Kreuz genagelt."[88]

Was bleibt uns nun unterm Strich nach all diesen Überlegungen?

Wohl die Erkenntnis, dass die traditionelle Sicht der Hölle nicht so abwegig ist, wie viele behaupten. Dieses Wissen sollte uns aufrütteln und uns motivieren, so vielen Menschen wie möglich zu erzählen, dass uns wirklich Gericht und Hölle erwarten, dass Gott jedoch auch einen Ausweg für uns alle eröffnet hat: das Geschenk des ewigen Lebens, das er jedem anbietet, der zu ihm umkehrt, ihm vertraut und ihm nachfolgt.

Francis Chan sagt, dass der Tod seiner Großmutter der traurigste Tag seines Lebens gewesen sei. „Als die Kurve auf dem EKG zu einer Nulllinie abflachte, war ich völlig außer mir", berichtet er in seinem Buch. „Nach dem zu urteilen, was ich aus der Bibel wusste, hatte sie nun ein Leben niemals endender Qualen vor sich. Ich glaubte, ich müsste schier verrückt werden. Nie habe ich heftiger geweint und nie möchte ich mich noch einmal so fühlen wie damals. Ich habe versucht, nicht mehr daran zu

---

* Im „moralistisch-therapeutischen Deismus" wird Gott als kosmischer Therapeut und himmlischer Butler betrachtet, der bereitsteht, um uns bei Bedarf zu helfen. Er existiert, ist aber nicht wirklich Teil unseres Lebens.

denken. Das ist nun über zwanzig Jahre her ... Und ich würde am liebsten all die Seiten in der Bibel, auf denen von der Hölle die Rede ist, herausreißen."[89]

Aber natürlich kann man die Seiten der Bibel, die einem nicht behagen, nicht einfach herausreißen; man kann sie nicht ignorieren. Wir können die Hölle nicht mit therapeutischer Exegese zudecken oder ihre Existenz wegphilosophieren. Darum sollten wir uns mit Furcht und Zittern, Tränen und Mut und Hoffnung mit ihr beschäftigen – und dann einmal mehr beschließen, so viele Menschen mit uns in den Himmel zu nehmen, wie wir nur können. Oder – noch besser – den Himmel in das Leben so vieler Menschen wie möglich hineinzutragen. Denn der Himmel bricht schon jetzt an! Chan schrieb, wenn ein Freund ihm die Frage stelle, vor der wir alle Angst haben – „Glaubst du, dass ich in die Hölle komme?" –, würde er ihm liebend gern in die Augen blicken und entgegnen können: „Nein! Die Hölle gibt es überhaupt nicht!"[90]

Aber diese Option hat er nicht – und wir haben sie auch nicht. Wenigstens nicht, wenn wir uns gewissenhaft an die traditionelle Bibelauslegung halten, wie unbequem und bedrückend das auch manchmal sein mag. Ja, es gibt vieles, was wir nicht verstehen, und Gott kann die Herzen der Menschen auf unkonventionelle Weise berühren. Aber theologische Spekulationen können die Realität der Hölle nicht wegwischen. Glücklicherweise ist die Hölle, obwohl sie eine bittere Wahrheit ist, nicht *die* Wahrheit der Bibel. Ich bin dankbar, dass Jesus *die* Wahrheit ist[91] und dass er die Tür zum Himmel für uns aufschließen kann. Schon heute!

Kapitel 9

Die Reinkarnations-Sensation[1]

Und wenn das Leben
ein ewiger Kreislauf wäre?

Auch wenn nicht die Zahl seiner Anhänger darüber entscheidet, ob ein Glaube wahr ist, ist es doch erstaunlich, wie viele Menschen in unserer westlichen Gesellschaft dem Reinkarnationsgedanken anhängen.
Gary Habermas: *Immortality: The Other Side of Death*

In meiner Jugend stürzte die erstaunliche Geschichte von Bridey Murphy ganz Amerika in eine Art Hypnosewahn und löste landesweit eine Faszination für die Reinkarnationslehre aus.[2]

Himmel und Hölle hatten ausgedient. Der Fall Bridey Murphy und andere dieser Art wurden als Beweis dafür angeführt, dass wir Menschen nach dem Tod immer wieder in ein neues Leben hineingeboren werden. Tatsächlich wird diese gänzlich andere Sicht des Lebens nach dem Tod von schätzungsweise 1,4 Milliarden Menschen auf dieser Erde geteilt.[3] Aber entspricht die Lehre von der Reinkarnation auch der Wahrheit?

Der Hype um Bridey Murphy entstand in den 1950er-Jahren, nachdem die 29-jährige Chicagoer Hausfrau Virginia Tighe mehrfach von dem Hypnotiseur Morey Bernstein in Trance versetzt worden war, einem Verfechter der Reinkarnationslehre.

In hypnotisiertem Zustand erstaunte Virginia ihre Zuhörer mit ihrer Behauptung, sie sei Bridey Murphy, die 1798 als Tochter von Duncan und Kathleen Murphy in der irischen Stadt Cork geboren wurde. Sie sprach mit einem leichten irischen Akzent und beschrieb, wie sie aufgewachsen war und schließlich im Alter von 20 Jahren Sean Brian Joseph MacCarthy geheiratet hatte. Er wurde 1847 als Barrister* zugelassen und hatte einen Lehrstuhl an der *Queens University* in Belfast. Die beiden hatten keine Kinder. Mit Anfang 60 stürzte Bridey schwer und erlitt mehrere Knochenbrüche. Sie „welkte dahin" und starb mit 66 Jahren.[4]

„Bernstein fand ebenso wie die anderen, die bei den Hypnosesitzungen anwesend waren, einige Aspekte von Brideys Antworten sehr schlüssig", schreibt Paul Edwards in seinem Buch *Reincarnation*. „Ihr irischer Akzent wirkte vollkommen echt. Sie verwendete ständig seltsame irische Wörter und schien eine Fülle von Informationen über das Irland des 19. Jahrhunderts zu besitzen."[5]

Während einer Sitzung tanzte sie sogar einen irischen Jig. „Der Vorfall war in doppelter Hinsicht beeindruckend, weil Virginia bekanntermaßen eine schlechte Tänzerin war", schrieb Edwards. „Sie war auch nicht sehr belesen, und Bernsteins Bericht zufolge gibt es keinen Hinweis darauf, dass sie sich jemals mit der Geschichte und den Sitten Irlands beschäftigt hätte. Als Virginia und ihrem Mann die Aufnahmen später vorgespielt wurden, kamen sie zu der Überzeugung, dass ihre Erinnerungen

---

* Rechtsanwalt bei den englischen Obergerichten

authentisch waren. Keiner von beiden hatte vor den Hypnosesitzungen an Reinkarnation geglaubt, aber nun fanden sie keine andere Erklärung für das Material auf den Tonbändern."[6]

Ihr Fall ging durch die Medien und entwickelte sich zu einer nationalen Sensation. Bernsteins 1956 erschienenes Buch *The Search for Bridey Murphey (Der Fall Bridey Murphey)* stieg auf Platz 1 der *New York Times*-Bestsellerliste. Es wurde in 30 Sprachen übersetzt und mehr als 40 Zeitungen veröffentlichten eine Zusammenfassung. Die *New York Times* nannte es „einen Klassiker der Parapsychologie."[7] Bridey-Murphy-Kostümfeiern, bei denen die Gäste eingeladen waren, „als ihr früheres Selbst zu erscheinen", schossen wie Pilze aus dem Boden. Das *Time-Life*-Buch *Psychic Voyages* bezeichnete Bridey Murphy als den „unbestrittenen Superstar" unter all den Fällen von früheren Leben, die durch Hypnose wiederentdeckt wurden.[8]

„Der Hype um Bridey Murphy erreichte einen tragischen Höhepunkt", berichtete Edwards, „als ein neunzehnjähriger Zeitungsjunge in Shawnee, Oklahoma, sich mit einem Gewehr erschoss und die Nachricht hinterließ: ‚Die Geschichte von Bridey Murphy hat mich neugierig gemacht – darum will ich dieser Sache persönlich nachgehen.'"[9]

Seit der Geschichte um Bridey Murphy ist die Reinkarnationslehre in der Populärkultur mit wachsender Begeisterung aufgenommen worden. Das ist sicher zum Teil auch darauf zurückzuführen, dass namhafte Entertainer voller Überzeugung von vergangenen Leben berichten.

„Ich bin mir sicher, dass ich schon mehrere Leben hinter mir habe, zu anderen Zeiten und an anderen Orten", schrieb die Schauspielerin Shirley MacLaine.[10] Sie behauptete zum Beispiel, sie sei ein Hofnarr gewesen, der von Ludwig XV. geköpft wurde, weil er „unverschämte Witze erzählt" habe.[11] Der Schauspieler Sylvester Stallone berichtete von einem ähnlichen Schicksal in einem vergangenen Leben: Er sagte, er sei während der Französischen Revolution enthauptet worden. Oh, und er fügte hinzu, es könnte gut sein, dass er einmal ein Affe in Guatemala gewesen sei.[12]

Die Countrysängerin Loretta Lynn glaubt, sie sei mindestens sechsmal reinkarniert worden, unter anderem als Häuptlingstochter der Cherokee und als Dienstmädchen eines englischen Königs.[13] Aber die *Golden Globe*-Gewinnerin Anne Francis übertraf alle. Sie erklärte: „Ich war die Mutter von Maria Magdalena!"[14]

Errettung, Verdammnis oder Reinkarnation?

Der Glaube an die Reinkarnationslehre hat weltweit tiefgreifende Auswirkungen. William Alge, ein bekannter Forscher der Vergleichenden Religionswissenschaft, schrieb: „Keine andere Lehre hat einen so gravierenden, kontrollierenden, permanenten Einfluss auf die Menschheit ausgeübt wie die der Metempsychose [oder Reinkarnation] – die Vorstellung, dass die Seele, wenn sie den Körper verlassen hat, wieder in einen neuen Körper hineingeboren wird. Dabei entscheiden die persönlichen Eigenschaften, Taten und Leistungen der vorherigen Leben darüber, welche gesellschaftliche Position man im darauffolgenden Leben einnimmt, welche Charaktereigenschaften man hat, in welchen Lebensumständen man sich wiederfindet und welche Erfahrungen man macht."[15]

Die Wurzeln der Reinkarnationslehre liegen weit in der Vergangenheit. Im 6. Jahrhundert vor Christus glaubte der griechische Philosoph Pythagoras an eine Art Seelenwanderung.[16] Platon beschrieb im 4. Jahrhundert vor Christus die „fortlaufende

Wiedergeburt" der Seele[17] und sagte sinngemäß: Ein Mensch kann nur dann vollkommen werden, wenn er den größtmöglichen Nutzen aus den Dingen zieht, an die er sich aus der Vergangenheit erinnert, und sich fortwährend eifrig bemüht, sich weiterzuentwickeln.[18]

In der Bhagavad Gita („Gesang des Erhabenen"), der hinduistischen Schrift, die vor etwa 2 200 bis 2 400 Jahren verfasst wurde, versichert der Gott Krishna seinem Schüler Arjuna, dass es unnötig sei, über den Tod eines Menschen zu trauern. „Der Tod ist unvermeidlich für die Lebenden; die Geburt ist unvermeidlich für die Toten … Das Selbst aller Wesen, das in ihrem Körper lebt, ist ewig und kann keinen Schaden nehmen. Darum trauere nicht."[19]

Das amerikanische Wörterbuch *Merriam-Webster* bietet die folgende knappe Definition von „Reinkarnation" an: „Wiedergeburt in neuen Körpern oder Lebensformen; *speziell*: die Wiedergeburt einer Seele in einem neuen menschlichen Körper."[20] Die meisten Reinkarnationslehren beziehen auch Tiere mit ein. Das lateinische Wort *reincarnatio* bedeutet wörtlich übersetzt *Wiederfleischwerdung* oder *Wiederverkörperung*.[21]

Ein Autor fasste das Konzept folgendermaßen zusammen: „Beinahe eine Milliarde Hindus betrachten das Leben seit Tausenden von Jahren als Kreislauf. Du wirst geboren. Du lebst. Du stirbst. Und weil niemand vollkommen ist, wird deine Seele wiedergeboren werden, wieder und immer wieder, bis das negative Karma, das wegen deiner schlechten Gedanken, Worte oder Taten auf deiner Seele lastet, getilgt ist."[22] In vielen Reinkarnationslehren ist die letztendliche Bestimmung des Menschen bzw. der Seele auch nicht das Paradies, sondern das Eingehen in das Absolute oder das Nirwana.

Aber solche kurzen Definitionen können nur an der Oberfläche dieses komplexen Themas kratzen. Ein Buch, das ich im

Rahmen meiner Arbeit zurate gezogen habe, stellt nicht weniger als zehn unterschiedliche Modelle der Reinkarnationslehre vor.[23]

Hinduismus, Buddhismus, Jainismus und Sikhismus bieten jeweils eine eigene Variante der Reinkarnationslehre an – von den Abwandlungen der Lehre in den derzeitigen westlichen Glaubensrichtungen und den afrikanischen Stammestraditionen gar nicht zu reden.

Dennoch gibt es zwischen den östlichen und westlichen Anschauungen einige Übereinstimmungen. So schrieb zum Beispiel der Theologe Norman Geisler, sie seien allesamt davon überzeugt, dass die Menschheit dem Zustand der Vollkommenheit entgegenstrebe; dass dieses Ziel auf dem Weg zahlreicher Wiedergeburten erreicht werde; dass die vergangenen Leben sich auf das Leben auswirkten, das man in zukünftigen Inkarnationen haben werde (auch als Gesetz des *Karma* bezeichnet); dass das Selbst während der folgenden Leben erhalten bleibt; dass die Körper, in denen die Reinkarnationen stattfinden, vergänglich sind; und dass es viele unterschiedliche Welten gibt, in denen Reinkarnationen vonstattengehen können.[24]

Einige Verfechter der Reinkarnationslehre behaupten, dass ihre Überzeugungen evidenzbasiert seien. Sie weisen auf Fälle wie den von Bridey Murphy hin, bei denen Menschen sich unter Hypnose an ihr(e) Vorleben erinnern. Diese unter Hypnose auftretenden Rückführungen sind tatsächlich „recht häufig" und können „sehr beeindruckend" sein, so Edwards.[25]

Es gibt auch Fälle, bei denen sich Menschen – meist Jugendliche – spontan an Einzelheiten einer früheren Existenz erinnern. Besonders intensiv wurde dieses Fachgebiet von Ian Stevenson erforscht, einem Professor für Psychiatrie und Direktor des Instituts für Parapsychologie an der *University of Virginia*, der mehr als tausend Beispiele gesammelt hat.[26]

Andere Vertreter der Reinkarnationslehre verweisen auf Wunderkinder und sind der Meinung, dass Kinder, die schon in frühem Alter ein außerordentliches Talent zeigen, ihre außergewöhnlichen Fähigkeiten in einem früheren Leben erworben haben könnten. Wie sonst, so fragen sie, ließe sich erklären, dass Mozart bereits mit fünf Jahren komponierte?

Außerdem gibt es da noch das Phänomen der Déjà-vu-Erfahrung, jenes seltsame Gefühl, dass man früher schon einmal an einem bestimmten Ort war oder etwas Bestimmtes gehört hat. Bei einer Umfrage berichteten drei Viertel der Teilnehmer, dass sie schon einmal etwas Derartiges erlebt hatten.[27] Könnte es sich dabei um eine Erinnerung an ein früheres Leben handeln?

Des Weiteren gibt es Beispiele für *Xenoglossie* („fremde Sprache"). Dabei geht es um Fälle, in denen Menschen eine Fremdsprache lesen oder sprechen können, die sie in ihrem gegenwärtigen Leben nicht erlernt haben. Der lutherische Theologe Hans Schwarz behauptet, wenn Menschen sich in einer ihnen unbekannten Sprache unterhalten können, sei dies ein höchst beeindruckender Hinweis auf ein früheres Leben.[28]

„Jesus lehrte die Reinkarnation"

Aber wenn das Christentum wahr ist, wie der Philosoph Chad Meister in einem der vorherigen Kapitel dargelegt hat, schließt das dann die Möglichkeit der Reinkarnation nicht von vornherein aus? In Hebräer 9,27 steht schließlich, „dass jeder Mensch nur einmal stirbt, worauf das Gericht folgt". Keine weiteren Versuche. Keine Möglichkeit, durch mehrere aufeinanderfolgende Leben Vollkommenheit zu erlangen.

Aber ist das wirklich so? Manche Autoren sind der Meinung, dass Reinkarnation sehr wohl mit den Lehren der Bibel vereinbar und ursprünglich sogar ein Bestandteil der christlichen Doktrin gewesen sei. Eine Umfrage ergab überraschenderweise, dass 24 Prozent der amerikanischen Christen an Reinkarnation glauben.[29]

„Jesus lehrte die Reinkarnation", erklärte Herbert Bruce Puryear, Psychologe und Geistlicher einer religionsübergreifenden Gemeinde in Arizona. „Die Lehren von Jesus und das Konzept der Reinkarnation sind so eng miteinander verwoben wie die Fäden eines einzigen Wandteppichs."[30]

Quincy Howe jr., der an der *Princeton University* promoviert hat, verwies auf Johannes 9,1–3 und behauptete, das Neue Testament würde „die Lehre einer menschlichen Präexistenz unwiderlegbar stützen" und es spreche „alles dafür, dass Jesus und Johannes der Täufer den Reinkarnationsgedanken anerkannten".[31]

Geddes MacGregor, emeritierter Philosophieprofessor an der *University of Southern California*, sagte: „Sie [die Reinkarnationslehre] findet in der Bibel, bei den Glaubensvätern und in der späteren christlichen Literatur breite Unterstützung", und der Reinkarnationsgedanke „bricht sich im Laufe der christlichen Kulturgeschichte immer wieder unerwartet Bahn". Warum sei das nicht besser bekannt? Er vermutet, dass diese Überzeugungen durch „Unwissenheit, Vorurteile, geistliche Unsicherheit und Angst"[32] unterdrückt worden sind. MacGregor betont, dass nicht nur der Begriff „Reinkarnation", sondern auch der Begriff „Dreieinigkeit" nirgendwo in der Bibel ausdrücklich genannt werden und die Bibel dennoch von zahllosen Hinweisen auf Gottes dreieiniges Wesen durchzogen ist. „Es gibt keinen Grund, warum es mit der Reinkarnationslehre nicht ähnlich sein *könnte*", schrieb er.[33]

Was ist von diesen Behauptungen zu halten? Gibt es schlüssige Beweise für die Reinkarnationslehre? Ist es möglich, dass wir nach dem Tod nicht in den Himmel oder in die Hölle kommen, sondern immer wieder von Neuem auf dieser Erde geboren werden? Erscheint die Reinkarnationslehre im Licht der Bibel glaubwürdig? Mit anderen Worten: Kann man Christ sein und trotzdem an Reinkarnation glauben?

Während ich über diese Fragen nachdachte, schoss mir der Name eines Wissenschaftlers durch den Kopf. Ich fuhr meinen Computer hoch und buchte einen Flug nach Denver, um noch einmal den bekannten Philosophen Douglas Groothuis in seinem beengten, mit Büchern übersäten Büro zu besuchen.

Interview Nr. 7: Dr. Douglas Groothuis

Als ich Professor Groothuis vor einigen Jahren kennengelernt hatte, lag seine Frau gerade aufgrund einer seltenen Hirnerkrankung im Sterben. Ich hatte ihn wegen eines Interviews für mein Buch *Wunder: Was ist wirklich dran?* aufgesucht – genauer gesagt wegen eines Kapitels, in dem es darum geht, dass Wunder manchmal ausbleiben, obwohl wir Gott darum gebeten haben.[34] Es entpuppte sich als eines der tiefgründigsten Gespräche, die ich je geführt habe. Groothuis schrieb später das Buch *Walking Through Twilight*, ein Meisterwerk zum Thema „Klage".[35]

Groothuis machte damals eine schwere Zeit durch. Während des Interviews sprach ich ihn darauf an, dass er erschöpft aussah. „Ich *bin* erschöpft", antwortete er. „Es ist jeden Tag ein Kampf."[36]

Diese Lebensphase hat Groothuis für immer gezeichnet, doch glücklicherweise ging das Leben für ihn weiter. Er verliebte sich neu in eine Frau, die er schon seit der Schulzeit kannte, und die beiden heirateten. Er nahm 30 Kilo ab und trennte sich von seinem zotteligen Bart. Obwohl er von Natur aus ein eher melancholischer Mensch ist, fiel mir auf, dass er nun fröhlicher wirkt. Er lächelt – oft. „Ich lerne, wieder glücklich zu sein", sagte er mir.

Ich entschied mich aus zwei Gründen für Groothuis: Erstens, weil er ein hochgeschätzter Philosoph ist. Er hat an der *University of Oregon* promoviert und ist seit vielen Jahren Professor für Philosophie am *Denver Seminary*. Er hat elf Bücher geschrieben, darunter das 752 Seiten umfassende Werk *Christian Apologetics*, einen umfassenden Überblick über die Argumente für den christlichen Glauben.[37]

In seinem Buch *Philosophy in Seven Sentences* erläutert er auf kreative Weise Schlüsselgedanken bedeutender westlicher Denker wie Sokrates, Aristoteles und Kierkegaard.[38] Sein preisgekrönter Titel *Truth Decay* verteidigt das Christentum gegen die Postmoderne[39] und seine wissenschaftlichen Artikel erscheinen in zahlreichen Fachzeitschriften.

Zweitens wandte ich mich an Groothuis, weil er zu den ersten christlichen Philosophen der Gegenwart gehörte, die Kritik an den östlichen Religionen und ihrem Einfluss auf die aufblühende New-Age-Bewegung übten. Sein Buch *Unmasking the New Age* erschien 1986; darauf folgte zwei Jahre später *Confronting the New Age* und nach weiteren zwei Jahren dann *Revealing the New Age Jesus*.[40] Sein Fachwissen auf dem Gebiet so zentraler östlicher Lehren wie der Reinkarnation und dem Karma war ausschlaggebend dafür, dass ich mich schließlich in seinem Büro wiederfand.

Unser Gespräch fand an einem sonnigen Freitagnachmittag statt, einen Tag bevor Groothuis mit seiner Frau Kathleen in ihre Heimat Alaska reiste, wo sie den Sommer verbringen wollten. Ich zog mir einen Stuhl an einen kleinen runden Tisch und stellte ein Aufnahmegerät zwischen uns.

„Ich war von Reinkarnation völlig überzeugt"

Als Erstes wollte ich von Groothuis wissen, was ihn als christlichen Theologen vor über 30 Jahren dazu veranlasst hatte, sich mit östlicher Philosophie und der New-Age-Bewegung zu beschäftigen. Seine Antwort verschlug mir die Sprache.
„Weil ich selbst an Reinkarnation glaubte", erwiderte er.
„Tatsächlich?", fragte ich. „Erzähl mir davon."
„Als Teenager begann ich, mich für östliche Spiritualität zu interessieren, weil ein paar Musiker, die ich bewunderte, stark von östlicher Mystik beeinflusst waren", erklärte er. „Während des Studiums befasste ich mich dann mit Hinduismus und Buddhismus. Ich las Bücher über okkulte und paranormale Phänomene. All das fesselte mich unglaublich. Etwa ein Jahr lang war ich von der Reinkarnationslehre überzeugt."
„Und was passierte dann?"
„Nachdem ich Christ geworden war, wurde mir klar, dass die Lehren von Jesus nicht mit den östlichen Religionen vereinbar sind. Deshalb verbrachte ich einige Jahre damit, mir die Vorstellungen, die mich damals so interessiert hatten, noch einmal vorzunehmen. Nachdem ich sie gründlicher unter die Lupe genommen hatte, kam ich zu dem Ergebnis, dass sie einer genaueren Überprüfung nicht standhalten."
„Kannst du nachvollziehen, warum sich so viele Menschen von diesem Gedankengut angesprochen fühlen?"
„Ja, natürlich", sagte er. „Sie finden die Vorstellung, dass man mehrmals lebt, spannend und faszinierend. Stell dir das nur mal vor: Du hast früher schon einmal gelebt, und wenn dein gegenwärtiges Leben endet, hast du vielleicht noch ein zukünftiges vor dir! Wer weiß, was du da noch alles erlebst! Shirley MacLaine berichtete damals von ihren vergangenen Inkarnationen und von all dem, was sie erlebt hatte. Sie erzählte zum Beispiel,

sie sei vor seinem Untergang Lehrerin in Atlantis gewesen. Sie schmückte ihre Schilderungen mit lebendigen Details aus. Zum Beispiel sagte sie, nach ihrer Enthauptung durch Ludwig XV. sei ihr abgetrennter Kopf mit dem Gesicht nach oben gelandet und aus einem Auge sei eine dicke Träne gerollt.[41] So etwas ist natürlich ganz großes Kino!

Aber das ist natürlich eine Sichtweise von Reinkarnation, die in völligem Widerspruch zur hinduistischen und buddhistischen Lehre steht. Bei der geht es nämlich darum, die fortlaufenden Wiedergeburten zu beenden und einen Zustand der Erleuchtung zu erlangen. Du willst gar nicht wiederkommen. Dein Ziel besteht darin, dem sogenannten ‚Kreislauf des Leidens' zu entkommen."

„Und wie schaffst du das?"

„Durch das Gesetz des Karma – dabei geht es um das moralische Prinzip von Ursache und Wirkung. Es gibt gutes und schlechtes Karma, aber das Ziel besteht darin, durch Erleuchtung das Rad des Karma ganz hinter sich zu lassen."

„Das Prinzip von Karma ist also", fasste ich zusammen, „dass man erntet, was man gesät hat. Klingt fair."

„Na ja, die Amerikaner betrachten Reinkarnation gern als niemals endende Möglichkeit, sich von einem Leben zum nächsten zu verbessern. Dem fügen sie dann die christliche Vorstellung hinzu, dass das Leben lebenswert und abenteuerlich ist. Aber nach der klassischen hinduistischen oder buddhistischen Sichtweise ist das Leben von Krankheit, Verfall, Enttäuschung und Ungerechtigkeit geprägt."

„Manche denken, das Nirwana – das Endziel der Reinkarnationen – sei dasselbe wie der Himmel", merkte ich an.

„Nein, in der Reinkarnationslehre gibt es keinen Himmel. Das Nirwana wird als das beschrieben, was übrig bleibt, wenn man eine Kerze ausbläst – es ist die Auslöschung des Selbst. Es gibt keine Persönlichkeit mehr, kein Individuum, keine Beziehung zu irgendetwas. Wir werden ausgelöscht und haben keinerlei Verlangen mehr.

Im Gegensatz dazu ist der Himmel eine Welt der geheilten Beziehungen und, wie Jonathan Edwards betonte, ein Ort reiner Liebe – wunderschöne Gegenstände, wunderbare Menschen, liebevolle Beziehungen, vollkommene Schönheit, nie endende Kreativität. Wir werden in einer freien Beziehung zu Gott leben, der die Liebe in Person ist, und in einer wiederhergestellten Schöpfung. Liebe setzt Individuen voraus, die liebevollen Anteil aneinander nehmen. In Buddhismus und Hinduismus gibt es nichts Vergleichbares. Das Nirwana ist ... nun ja, eigentlich ist es ewiges Vergessen."

Logisch unhaltbar, irrational und falsch

Ich griff in meine Aktentasche und nahm ein paar Blätter heraus. „Der britische Physiker Raynor Johnson hat eine kühne Behauptung aufgestellt", begann ich und blätterte die Seiten durch, bis ich das betreffende Zitat fand. „Er erklärte unumwunden: ‚Das Konzept der Reinkarnation wirft keine logischen Probleme auf.'"[42] Ich warf meine Unterlagen auf den Tisch. „Das ist eine ziemlich steile Aussage. Hat er recht?"

Groothuis antwortete, ohne einen Moment zu zögern. „Auf keinen Fall", erwiderte er. „Ehrlich gesagt beinhalten die klassischen Reinkarnationsvorstellungen eine ganze Palette von philosophischen Schwächen. Meiner Ansicht nach sind sie logisch völlig unhaltbar."

Ich machte eine auffordernde Geste. „Gib mir doch mal ein paar Beispiele."

„Erstens", sagte er und richtete sich auf, „wenn die Lehren über Karma und Reinkarnation wahr wären, müsste es individuelle Persönlichkeiten geben, die von Leben zu Leben in ihrem einzigartigen Wesen fortbestehen."

„Ja, klar."

„Nun, das stellt aber für Buddhismus und den Advaita-Vedanta-Hinduismus ein Problem dar.[43] Deren Anhänger glauben nicht an die Existenz individueller, persönlicher Wesenheiten. Das Konzept, dass die Persönlichkeit eines Menschen während einer Abfolge irdischer Leben fortbesteht, setzt jedoch das Vorhandensein einer Persönlichkeit voraus. Ohne Seelen gibt es keine Möglichkeit einer Reinkarnation. Also sind diese Religionen in sich selbst nicht schlüssig und daher notwendigerweise falsch."

Er hielt einen Moment inne, um sein Argument wirken zu lassen, bevor er weitersprach. „Auch die Standardlehre, dass wir in der Vergangenheit unendlich oft reinkarniert worden sind, ist problematisch", sagte er. „Es ist unmöglich, eine unendliche Vergangenheit zu durchleben. Der Philosoph William Lane Craig meinte in Bezug auf die Frage nach dem Universum: ,Von einer unendlichen Vergangenheit ins Heute zu gelangen wäre wie ein Sprung aus einer Grube, die keinen Boden besitzt – man würde niemals beim *Jetzt* ankommen. Und doch sind wir hier. Also ist die Vorstellung von einer unendlichen Anzahl von vergangenen Leben in sich nicht schlüssig.'"

Groothuis wandte sich nun dem Karma zu und begann mit der Tatsache, dass Hinduismus und Buddhismus Karma als eine Art naturwissenschaftliches Gesetz betrachten. So schrieb der Hindu G. R. Malkami, langjähriger Direktor des *Indian Institute of Philosophy* und Herausgeber der Zeitschrift *Philosophical Quarterly*[44], Karma sei ein Gesetz von Ursache und Wirkung und bringe „wie jedes andere Naturgesetz automatisch die entsprechenden Resultate hervor". Malkami unterstrich: „Niemand kann dieses

Gesetz überlisten oder hintergehen. Es ist so unerbittlich wie jedes andere Naturgesetz."⁴⁵

„Aber Karma ist etwas völlig anderes als die Schwerkraft, die ein unpersönliches Naturgesetz ist", erklärte Groothuis. „Die Schwerkraft ist ein Bestandteil von Gottes Feinabstimmung des Universums. Sie trifft keine Entscheidungen. Die Schwerkraft wirkt auch dann, wenn niemand da ist, der sie beeinflusst oder auf den sie einwirkt. Aber bei Karma sprechen wir von einem *moralischen* Gesetz – das ist eine völlig andere Kategorie.

Moralische Gesetze basieren auf moralischen Urteilen, und wenn Belohnungen und Strafen ins Spiel kommen, braucht man jemanden, der beurteilt und zuteilt. Wenn die Sache mit dem Karma stimmt, dann handelt es sich um ein unglaublich kompliziertes System, das umgesetzt werden muss. Wie kann so etwas funktionieren, ohne dass ein Geist oder ein intelligentes Wesen dahintersteht?

Manche haben versucht, dieses Problem zu umschiffen. Die britische Theosophin Annie Besant machte die Vorstellung populär, dass es gewisse ‚Herren des Karma' gebe – also Wesen, die das Karma zuteilen. Aber die meisten Reinkarnationslehrer lehnen das ab."

Tatsächlich las ich gerade das Buch *Life after Death*, das der Mystiker und Medienliebling Deepak Chopra geschrieben hat. Er sagt, es bestehe keine Notwendigkeit, das Konzept von „Herren des Karma" einzuführen. Warum auch? „Die spezifischen Zuteilungen [des Karma] werden vom Universum selbst vorgenommen."⁴⁶

„Die Wahrheit ist doch", setzte Groothuis mit einem spöttischen Lächeln hinzu, „wenn man eine Idee wie die von den ‚Herren des Karma' aus dem Boden stampfen muss, um eine Theorie zu retten, dann zeigt das, dass die Theorie auf schwachen Beinen steht. Chopra ignoriert ein offenkundiges Problem.

Und es gibt zudem noch das Problem, dass wir uns nicht an unsere früheren Leben erinnern", fuhr er fort. „Wie gerecht ist es, dass ich für etwas bestraft werde, an das ich mich überhaupt nicht erinnere? Wie kann ich mit jedem Leben ein besserer Mensch werden, wenn ich gar nicht mehr weiß, was ich in der Vergangenheit getan habe? Irgendwie ist da doch der Wurm drin. Und dann stellt die Karma-Lehre noch die Behauptung auf, dass es kein ungerechtes Leid gäbe. Jeder bekommt schließlich, was er oder sie verdient. Das finde ich widersinnig und furchtbar."

„Wieso?"

„Denk mal an die unschuldigen Kinder, die leiden. In meiner Gemeinde gibt es ein Mädchen, das von Geburt an blind und behindert ist. Willst du dich wirklich hinstellen und sagen, die kleine Greta, die alle so gern haben, hat in einem früheren Leben irgendetwas Böses getan, und darum hat sie es verdient, in diesem Leben so zu leiden?

Stell dir vor, ein Geistlicher, der an Reinkarnation glaubt, sagt zu einer trauernden Mutter: ‚Ihr missgebildetes Kind ist zu Recht gestorben, weil es in einem vorherigen Leben etwas Schlechtes getan hat!' Wäre das nicht furchtbar? Paul Edwards kommentiert dies mit den Worten: Wenn er anstelle dieser Mutter wäre und einen Baseballschläger zur Hand hätte, würde er dem Geistlichen diesen über den Schädel ziehen und sagen: ‚Sie leiden zu Recht – nicht wegen einer Sünde aus einem vergangenen Leben, sondern weil Sie sich gerade jetzt wie ein Monster benehmen.'"[47]

Diese Gedanken brachten Groothuis auf einen weiteren Einwand. „Und wenn wir schon dabei sind: Vielleicht sollten wir gar nicht erst versuchen, Menschen zu helfen, die leiden? Warum ihren Schmerz lindern? Warum versuchen, die Armut zu besiegen? Diese Leute bekommen schließlich, was sie verdienen. Es wäre sogar falsch, ihnen zu helfen, da sie doch ihr schlechtes Karma abtragen müssen. Wenn du eingreifst und ihnen hilfst, schadest du ihnen in Wirklichkeit, weil du diesen Prozess durchkreuzt."

Groothuis' Schlussfolgerung war klar. „Meiner Ansicht nach", sagte er, „ist diese Karma-Geschichte unhaltbar und darum irrational und falsch."

Der Geist von Bridey Murphy

Wenn die Reinkarnationslehre nicht schlüssig ist, was ist dann mit den Argumenten, die ihre Anhänger zu ihren Gunsten anführen? Was würde Groothuis zu den Fällen sagen, in denen Menschen sich an Details aus vergangenen Leben erinnern?

Ich wühlte in meiner Aktentasche und suchte nach meiner 1956 erschienenen Erstauflage von *The Search for Bridey Murphy*. Auf dem vergilbten Einband der gebundenen Ausgabe klebte noch das Preisschild von 3,75 Dollar. Ich hatte einem Antiquitätenhändler den zwölffachen Betrag für dieses historische Exemplar der Erstauflage bezahlt.

Auch heute ist die Geschichte von Bridey Murphy noch für viele Menschen ein starkes Argument, an die Reinkarnationslehre zu glauben. 2018 schrieb ein Onlinerezensent: „Ich habe dieses Buch gelesen, als ich fünfzehn war, und es hat die Richtung meines spirituellen Weges bestimmt. Vor Kurzem habe ich es noch einmal gelesen … [und] es hat mich immer noch inspiriert und mein Leben erneut stark beeinflusst." Ein anderer Leser fügte hinzu: „Es fühlt sich heute noch wahr an."[48]

Ich klappte meine Tasche zu. Ich hatte vergessen, die historische Ausgabe des Buches mitzubringen. Aber das war kein Problem – ich wusste, dass Groothuis sich auch ohne ein greifbares Beweisstück an diese spektakuläre Geschichte erinnern würde.

Tatsächlich fiel er mir sofort ins Wort, als ich von einer amerikanischen Frau zu sprechen begann, die angeblich früher einmal in Irland gelebt hatte.

„Bridey Murphy", sagte er.

„Genau", bestätigte ich. „Ist sie nicht ein überzeugender Beweis für die Gültigkeit der Reinkarnation?"

Groothuis machte eine wegwerfende Handbewegung. „Das scheint nur auf den ersten Blick so zu sein. Man muss sich die Sache genauer ansehen", erwiderte er. „Der Fall wurde gründlich erforscht und alle Fakten lassen sich auch ohne Reinkarnation erklären."

Bridey Murphy wurde *widerlegt*? Ja, das ist tatsächlich das Ergebnis, zu dem zahlreiche Experten gekommen sind, die die Geschichte sorgfältig untersucht haben. Wie viele andere Beispiele für Regression unter Hypnose hielt auch dieser Fall einer gründlichen Überprüfung nicht stand.

„Diese Geschichte ist vollkommener Blödsinn", urteilte Paul Edwards.[49] Er berichtet, dass Faktenchecker geschichtliche Aufzeichnungen aus Irland studiert haben, um die Bridey-Murphy-Geschichte zu bestätigen. Dabei erhielten sie „zu allen wichtigen Punkten nahezu ausnahmslos negative Ergebnisse".[50]

Virginia Tighe sagte unter Hypnose aus, sie sei am 20. Dezember 1798 im irischen Cork als Bridey Murphy geboren worden und 1864 an einem Sonntag in Belfast gestorben – doch diese Behauptungen ließen sich durch historische Aufzeichnungen nicht belegen. In den Einwohnerverzeichnissen der damaligen Zeit werde Murphys Familie nicht erwähnt. Ebenfalls nicht erwähnt wird das Testament von Murphy, obwohl ihr Mann doch angeblich Rechtsanwalt war. In den Belfaster Zeitungen erschien auch kein Nachruf auf sie.

Tighe erinnerte sich ebenfalls an eine Hochzeitszeremonie in der *St. Theresa's Church*, doch gab es zum damaligen Zeitpunkt in Belfast keine Kirche dieses Namens. Sie sagte auch, sie hätte mit ihrem Mann in der Dooley Road gewohnt, aber es gab niemals eine Straße mit diesem Namen. Weiterhin behauptete sie, der Name der Schule, die sie besucht hätte, sei *Mrs. Strayne's Day School* gewesen, doch eine solche Schule wird nirgends erwähnt. Sie sagte, ihr Mann hätte an der *Queens University* gelehrt, aber in deren Archiven wird kein Fakultätsmitglied erwähnt, das diesen Namen trägt.

Ferner erzählte sie, sie hätte im *Cadenns House* ein Mieder gekauft – doch während ein solches Geschäft laut der Aufzeichnungen in Belfast nicht existierte, gab es ein Geschäft dieses Namens in dem Chicagoer Stadtviertel, in dem Tighe aufgewachsen ist. Obwohl sie unter Hypnose angeblich als Bridey Murphy sprach, war ihr Sprachstil von typisch amerikanischen Wörtern durchsetzt, die jemand, der im 19. Jahrhundert in Irland gelebt hatte, niemals benutzt hätte. [51]

Interessanterweise stellte sich heraus, dass die Eltern, bei denen sie ihre frühe Kindheit verbracht hatte, teilweise irische Wurzeln hatten. Zudem war ihre Nachbarin eine irische Immigrantin namens Bridie Murphy Corkell.[52]

Nachdem das *Life Magazine* die Fakten evaluiert hatte, kam die Zeitschrift zu dem Ergebnis, dass es nichts an Brideys Geschichte gab, das sich nicht „entweder durch Zufall oder durch unbewusste Erinnerung an Gespräche von Menschen, die mit dem Irland um 1910 vertraut waren", erklären ließ.[53] Ein bekannter medizinischer Hypnosetherapeut sagte zudem, der irische Jig, den sie getanzt hatte, sei für jemanden, der diesen Tanz schon einmal in einem Theater oder Film gesehen habe, nicht allzu schwer nachzutanzen.[54]

Zudem verwies der Investigativjournalist Melvin Harris darauf, dass Tighe als Jugendliche sehr wahrscheinlich „eine ganze Armee von Leuten" getroffen habe, die ebenso wie Millionen anderer die Weltausstellung in Tighes Heimatstadt Chicago besucht hatten. Dort konnte man die exakte Nachbildung eines irischen Dorfes besichtigen – einschließlich des Turmes von *Blarney Castle* in Echtgröße und einer Replik des legendären *Blarney Stone*.[55]

„Also konnte sie auf unterschiedlichem Wege all ihre Informationen über das Irland des 19. Jahrhunderts bekommen haben, ohne jemals ein Buch zu dem Thema zu lesen", schloss Edwards.[56] „Die Bridey-Murphy-Tonbänder sind als Beweis für die Reinkarnationslehre völlig wertlos."[57]

Am Ende scheint Tighe selbst ihre Meinung geändert zu haben. Etwa 20 Jahre nach dem Bridey-Murphy-Hype veröffentlichte *Newsweek* am 22. November 1970 einen Artikel, in dem stand, dass Tighes hypnotische Regression „nicht einmal sie selbst davon überzeugt hätte", dass wir mehrmals leben würden.[58]

Was hat uns dieser spektakuläre Fall von Bridey Murphy also im Hinblick auf die Gültigkeit der Reinkarnationslehre zu sagen? Nichts. Natürlich stellt diese widerlegte Geschichte nicht automatisch auch jeden anderen Bericht über ein vergangenes Leben infrage. Dennoch ist sie ein warnendes Beispiel dafür, warum wir Regression unter Hypnose mit Vorsicht begegnen sollten.

Vorsicht, Hypno-Geschwurbel!

Ich wollte diesen Punkt noch etwas weiterverfolgen und bat Groothuis daher, ausführlicher darauf einzugehen, warum Hypnose seiner Ansicht nach keine verlässlichen Informationen über vergangene Leben liefert.

„Die Leute denken, das Unterbewusstsein wäre wie ein Speichermedium, in dem alles, was man erlebt hat, filmisch abgespeichert ist. So eine Art Supergedächtnis, das die Vergangenheit jederzeit eins zu eins wiedergibt", erklärte er. „Aber in Wirklichkeit ist es eher wie ein riesiger Informationspool, in dem Details, die wir gesehen und erfahren haben, bunt durcheinandergemischt sind. Jemand hat vielleicht einen Film über das Alte Ägypten gesehen, und wenn ein Hypnotiseur Fragen nach einem früheren Leben stellt, ruft das Unterbewusstsein vielleicht ein Bild von Kleopatra auf, und die Person denkt: *Ich war Kleopatra.*"

In der Wissenschaft ist schon lange bekannt, dass hypnotisierte Menschen sehr beeinflussbar sind und oft den Wunsch haben, dem Hypnotisierenden das zu sagen, was er ihrer Ansicht nach hören möchte. Subtile Hinweise des Hypnotiseurs können einen starken Einfluss auf die Antwort haben.

Ian Stevenson, ein Befürworter der Reinkarnationslehre und selbst Psychiater, schrieb: „Wenn der Hypnotiseur sagt: ‚Du gehst jetzt zurück zu einem Zeitpunkt vor deiner Geburt, in eine andere Zeit und an einen anderen Ort', dann versucht der Proband zu gehorchen ... Diese Anweisungen sagen ihm, dass er sich an etwas erinnern sollte, und wenn ihm das nicht korrekt gelingt, erfindet er oft irgendetwas hinzu, um den Hypnotiseur zufriedenzustellen. Die meisten dieser Probanden tun das nicht mit Absicht – ihnen ist nicht bewusst, dass sie in ihren Aussagen Wahres und Falsches miteinander vermischen."[59]

In der Zeitschrift *Science* brachten die Psychologen Kenneth Bowers und Jane Dywan dies auf den Punkt: „Während der Hypnose *erschafft* man Erinnerungen."[60]

In einer Studie stellten kanadische Psychologen sicher, dass eine Gruppe von Probanden keinerlei Erinnerungen an eine bestimmte Nacht haben konnte. Dann stellten sie ihnen unter

Hypnose die Suggestivfrage: „Haben Sie laute Geräusche gehört, die Sie geweckt haben?" Die Hälfte der Gruppe antwortete, sie hätten etwas gehört. Und „einige waren so sicher, dass sie weiterhin daran festhielten, dass sie die Geräusche gehört hatten, obwohl man ihnen sagte, dass der Hypnotiseur ihnen das nur suggeriert hatte".[61]

„Ich bin sehr skeptisch, wenn Personen sich unter Hypnose angeblich an vergangene Leben erinnern", sagte Groothuis. „Vor allem aufgrund eines Phänomens, das man als ‚Kryptomnesie' bezeichnet."

„Und das wäre?"

„Dabei geht es darum, dass eine Person eine Information aufnimmt und dann vergisst, aus welcher Quelle sie stammt. Später erinnert sich der Betreffende an die Information, glaubt jedoch, sie würde aus einem früheren Leben stammen, weil er keine andere Erklärung dafür hat. Jemand kann zum Beispiel unter Hypnose in einer fremden Sprache schreiben, die er normalerweise nicht beherrscht. Dann wird unterstellt, dass diese Sprache in einem früheren Leben seine Muttersprache war. Aber in Wirklichkeit hat er vielleicht in seiner Vergangenheit schon etwas in dieser Sprache gelesen oder geschrieben und hat es einfach vergessen."

Genau das ist einem Patienten des kanadischen Psychiaters Harold Rosen passiert. Unter Hypnose begann der Patient in Oskisch zu schreiben, einer ausgestorbenen Sprache, die von etwa 500 v. Chr. bis 100 n. Chr. in Süditalien gesprochen wurde. Danach versicherte er nachdrücklich, dass er nichts über diese Sprache wüsste. Nun könnte man leicht annehmen, dass er in einem früheren Leben Oskisch gelernt hatte, vielleicht als römischer Hauptmann und Zeitgenosse von Jesus.

Weitere Hypnosesitzungen förderten jedoch zutage, dass er einmal in einer Bücherei saß, als neben ihm jemand in einem

Buch ein Kapitel aufschlug, in dem es um den oskischen „Fluch von Vibia" ging. Sie haben es erraten: Genau diesen Fluch hatte der Patient aufgeschrieben.[62]

Viele sind der Meinung, dass der Fall „Bridey Murphy" auf Kryptomnesie beruht, auch wenn einige das bezweifeln.[63] „Aber wie dem auch sei", sagte Groothuis, „dieses Phänomen kann viele Fälle erklären, bei denen unnötigerweise angenommen wird, dass man es mit Reinkarnation zu tun hat."

Andere Alternativen prüfen

Es ergibt sich laut Groothuis ein klares Bild im Hinblick auf Reinkarnation: Die „Beweise" lassen sich auf andere – weitaus glaubwürdigere – Art erklären.

„Zum Beispiel, wenn es um Kinder geht, die sich an vergangene Leben erinnern. Na ja, Kinder haben eine blühende Fantasie", sagte er. „Viele dieser Fälle stammen aus Indien oder anderen Kulturen, in denen man an Reinkarnation glaubt. Vielleicht haben die Eltern ihre Kinder dazu ermutigt, Geschichten von früheren Leben zu erzählen. Selbst Ian Stevenson ist recht vorsichtig, was die Beweiskraft solcher Beispiele angeht."

Tatsächlich schreibt Stevenson in seinem Buch *Children Who Remember Previous Lives*, die Fallstudien, die er präsentiere, sollten keinen Skeptiker davon überzeugen, dass Reinkarnation wahr sei. „Ich wäre zufrieden", schreibt er, „wenn es mir gelungen ist, Menschen, die den Reinkarnationsgedanken bislang für unglaubhaft hielten, dieses Konzept *plausibel* zu machen."[64]

Er räumt ein, dass selbst seine schlüssigsten Fälle einige Schwachpunkte haben, was den Reinkarnationskritiker Edwards zu der Antwort veranlasste: „Das ist eine krasse Untertreibung.

Sie haben *allesamt* riesige Schwächen und sind in keiner Weise dazu geeignet, die anfangs erhobenen Zweifel an der Reinkarnationslehre zu entkräften."[65]

„Was ist mit den Wunderkindern?", fragte ich Groothuis.

„Menschen kommen mit unterschiedlichen Fähigkeiten zur Welt. Manche sind Genies, Menschen, die dem Rest von uns haushoch überlegen sind. Warum sollten wir diese komplizierte Reinkarnationslehre bemühen, um etwas zu erklären, das offensichtlich eine viel einfachere Ursache hat? Normalerweise entscheiden wir uns für die einfachere Erklärung. Man bräuchte wirklich schlüssige, mehrfach bestätigte Beweise, um die Reinkarnation als ernst zu nehmenden Erklärungsansatz in Betracht zu ziehen."

„Und diese schlüssigen Beweise gibt es nicht", folgerte ich.

„Genau. Nur weil eine Person gewisse Kenntnisse über Vorkommnisse aus der Vergangenheit hat, heißt das nicht, dass der- oder diejenige tatsächlich damals gelebt hat. Sie können diese Kenntnisse auf vielerlei Arten erworben haben. Sie mit Reinkarnation zu erklären ist ein sehr gewagter Schritt."

„Was sagst du zu den Fällen von Déjà-vu?", wollte ich wissen.

„Die Verfechter der Reinkarnationslehre sagen, bei solchen Erlebnissen handle es sich um Hinweise auf ein früheres Leben."

„Déjà-vu-Erfahrungen lassen sich ebenfalls erklären", erwiderte er. „Jemand kommt in ein Dorf, das er noch nie besucht hat, und hat das Gefühl, dass er schon einmal dort war. Liegt das daran, dass er in einem vergangenen Leben dort gewohnt hat? Das ist weit hergeholt. Was wäre, wenn er einmal von einem ähnlichen Ort geträumt hat? Oder wenn er in einem Film oder einer Fernsehsendung eine ähnliche Szene gesehen und wieder vergessen hat?"[66]

„Aber was ist mit den schwierigen Fällen?", fragte ich Groothuis. „Zum Beispiel, wenn sich jemand an ein früheres Leben erinnert und dann mehrere Details von Faktencheckern bestätigt werden, die sich auf keine andere Weise erklären lassen? Oder die Fälle von Xenoglossie – wenn Menschen in Sprachen sprechen, die sie vermeintlich nie gelernt haben? Diese Fälle lassen sich nicht so einfach von der Hand weisen."

„Es gibt Erklärungen für Dinge wie Xenoglossie", antwortete er. „Vielleicht hat die betreffende Person die andere Sprache einmal in einer Fernsehsendung gehört, oder sie hat als Kind mitbekommen, wie sich ausländische Verwandte miteinander unterhalten haben, und diese Gespräche im Unterbewusstsein abgespeichert."

Stevenson hypnotisierte einmal eine Frau, die behauptete, sie hätte im 19. Jahrhundert in Amsterdam gelebt. Sie begann sogar Niederländisch zu sprechen, obwohl sie es nie gelernt hatte. Oberflächlich betrachtet hätte man es hier mit einem Fall von Xenoglossie zu tun. Aber diese Annahme erwies sich später als irrig. Stevenson fand heraus, dass sie in Wirklichkeit Deutsch sprach – eine Sprache, die sie sich offenbar als Touristin angeeignet hatte.[67]

Ich ließ nicht locker. „Trotzdem gibt es Fälle, die sich schwieriger erklären lassen. Das gibst du doch zu, oder?"

„Natürlich. Und manchmal muss man vielleicht noch andere Möglichkeiten in Betracht ziehen."

„Zum Beispiel?"

„Dämonische Einflüsse oder irgendeine Art von Besessenheit", sagte er. „Die Bibel beschreibt solche Gegebenheiten."[68]

Der Philosoph Gary Habermas berichtet von einer Schriftstellerin, die überzeugt war, mehr als ein Dutzend Mal reinkarniert worden zu sein. Erst später stellte sich heraus, dass sie durch ihre persönliche Verbindung zu einem Geist Einblicke in historische Details erhalten hatte. Habermas schreibt: „Das lässt den Schluss zu …, dass die sogenannten Beweise für Reinkarnation von betrügerischen, nicht menschlichen Geistwesen stammen könnten."[69]

Groothuis fuhr fort: „Es gab aber auch Fälle von klarem Betrug. Das kommt vielleicht nicht allzu oft vor, aber wir müssen uns auch immer die Frage stellen, ob irgendjemand einen Nutzen davon hat, den Eindruck zu erwecken, bei einem Vorfall handle es sich um Reinkarnation."

Groothuis dachte einen Moment nach, bevor er weitersprach. „Wir dürfen auch Folgendes nicht außer Acht lassen: Wir haben schlüssige Hinweise darauf, dass das Christentum wahr ist. Wenn Jesus der Sohn Gottes ist, der Messias und Befreier, dann ist das, was er über das Leben nach dem Tod sagt, für uns glaubwürdiger als alles andere. Und in der Bibel wird von Auferstehung gesprochen, nicht von Reinkarnation. Man bräuchte viel mehr konkrete Beweise für Reinkarnation, um all das zu entkräften. Und ehrlich gesagt: Die gibt es einfach nicht."

Ich rieb mir die Hände. „Und was wäre, wenn das Christentum tatsächlich Reinkarnation *lehren* würde?", neckte ich ihn. „Das würde doch sicher alles ändern."

Groothuis lächelte. „In der Tat", sagte er. „*Wenn.*"

Verwirrende Bibelstellen

Skepsis, Missmut, Entrüstung – diese Gefühle glaubte ich bei Groothuis wahrzunehmen, als ich einige der Argumente anführte, die beweisen sollen, dass Jesus Reinkarnation gelehrt habe. Schließlich legte ich den Notizblock, aus dem ich vorgelesen hatte, auf den Tisch und schmunzelte. „Ich merke schon, dass dich das nicht überzeugt."

Er seufzte. „Das ist alles völlig aus der Luft gegriffen", entgegnete er. „Diese esoterischen Interpretationen, in denen Jesus östliches Gedankengut unterstellt wird, sind vollkommen aus der Luft gegriffen. Wenn man die Bibel verstehen will, sollte man immer fragen, was die Absicht der Autoren war. Wenn wir das tun, erkennen wir sehr schnell, dass keiner von ihnen Reinkarnation gelehrt hat."

Groothuis begann unverzüglich damit, Schlüsselirrtümer aufzuklären, die von Reinkarnationsverfechtern vertreten werden. Zum Beispiel sagt Jesus über Johannes den Täufer: „Und wenn ihr bereit seid, meinen Worten zu glauben: Er ist Elia, von dem die Propheten sagten, dass er kommen würde."[70] Das ist das Zitat, das Shirley MacLaine zu ihrer Aussage veranlasste, Jesus habe an Reinkarnation geglaubt.[71]

„Oberflächlich betrachtet mag das nicht allzu weit hergeholt klingen, aber wir sollten es im Kontext betrachten", sagte Groothuis. „Erstens können wir im Alten Testament lesen, dass Elia niemals starb, sondern in leiblicher Gestalt in den Himmel aufgenommen wurde.[72] Wenn Elia also niemals starb, konnte er auch nicht reinkarniert werden.

Zweitens nahm Jesus einige seiner Jünger mit auf einen Berg, auf dem sich sein Aussehen änderte. Sein Gesicht leuchtete wie die Sonne und dann erschienen Mose und Elia und sprachen mit ihm.[73] Zu diesem Zeitpunkt war Johannes der Täufer bereits tot. Wenn Johannes der reinkarnierte Elia gewesen wäre, hätte Elia nicht auf dem Berg der Verklärung erscheinen können."

Ich hob die Hand, um ihn zu unterbrechen. „Aber die King-James-Bibel bezeichnet dieses Erlebnis als eine Vision, was darauf schließen lässt, dass Elia nicht unbedingt buchstäblich dort gewesen sein muss."[74]

„Das griechische Wort, das dort verwendet wird, lautet ‚horama'. Dieser Begriff wird verwendet, um etwas zu beschreiben, das mit den Augen gesehen wird, keine Halluzination.[75] Moderne Übersetzungen berücksichtigen das",[76] sagte Groothuis. „Und es gibt noch einen dritten Grund, warum Johannes der Täufer nicht der reinkarnierte Elia ist. Zu einem früheren Zeitpunkt war er direkt gefragt worden: ‚Bist du Elia?' Seine Antwort war völlig eindeutig: ‚Ich bin es nicht.'"[77]

„Aber was hat Jesus dann gemeint?", fragte ich.

„Er sprach von Johannes' Aufgabe als Prophet, nicht von seiner persönlichen Identität. Ein Engel hatte zuvor prophezeit: ‚Er wird ein Mann mit dem Geist und der Kraft des Propheten Elia sein.'[78]

Das bedeutet, er würde das gleiche Amt und die gleiche Funktion wie Elia haben – und in dieser Hinsicht *war* er dann quasi Elia. Er hatte zweifellos einen Dienst, wie Elia ihn hatte." Groothuis verzog das Gesicht. „Aber Reinkarnation? Ganz sicher nicht."

Als Nächstes wandte ich mich der Bibelstelle zu, die Quincy Howes Ansicht nach die überzeugendste für die Reinkarnationsanhänger ist.[79] In Johannes 9,1–3 wird davon berichtet, dass Jesus und einige seiner Jünger einem Mann begegnen, der von Geburt an blind ist. Die Jünger fragen: „Meister, warum wurde dieser Mann blind geboren? Ist es wegen seiner eigenen Sünden oder wegen der Sünden seiner Eltern?" Die Verfechter der Reinkarnationslehre sagen, er könne nur in einem vorangegangenen Leben gesündigt haben, da er bereits blind zur Welt kam.

Ich sagte zu Groothuis: „Howe bezeichnete diesen Vorfall als ‚unwiderlegbares Argument für die Lehre der menschlichen Präexistenz'."[80]

„Dann lass mich widerlegen, was seiner Ansicht nach unwiderlegbar ist", erwiderte Groothuis lächelnd. „Erstens waren seine Jünger Juden; sie glaubten nicht an Reinkarnation. Aber lass uns einen Moment lang so tun, als hätten sie es getan. Nimm bitte zur Kenntnis, dass Jesus ihre Aussagen nicht bestätigt. Er antwortet: ‚Es lag nicht an seinen Sünden oder den Sünden seiner Eltern. Er wurde blind geboren, damit die Kraft Gottes an ihm sichtbar werde.'[81] Dann heilte er ihn. Mit anderen Worten: Jesus sagte ihnen: ‚Jungs, ihr stellt die falsche Frage.' Er bestätigte keinesfalls das, was sie sagten.

Außerdem glaubten die jüdischen Theologen damals, dass jemand schon im Schoß seiner Mutter sündigen konnte. Dann würde es sich um eine pränatale Sünde handeln – also eine Sünde vor der Geburt, nicht vor der Empfängnis oder in einem früheren Leben.'"[82]

„Wirklich?", fragte ich. „Das habe ich noch nie gehört."

„Ja. Wir können heute anderer Meinung sein, aber was ich sagen will, ist, dass wir es hier mit jüdischem Gedankengut zu tun haben. Darum bezogen sich die Jünger auf diese Vorstellung und nicht auf irgendein früheres Leben. Wieder löst sich das, was auf den ersten Blick wie ein starkes Argument für Reinkarnation aussieht, bei näherer Betrachtung in Luft auf."

Die Verschwörung von Konstantinopel

Während ich die Literatur über die Reinkarnationslehre studierte, stellte ich fest, dass es zu diesem Thema oft Verschwörungstheorien gibt. Eine besonders populäre ist die Behauptung, dass die Reinkarnationslehre beim zweiten Konzil von Konstantinopel im Jahr 553 aus der Bibel entfernt worden sei.

So schreibt zum Beispiel Kenneth Ring in *Heading toward Omega*: „Obwohl verschiedene Varianten dieser Lehre von den frühen Kirchenvätern akzeptiert und vertreten wurden, wurde die Reinkarnationslehre im 6. Jahrhundert als Häresie bezeichnet und aus der christlichen Lehre gestrichen."[83]

„Was sagst du zu dieser Behauptung?", fragte ich. „Haben die frühen Kirchenväter tatsächlich an Reinkarnation geglaubt?"

„Ganz und gar nicht", antwortete er. „Es gibt zu dem Thema so viel Fehlinformation."

„Welche denn konkret?"

„In Konstantinopel wurde nichts aus der Bibel gestrichen", erwiderte er. „Wenn sie Lehren über die Reinkarnation herausgenommen hätten, hätten sie dann nicht auch die Textstellen gestrichen, die die Verfechter der Reinkarnation so oft ins Feld führen – wie die von dem Mann, der von Geburt an blind war? Oder die, dass Johannes der Täufer Elia war? Die stehen doch immer noch in der Bibel."

Er ließ die Frage einen Moment lang im Raum stehen. Dann setzte er hinzu: „Was bei dem Konzil tatsächlich passierte, war, dass fünfzehn Anathemata oder Bannflüche gegen einen bekannten Kirchenlehrer namens Origenes ausgesprochen wurden."[84]

„Weil er Reinkarnation lehrte?"

„Nein, weil er die Präexistenz der Seelen lehrte. Er glaubte, dass die menschlichen Seelen schon existierten, bevor der menschliche Körper gebildet wurde, den sie dann bewohnten. Das ist jedoch nicht biblisch. Er war nie ein Befürworter der Reinkarnationslehre, tatsächlich wies er diese Lehre ausdrücklich zurück. Einmal sagte er: ‚Diese Vorstellung [der Reinkarnation] ist der Gemeinde Gottes fremd und wurde uns weder von den Aposteln überliefert noch an anderer Stelle in den Schriften gelehrt.'"[85]

„Lass uns das ein für alle Mal klarstellen", fuhr Groothuis fort. „Keine Schrift des Neuen oder Alten Testaments lehrt Reinkarnation. Diese Lehre hat keinerlei Wurzeln im Judentum oder Christentum. Was dagegen übereinstimmend gelehrt wird, ist die Auferstehung. Frühe Kirchenväter wie Irenäus, Justin der

Märtyrer, Hieronymus, Tertullian, Gregor von Nyssa und Augustinus – sie alle lehnten das Konzept der Reinkarnation ab."[86]

Er schwieg einen Moment. Dann kam ihm noch ein anderer Gedanke. „Du sollte noch etwas anderes im Auge behalten: Das Gesetz des Karma ist das völlige Gegenteil dessen, was Jesus im Hinblick auf die Gnade lehrt", sagte er. „Karma ist auf die Spitze getriebene Werkgerechtigkeit. Ein ganzes Leben reicht nicht aus, um für alle unsere Sünden zu bezahlen. Wir müssen immer wiederkommen, um irgendwie unser schlechtes Karma loszuwerden.

Aber die Bibel lehrt, dass wir uns unsere Rettung nicht verdienen oder erarbeiten können. Sie ist ein reines Gnadengeschenk Gottes. Darum verhalten sich Karma und Gnade wie Öl und Wasser – sie lassen sich nicht vermischen. Die Bibel kann keine Lehre enthalten – wie zum Beispiel Reinkarnation –, die ihrer zentralen Botschaft widerspricht, dass Jesus an unserer Stelle gestorben ist, um unsere Sünde auf sich zu nehmen, und uns völlige Vergebung unserer Schuld anbietet.[87]

Darum kann ein Mensch schon aus logischen Gründen nicht Christ sein und gleichzeitig an Reinkarnation glauben. Das passt nicht zusammen. Es ist schwer vorstellbar, dass jemand, der Jesus vertraut, weiterhin an die Notwendigkeit der Reinkarnation glaubt. Wenn dir vergeben ist – aus Gnade –, warum solltest du weitere Leben brauchen, um deine Schuld abzuarbeiten? Das ist, als würde man sagen: ‚Ich glaube daran, dass Jesus mein Herr und Retter ist, und ich werde mein Allerbestes tun, damit ich auch in den Himmel komme.' Nein, so funktioniert das nicht."

Unsere Blicke begegneten sich. „Thema erledigt?", fragte er.

Nein, noch nicht ganz.

Beckys Zukunft

Ich zögerte einen Moment, bevor ich meine letzte Frage stellte. Vielleicht war sie zu persönlich. Vielleicht war es noch zu früh. Ich holte tief Luft und beschloss dann, mutig zu sein und sie Groothuis zu stellen.

„Als ich das letzte Mal bei dir war, litt deine Frau Becky an einer schrecklichen Krankheit, und sie starb kurze Zeit später", sagte ich. „Wenn du die Wahl hättest – wenn du dich entscheiden könntest zwischen Reinkarnation und Auferstehung –: Was würdest du wählen? Was würde dich mehr trösten: dass sie noch weitere zukünftige Leben vor sich hat oder dass sie bei Jesus im Himmel ist?"

Groothuis schaute mich ernst an. „Da muss ich nicht lange nachdenken", sagte er dann und begann zu lächeln. „Ich würde mich für die Verheißung der Bibel entscheiden: dass Becky alle ihre Sünden vergeben sind, weil Jesus am Kreuz für sie gestorben ist, dass sie bei Gott ist und eines Tages auferstehen wird, um in einem gesunden Körper im neuen Himmel und auf der neuen Erde zu leben – in alle Ewigkeit.

Inwiefern wäre es tröstlich für mich, mir vorzustellen, dass sie reinkarniert wird, um noch mal in einer gefallen Welt zu leben und immer wieder dem Tod ins Auge sehen zu müssen? Vielleicht würde sie wieder so eine Krankheit bekommen und all das noch einmal durchleiden? Und was würde sie am Ende erwarten? Sie würde vernichtet werden, für immer ausgelöscht sein, einfach aufhören zu existieren. Nein, das würde mich in keiner Weise trösten.

Becky und ich fanden Trost in der Liebe Gottes, die sich selbst verschenkt hat. Des Gottes, der das Zentrum von allem ist, was existiert. Gott ist Liebe. Er liebt die Welt so sehr, dass er seinen Sohn gesandt hat, um Behinderung, Krankheit und Tod zu besiegen, und in seiner unfassbaren Gnade bietet er uns das ewige Leben an. Das ist der Kern des Evangeliums. Das war es, was uns Hoffnung gab.

Weißt du, als Becky auf den Totenbett lag, las ich ihr Bibelstellen vor. Dann kam sie zur Ruhe und fühlte sich getröstet. Manchmal schlug ich das 21. Kapitel der Offenbarung auf."

Ich warf einen Blick auf die in Leder eingebundene Bibel, die auf dem runden Holztisch lag, an dem wir saßen. Er nahm sie zur Hand und blätterte zum Anfang dieses Kapitels. Er las ihn mir vor:

Dann sah ich einen neuen Himmel und eine neue Erde, denn der alte Himmel und die alte Erde waren verschwunden. Und auch das Meer war nicht mehr da. Und ich sah die heilige Stadt, das neue Jerusalem, von Gott aus dem Himmel herabkommen wie eine schöne Braut, die sich für ihren Bräutigam geschmückt hat. Ich hörte eine laute Stimme vom Thron her rufen: „Siehe, die Wohnung Gottes ist nun bei den Menschen! Er wird bei ihnen wohnen und sie werden sein Volk sein und Gott selbst wird bei ihnen sein. Er wird alle ihre Tränen abwischen, und es wird keinen Tod und keine Trauer und kein Weinen und keinen Schmerz mehr geben. Denn die erste Welt mit ihrem ganzen Unheil ist für immer vergangen."[88]

Meine Augen füllten sich mit Tränen. Groothuis schlug die Bibel zu. „Becky und ich fanden Trost in diesen Worten, nicht nur wegen dem, was sie versprechen, sondern weil das, was sie versprechen, wahr ist", sagte er. „Das ist kein Wunschdenken, keine Illusion, keine Legende oder Mythologie. Das ist die großartige Zukunft, die alle erwartet, die ihre Hoffnung auf Christus setzen."

Er hielt einen Moment inne.

„Reinkarnation? Vergiss es. Auferstehung, Lee, *das* ist es, was Gott in seiner Liebe für uns geplant hat."

Kapitel 10

An der Schwelle zur Ewigkeit

Dem Tod begegnen –
immer den Himmel im Blick

Mit dem Tod setzen wir die Signatur auf das Porträt unseres Lebens. Die Farbe trocknet. Das Porträt ist fertig. Ob wir bereit sind oder nicht.
Randy Alcorn: The Law of Rewards

Es klopfte an Matildes Haustür. Sie war die Ehefrau eines erfolgreichen argentinischen Bauunternehmers und erwartete gerade ihr erstes Kind. Sie öffnete die Tür und sah vor sich einen Briten, der ein schön eingebundenes Buch in der Hand hielt.

„*Buenos días, Señora*", sagte er. „Darf ich Ihnen eine Bibel schenken?"

Obwohl sie regelmäßig die Messe besuchte und bei ihrem Priester die Beichte ablegte, hatte Matilde nie den Frieden gefunden, nach dem sie sich im Innersten sehnte. Sie nahm die Bibel dankbar entgegen – und hatte so große Ehrfurcht vor diesem heiligen Buch, dass sie darauf bestand, es auf den Knien zu lesen.

Während sie die biblische Botschaft verschlang – vor allem die Worte von Jesus –, öffnete sie ihr Herz weit für sein Angebot der Vergebung, Befreiung und Gnade. Bald darauf geschah das, wonach sie sich schon so lange gesehnt hatte: Ihr Herz wurde von Frieden und Freude erfüllt.

Matilde war so dankbar, dass sie leidenschaftlich für ihren Sohn zu beten begann, der in ihrem Bauch heranwuchs. „Herr", betete sie, „ich möchte, dass er ein Prediger des Evangeliums wird."[1]

Gott erfüllte ihre Bitte in einem Maß, das sie sich nie erträumt hätte. Nun, 85 Jahre später, saß ich mit Matildes Sohn Luis Palau jr. zusammen, der kurze Zeit nachdem sie die Bibel bekommen hatte, zur Welt gekommen war. Im Laufe von mehr als sechs Jahrzehnten haben er und seine Mitarbeiter einer Milliarde Menschen auf der ganzen Welt das Evangelium verkündet.[2] Ja, Sie haben richtig gelesen – einer *Milliarde* Menschen. Die *New York Times* nannte ihn „eine der bedeutendsten Persönlichkeiten der evangelischen Christenheit".[3]

Und nun traf ich ihn hier an seinem Lebensabend. Er stand kurz davor, seinem Krebsleiden zu erliegen, und freute sich darauf, seine geliebten Eltern im Himmel wiederzusehen. „Ich kann es kaum erwarten", sagte er leise. Seine Augen waren feucht.

Palau litt an unheilbarem Lungenkrebs im Endstadium. Die Ärzte hatten ihm noch maximal ein Jahr gegeben, aber nach intensiver Chemotherapie schaffte er es etwas länger. Er ging erst einige Monaten nach unserem Gespräch nach Hause in den Himmel. Verständlicherweise hatte seine schlechte Prognose dazu geführt, dass er sich intensiv mit dem Leben nach dem Tod auseinandersetzte.

Was geht einem Menschen durch den Kopf, wenn er sich auf die Ewigkeit vorbereitet? Welche Einsichten konnte mir dieser Mann vermitteln, der viele Jahre lang mein Held gewesen war?

Wie könnten seine Erfahrungen mir und auch Ihnen helfen, wenn unsere Zeit hier auf Erden ihrem Ende entgegengeht? Wie verändert sich unser Blick auf den Himmel, wenn wir quasi schon auf gepackten Koffern sitzen?

Diese Fragen brachten mich dazu, nach Oregon zu fliegen, um einen Tag mit Palau und seiner Frau Patricia in ihrem bescheidenen Haus in Portland zu verbringen. Seine Söhne Kevin und Andrew, die beide Leitungsfunktionen in seinem Glaubenswerk ausüben, kamen ebenfalls vorbei. Wir redeten im Esszimmer miteinander, aßen Sandwiches in der Küche, erzählten einander Geschichten, tauschten Erinnerungen aus, lachten und beteten miteinander – und ich vergoss ebenso wie Luis einige Tränen.

„Ich habe das Gefühl, an der Schwelle des Himmels zu stehen", sagte er während unseres Gespräches. „Ich klopfe, aber die Zeit ist noch nicht gekommen einzutreten. Aber bald ist es so weit. Vielleicht schon ziemlich bald."

Interview Nr. 8: Luis Palau

Die Zahlen und Fakten über Luis Palau sind wohlbekannt. Palau war erst zehn Jahre alt, als sein Vater starb und sein Tod die Familie in Armut stürzte. Palau wuchs zum „Billy Graham Lateinamerikas" heran. Er war ein unermüdlicher Evangelist, durch dessen Missionswerk im Laufe der Jahre mindestens zehn Millionen Menschen Gott fanden.

Er prägte Präsidenten und Päpste. Verkündete die Botschaft von Jesus Christus auf riesigen Veranstaltungen in großen Metropolen. Seine Radiosendung wurde auf Spanisch und Englisch von 4 200 Sendern in fast 50 Ländern ausgestrahlt, und er schrieb eine ganze Reihe von Büchern, darunter *A Friendly*

Dialogue between an Atheist and a Christian, das er gemeinsam mit einem ehemaligen kommunistischen Funktionär aus China verfasst hatte. Sein vor Kurzem erschienenes geistliches Vermächtnis *Palau: A Life on Fire* befasst sich mit Schlüsselfiguren, die sein Leben geprägt haben, und der 2019 entstandene Spielfilm *Luis Palau* beschreibt die mitreißende Geschichte seiner frühen Jahre und den Beginn seines evangelistischen Dienstes.

Palau hatte seine Frau, eine engagierte Missionarin, während ihrer gemeinsamen Zeit an der *Multnomah School of the Bible* (heute *Multnomah University*) in Portland, Oregon, kennengelernt. Nun standen sie kurz vor ihrem 60. Hochzeitstag, auch wenn sie ausgerechnet hatten, dass sie alles in allem 15 Jahre getrennt gewesen waren – so lange war er insgesamt unterwegs gewesen, um auf Veranstaltungen zu predigen und Vorträge zu halten.

All dies ist in Kreisen, in denen Palau sehr verehrt wird, wohlbekannt. Weniger bekannt ist, wie sehr er sich bemüht hatte, Menschen im direkten persönlichen Kontakt von Jesus zu erzählen – sei es dem lateinamerikanischen Hilfskellner in einem mexikanischen Café oder dem jungen Angestellten im Supermarkt – oder in seiner eigenen großen, ständig wachsenden Familie.

Ich erlebte das in den frühen 1990er-Jahren aus nächster Nähe mit, als mein Mitarbeiter Mark Mittelberg und ich uns mit Palau in einem rustikalen Lokal in einer Chicagoer Vorstadt zum Abendessen trafen. Irgendwann zwischen Regenbogenforelle und Apfelstreusel lehnte Luis sich unvermittelt vor, als habe ihn ein plötzlicher Impuls überwältigt, und packte uns an den Unterarmen.

„Freunde, ich möchte euch um einen Gefallen bitten", sagte er mit argentinischem Akzent. „Würdet ihr für meinen Sohn Andrew beten? Er ist weit vom Herrn entfernt und wir machen uns große Sorgen um ihn."

Wir waren uns nicht sicher, ob Palau tatsächlich meinte, dass wir unsere Gabeln aus der Hand legen und an Ort und Stelle beten sollten – aber wenn Luis Palau einen um Gebet bat, dann reagierte man sofort! Durch Gottes Gnade fand Andrew, der dritte seiner vier Söhne, einige Jahre später tatsächlich zum Glauben.[4]

Als Andrew 1966 zur Welt kam, machte seine Großmutter ihrem Schwiegersohn Luis gegenüber eine prophetische Aussage: „Dieser Junge wird ein Evangelist werden!" Und tatsächlich ist Andrew heute Luis' Nachfolger im Predigtdienst der *Luis Palau Association*.

Ich habe Luis' Leidenschaft für Jesus, seine Liebe zur Bibel, seine furchtlose Verkündigung des Evangeliums und seinen einnehmenden Blick auf die Liebe Gottes immer bewundert. Aber ich muss sagen, dass die unverhohlene väterliche Sorge, die er an diesem Tag in einem überfüllten Restaurant an den Tag legte, mich stärker berührte als alles andere.

Nun war Palaus schwarzes Haar völlig ergraut und sein Gesicht war von der Krankheit gezeichnet. Von seiner legendären Energie war nicht viel übrig geblieben, und wenn er eine Treppe hinaufstieg, bekam er kaum noch Luft. Nach unserem Interview schickte er mir eine Textnachricht: „Es tut mir leid, wenn ich auf dich sehr müde gewirkt habe. Seit den ersten Behandlungen gehört diese Müdigkeit zu den Nebenwirkungen, die ich einfach nicht loswerde. Danke für deine Geduld."

Aber wenn man Palaus Enthusiasmus noch einmal aufflammen sehen wollte, musste man nur eines tun: Man musste ihm die Geschichte von jemandem erzählen, dessen Leben durch Jesus radikal verändert worden war. Darauf reagierte er immer auf die gleiche Weise: Er rief Pat, die sich im Nebenzimmer aufhielt, aufgeregt zu: „Hast du das gehört, Schatz? Komm rüber, und hör dir an, was der Herr getan hat!"

„Was bei Weitem das Beste ist"

Palau und ich begannen den Tag damit, dass wir auf zwei gegenüberliegenden Stühlen seines Esszimmertisches Platz nahmen. Er war leger gekleidet und trug einen dunkelblauen Pullover mit einem karierten Hemd darunter und kakifarbene Hosen. Als ich ihm gestand, dass es mir peinlich – sogar irgendwie makaber – vorkam, dass ich gekommen war, um mit ihm über den Tod zu sprechen, wischte Palau meine Bedenken vom Tisch.

„Ich erzähle den Leuten, dass ich im Sterben liege, und sie sagen nur: ‚Also heute haben wir ja vielleicht ein Wetter!'", antwortete er. „Die Leute möchten nicht über den Tod sprechen, ich schon. Darum mach dir keine Gedanken darüber, dass du das Thema ansprichst." Er lächelte mir ermutigend zu. „Ich denke, es hilft mir."

„Wie hast du die Diagnose bekommen?"

„Ich kam mit einer Erkältung von einer Reise zurück, die ich einfach nicht loswurde. Mein Arzt sagte mir, das würde schon wieder werden – aber dann, kurz bevor ich ging, schlug er vor: ‚Wie wär's, wenn ich dich mal röntge, einfach so zum Spaß.' Dann sah er sich das Röntgenbild an und sagte: ‚O Mann, das gefällt mir nicht. Es sieht nicht gut aus.' Ich dachte, dass das bestimmt ein Irrtum wäre, aber er schickte mich zu einem Onkologen."

„Und was sagte der Spezialist?"

„Tja, er sagte ziemlich unverblümt: ‚Es tut mir leid, aber Sie haben Lungenkrebs im Endstadium. Er ist unheilbar. Und inoperabel. Ich werde Ihnen ein paar Medikamente geben, um Ihr Leben so angenehm wie möglich zu machen, aber in neun bis zwölf Monaten sind Sie tot. Und wenn Sie die Medikamente nicht nehmen, haben Sie nur noch vier Monate.'"

„Das war bestimmt ein Schock für dich!"

„Allerdings. Ich war noch nie im Leben im Krankenhaus gewesen. Selbst Aspirin hatte ich nur höchst selten genommen, und dann auf einmal – *zack!* – bist du auf dem Weg ins Jenseits. Das macht etwas mit dir."

„Was ging dir als Erstes durch den Kopf?"

„Ehrlich gesagt keine allzu vernünftigen Gedanken. Ich dachte: *Ich werde es nicht schaffen, den Hörer in die Hand zu nehmen und mit Pat oder den Jungs zu sprechen.* Das machte mich traurig. Dann dachte ich: *Sind alle meine Dokumente in Ordnung und die finanziellen Dinge geregelt – alles, was Pat dann braucht?*"

„Eben praktische Dinge."

„Ja." Er nickte. „Und ich bin seither ziemlich nah am Wasser gebaut. Nicht, dass ich besonders traurig wäre oder die ganze Zeit weinen würde – aber wenn mich etwas berührt, bekomme ich schnell feuchte Augen. Meine Enkelkinder. Bewegende Erinnerungen. Dinge, die ich vermissen werde. Dann kommen mir die Tränen. Das kann ziemlich peinlich sein."

„Hast du für Heilung gebetet?"

„Nein. An irgendwas muss man ja sterben und ich bin schließlich schon Mitte achtzig."

„Hast du Gott gefragt, warum er das zugelassen hat?"

„Ja, das fragt man sich natürlich. Aber sieh es mal so: Wir hatten fünfzehn Jahre lang darauf hingearbeitet, das Missionswerk Kevin und Andrew zu übertragen, aber ich hatte immer noch meinen Fuß in der Tür. Nun wurde der Wechsel dringlich – ich musste das Feld für sie räumen und ihnen die Leitung übergeben. Das war ein guter und notwendiger Schritt."

Kurz nach seiner Diagnose waren etwa 70 wichtige Mitarbeiter seines Werkes zu einem Treffen nach Portland gekommen, das sehr emotional wurde. „Das war meine Chance, Dinge zu sagen, die ich noch sagen musste. Ich entschuldigte mich bei allen, die ich vielleicht verletzt hatte. Ich wollte reinen Tisch machen.

Mit einigen Leuten führte ich persönliche Gespräche. Ich wollte nicht gehen, ohne zu sagen, dass es mir leidtat, wenn ich im Laufe der Jahre jemanden unwissentlich verletzt hatte."

Palau erzählte mir, dass sein Leben, das so sehr im Zeichen seiner Reisen und seines unermüdlichen Dienstes gestanden hatte, nun ruhiger geworden war, sodass er sich mehr mit sich selbst beschäftigen konnte und auch mehr Zeit für Pat hatte. Er empfand inneren Frieden und hatte das Gefühl, mehr im Gleichgewicht zu sein.

„Ich hatte Gott so lange Zeit gehorcht und ihm gedient, dass ich verlernt hatte, mich einfach nur an ihm zu erfreuen", sagte er. „Jetzt nehme ich mir die Zeit, in seiner Gnade zu schwelgen. Das ist so erfrischend! Meine Gebete sind tiefer und reicher geworden, voller Dankbarkeit und Staunen und Ehrfurcht."

„Hast du Angst vor dem Tod?", fragte ich.

„Nein", sagte er schnell und hielt dann kurz inne. „Nein", wiederholte er, diesmal mit mehr Nachdruck. „Nicht wirklich. Die Bibel spricht da ja eine ganz eindeutige Sprache und ich vertraue ihr voll und ganz. Ich bin fest davon überzeugt, dass ich bei Gott sein werde, wenn ich die Augen schließe. Paulus schreibt, wenn wir unseren jetzigen Körper verlassen, werden wir daheim beim Herrn sein.[5] Ich will ehrlich zu dir sein: Ich bin ein bisschen enttäuscht, dass er mich nicht schon früher geholt hat. Ich bin bereit. Mein Gewissen ist rein. Ich habe meine Dinge in Ordnung gebracht. Aber es ist noch nicht so weit."

Stattdessen setzte er die regelmäßige Chemo fort, die ihm seine Energie raubte, und ließ Untersuchungen und Bestrahlungen über sich ergehen, die verhindern sollten, dass der Krebs auf die Wirbelsäule übergriff.

„Weißt du", meinte er, „wenn sie die Knochenscans gemacht haben, legen die Mitarbeiter immer eine warme Decke über mich. Das fühlt sich so gut an. Und ich habe gesagt: ‚Herr, so möchte ich gern gehen. Du legst eine schöne warme Decke über mich, und weg bin ich.'"

„Warst du dabei, als dein Vater starb?", wollte ich wissen.

Palau blickte zur Seite, während er seine Gedanken ordnete. „Als ich nach Hause kam, war er gerade zum Herrn gegangen. Ich war noch ein Kind, aber sie sagten mir, was passiert war: Kurz bevor er starb, hatte er sich im Bett aufgesetzt und ein Lied über den Himmel gesungen: ‚Strahlende Kronen sind dort, strahlende Kronen für dich und für mich.' Dann war sein Kopf auf das Kissen zurückgesunken und er hatte nach oben gezeigt."

„Hat er danach noch irgendetwas gesagt?"

„Er sagte: ‚Ich gehe jetzt zu Jesus …', und dann zitierte er, was Paulus an die Philipper geschrieben hat: ‚… was bei Weitem das Beste ist.'"[6]

„Das waren seine letzten Worte?"

„Ja – auf *dieser* Welt", antwortete er. „Er hat mich gelehrt, wie ich sterben soll: mit einem Lied im Herzen und einem Bibelvers auf den Lippen."

Das Angesicht Gottes sehen

Ich wollte von Palau wissen: „Wie hat sich seit deiner Diagnose deine Sichtweise des Himmels verändert?"

„Sie hat sich nicht verändert – sie hat sich vertieft", sagte er. „Jetzt lese ich die Bibel mit weit geöffneten Augen. Jeder Vers, in dem es um den Himmel geht, ist grün unterstrichen und mit einem kleinen Punkt markiert. Dinge, die mir früher nicht so wichtig vorkamen, haben eine ganz neue Bedeutung bekommen. Jetzt gelten sie mir persönlich. Ich habe damit begonnen, mir vorzustellen, wie *ich* den Thron Gottes sehe, wie *ich* durch die herrlichen Straßen gehe, wie *ich* wieder mit denen vereint sein werde, die vor mir gegangen sind."

„Was möchtest du im Himmel vor allem sehen?"

Seine Augen leuchteten auf. „Natürlich das Gesicht von Jesus, meinem Retter", antwortete er. „Das Erste, was ich tun werde, ist, mit einem Herzen voller Dankbarkeit und Lobpreis vor ihm niederzufallen. Und ich will dem Vater und dem Heiligen Geist ganz persönlich begegnen."

„Mitte des 18. Jahrhunderts schrieb Jonathan Edwards, dass es ‚eine wahrhaft beglückende Erfahrung' sein würde, das Angesicht Gottes im Himmel zu sehen", unterbrach ich ihn.[7]

Luis grinste. „*Beglückend*", wiederholte er und ließ sich das Wort auf der Zunge zergehen. „Ja, genau. Das hat er schön gesagt."

„Möchtest du von Jesus die Worte hören: ‚Gut gemacht, mein guter und treuer Diener'?"[8], fragte ich.

„Wünschen wir uns das nicht alle? Ich wage nicht zu vermuten, wie Jesus mich begrüßen wird. Es steht mir im Moment nicht zu, darüber zu spekulieren. Aber ihn einfach nur zu sehen – das wird unglaublich sein. Natürlich haben wir alle irgendwelche Vorstellungen von ihm, die sich im Laufe der Jahre gebildet haben. Aber bald werde ich ihn selbst sehen – so wie er wirklich ist!"

„Wen möchtest du sonst noch sehen?"

Er schluckte. „Ich will meinen Vater sehen", sagte er und seine Augen begannen zu glitzern. „Als ich ihn zuletzt gesehen habe, war ich zehn Jahre alt. Ich frage mich: *Konnte er beobachten, was geschehen ist, seit er diese Welt verlassen hat? Weiß er, welch ein Erbe er hinterlassen hat?* In der Bibel steht: Du sollst deinen Vater und deine Mutter ehren. Ich will ihn fragen: ‚Hast du das Gefühl, dass ich dir mit meinem Leben Ehre gemacht habe, Papa?' Ich hoffe, dass es so war. Er war so ein großes Vorbild für mich.

Und ich möchte Zeit mit meiner Mutter verbringen und mit all den großen Glaubenshelden", fuhr er fort. „Ich möchte Augustinus begegnen, Wesley, Whitefield, Moody. Und natürlich will ich Billy Graham wiedersehen. Er hat mich so unglaublich ermutigt. Und Spurgeon. Ich habe neulich eine Predigt gelesen, die er über den Himmel verfasst hat, und darin hat er gesagt: ‚Stellt euch das einmal vor: Wir werden nie wieder sündigen.' Darüber hatte ich noch nie nachgedacht. Wir werden nie mehr sagen müssen: ‚O Gott, vergib mir.' Ich meine, das ist doch ein großartiger Gedanke, oder?"

„Da hast du recht", sagte ich. „Und was willst du sonst noch sehen?"

„Den Thron Gottes", erwiderte er. „Lies doch mal Offenbarung 4 – das ist so großartig, so atemberaubend, es wird dich umhauen! Und der, der auf ihm sitzt, ist so strahlend wie Edelsteine – wie Jaspis und Karneol. Der Thron wird umstrahlt von einem Regenbogen, der glänzt wie Smaragd, und von ihm gehen Blitze, Donner und gewaltige Stimmen aus. Vor dem Thron ist ein glänzendes Meer aus Glas, das wie Kristall funkelt. Rings um den Thron sitzen vierundzwanzig Älteste, und es gibt fantastische Wesen, die alle den Herrn preisen: ‚Heilig, heilig, heilig ist der Herr, Gott, der Allmächtige, der immer war, der ist und der noch kommen wird.' Wie viel davon ist wörtlich zu verstehen? Wie viel ist sinnbildlich gemeint und beschreibt etwas, das wir zu diesem Zeitpunkt überhaupt noch nicht begreifen können? Ich kann es nicht erwarten, es herauszufinden."

Er kicherte ein wenig und setzte hinzu: „Lee, ich wünschte, ich könnte dir eine Textnachricht vom Himmel schicken und dir alles erzählen! Ich weiß, der Journalist in dir würde jedes Detail verschlingen."

Zweifel oder Fragen?

Ich hatte immer den Eindruck, dass Palaus' Glaube an Christus unerschütterlich war. Er schien felsenfest auf die Heiligen Schriften zu vertrauen, sich völlig auf Gott zu verlassen und keinerlei Zweifel an den zentralen Lehren der Kirche zu hegen. Wenn er über Jesus sprach, hatte man das Gefühl, dass er von einem engen Freund erzählte. Aber wie ging es ihm mit dem Schreckgespenst des Todes? Hat das seinen Glauben irgendwie ins Wanken gebracht und seine Überzeugungen erschüttert?

„Ob ich Zweifel habe?", fragte Palau, als hätte er meine Frage gehört. „Nein, Zweifel habe ich nicht – aber Fragen."

„Was ist der Unterschied?", fragte ich.

„Fragen beziehen sich auf das *Was* – was geschehen ist und warum. Bei Zweifeln geht es mehr um das *Wer* und manchmal können sie sich direkt auf den Wesenskern Gottes beziehen. Was mich betrifft, habe ich niemals an der Existenz oder Güte Gottes gezweifelt, aber ich habe trotzdem Fragen."

„Welche zum Beispiel?"

„Warum ist mein Vater so früh gestorben? Er hatte Gott so treu und hingebungsvoll gedient. Warum mussten wir nach seinem Tod eine Zeit der Armut durchleiden? Es ist ja nicht so, dass ich Gott kritisieren will. Genauso wie es mich interessieren würde zu erfahren, warum Gott so viel Böses in der Welt zulässt. Ich wäre so froh, wenn er mir sagen würde: ‚Gut, Luis, ich will es dir erklären.' Ich weiß, dass er Gründe hat – seine Wege sind vollkommen –, aber es wäre schön, wenn er sie mir nennen würde."

„Hat deine Diagnose deinen Glauben irgendwie erschüttert?", erkundigte ich mich.

„In den ersten Wochen war ich ziemlich aufgewühlt", antwortete er. „Und die Leute sollten wissen, dass das passieren kann, wenn ihr Ende naht. Die Puritaner haben darüber geschrieben.

Es kommt immer wieder vor, dass das Böse uns anklagt, uns angreift und versucht, das Werk Gottes in uns zu zerstören."

„Hast du das erlebt?"

„Ja, der Kampf war sehr real. Es war, als würde der Teufel zu mir sagen: ‚Palau, du hast zu riesigen Menschenmassen gepredigt, aber was ist, wenn du einer von denen bist, zu denen der Herr sagt: *Ich habe euch nie gekannt. Fort mit euch. Ihr lebt nicht nach Gottes Gebot.*'[9]

Ich hatte das Gefühl, dass Satan zu mir sagte: ‚Du bist ein Heuchler; du hast schmutzige Gedanken und ein verdorbenes Herz. Du hast vielen Menschen den Weg zum Himmel gezeigt, aber du selbst kommst nicht dorthin.'"

„Das muss sehr verstörend gewesen sein", sagte ich.

„Das war es auch. Rein verstandesmäßig wusste ich, dass Christus mir vergeben hatte, aber emotional – na ja, der Teufel versteht sein Handwerk. Er besaß die Frechheit, den Sohn Gottes auf die Probe zu stellen. Warum sollten da so kleine Lichter wie wir dann etwas Besseres erwarten?"

„Wie hast du diese Erfahrung bewältigt?"

„Ich habe viel gebetet und in der Bibel gelesen. Besonders Kapitel 7 bis 10 im Hebräerbrief. Da steht eindeutig, dass Jesus gekommen ist, um die Sünde ein für alle Mal zu besiegen. Sein Opfer hat für alle unsere Sünden und Versäumnisse bezahlt und er setzt sich beim Vater für uns ein. Er verteidigt uns. Darum können wir dasselbe sagen, was Jesus zu seinen Jüngern gesagt hat: ‚Der Herrscher dieser Welt [ist] schon ganz nah … Er hat keine Macht über mich.'[10] Denn letztendlich hat er keine", sagte Palau mit fester Stimme. „Wenn du dein Vertrauen auf Jesus setzt, kannst du sicher sein, dass du gerettet bist."

Tatsächlich hatte Palau sich in der letzten Zeit, die er auf dieser Erde verbrachte, dazu gedrängt gefühlt, „den Blick immer wieder auf das Kreuz zu richten".

„Der Gedanke des ‚ein für alle Mal' wird im Hebräerbrief mehrfach erwähnt", sagte Palau zu mir. „Durch das Opfer, das Jesus am Kreuz gebracht hat, sind *alle* unsere Sünden vergeben – die Schuld ist voll und ganz beglichen, endgültig, vollkommen und für alle Zeiten. In Hebräer 7,27 steht: ‚Als Jesus Christus am Kreuz für unsere Schuld starb, hat er ein Opfer dargebracht, das ein für alle Mal gilt' [Hoffnung für alle]. Das kann Menschen helfen, die sich nicht sicher sind, ob Gott ihnen wirklich vergeben hat. Sie können darauf vertrauen, dass ihnen vergeben ist, wenn sie ihre Schuld bereut haben und auf die Gnade Gottes vertrauen."

Ich fragte Palau, welches Erbe er seinen Mitmenschen zu hinterlassen hoffte. Was er mir zur Antwort gab, hatte ich nicht erwartet. Er sprach nicht über seinen weltweiten Dienst als Evangelist oder über die Menschenmengen, die seine Lehren in sich aufgesaugt hatten.

„Was ich mir am meisten wünsche, ist, dass die Leute gemerkt haben, dass ich nichts Besonderes bin", meinte er. „Es gibt andere Redner, die redegewandter sind. Nein, ich wünsche mir, dass die Leute über mich sagen: ‚Wenn Gott einen so einfachen Menschen wie Luis gebrauchen kann, dann kann er vielleicht auch mich gebrauchen!' Ist das nicht das wichtigste Zeugnis: dass Gott die Schwachen gebraucht? Dann ist er derjenige, dem alle Ehre gebührt. Jeder von uns kann treu sein. Du brauchst kein Genie zu sein. Du kannst einfach ein Junge aus einer Kleinstadt im Süden Argentiniens sein. Und wenn wir treu sind, gibt es keine Grenzen – denn es ist allein Gottes Kraft, die hier wirkt."

Botschaften aus dem Himmel

Im Raum, in dem wir saßen, hing ein Souvenir aus seiner Kindheit, das die Botschaft zum Ausdruck brachte, die Palau so viele Jahrzehnte lang verbreitet hatte. Es war ein großes, handgemaltes Schild, das über der Kanzel der Wellblechkirche gehangen hatte, die seine Familie damals in der kleinen argentinischen Stadt Ingeniero Maschwitz besucht hatte.

Dios es Amor – Gott ist Liebe.

„In den ersten Jahren meines Predigtdienstes war ich oft sehr hart", gestand er mir. „Das war nicht immer schlecht, denn es heißt ja: ‚Furcht ist der Anfang der Weisheit.' Manchmal muss man die Menschen lehren, Gott zu fürchten, darum predigte ich vor allem eine Botschaft: ‚Bekehre dich, damit du nicht in die Hölle kommst.'

Aber", fuhr er fort, „es ist ein Unterschied, ob man sich vor der Hölle in Sicherheit bringen will oder ob man sich wirklich wünscht, die Ewigkeit bei Gott im Himmel zu verbringen. Darum bin ich im Laufe der Jahre mehr und mehr dazu übergegangen, das Augenmerk auf Gottes Freundlichkeit, seine Großzügigkeit, seine Geduld, seine Liebe und Güte zu lenken. Er macht uns frei! Gibt es etwas Besseres? Unsere Beziehung zu Gott kann voller Freude, Glück und Lachen sein. Die Bibel macht schließlich deutlich, dass es Gottes *Freundlichkeit* ist, die uns zur Umkehr bewegt."[11]

„Ist das die Botschaft, die du den Menschen hinterlassen möchtest?", fragte ich.

„Ich hoffe, dass meine Lehre ausgewogen war. Ich habe nicht davor zurückgeschreckt, ihnen zu sagen, dass unsere Sünde uns von Gott trennt und uns auf den Weg in die Hölle führt. Aber die gute Nachricht ist, dass Christus uns Vergebung und ein ewiges Leben im Himmel anbietet, wenn wir unsere Schuld bereuen und ihm nachfolgen. Die Menschen müssen diese positive, ermutigende Botschaft hören. Dios es Amor! Gott ist Liebe!"

Ich lehnte mich in meinem Stuhl zurück und las mir noch einmal meine Notizen durch, um festzustellen, ob es noch offene Fragen gab. Ich blickte zu Palau und sagte: „Vor ein paar Minuten hast du gewitzelt, dass du mir gern eine Nachricht aus dem Himmel schicken würdest. Aber jetzt mal im Ernst: Wenn du deinen Glaubensgeschwistern tatsächlich eine Botschaft aus dem Himmel schicken könntest, wie würde sie lauten?"

„Macht euch auf", sagte Palau nachdrücklich. „Riskiert was – erzählt anderen die Gute Nachricht von Jesus Christus. Denkt daran, dass es die Aufgabe des Heiligen Geistes ist, ihnen ihre Schuld bewusst zu machen. Er ist euer Partner – lasst ihn sein Werk in den Menschen tun. Ihr bringt ihnen die beste Nachricht auf dem Planeten: Gott ist Liebe. Für euch gibt es Erlösung, eine Beziehung zu Gott, einen Himmel und eine ewige Party."

Palau erinnerte sich daran, was seine Mutter zu ihm gesagt hatte, als er zum Glauben gefunden hatte. Sie hatte ihn gedrängt, das Evangelium in die umliegenden Städte zu bringen, in denen es keine Gemeinden gab. „Sie hat mich ständig daran erinnert. ‚Du musst zu ihnen gehen', sagte sie immer wieder. ‚Mach dich auf den Weg und bring ihnen die Gute Nachricht!'"

„Und was hast du getan?", wollte ich wissen.

„Es fiel mir schwer, einfach vertrauensvoll loszugehen. Ich sagte dann oft: ‚Ich warte darauf, dass Gott mich beruft, Mom.'"

„Ich könnte mir vorstellen, dass ihr das nicht so gut gefallen hat."

„Nein. Sie regte sich auf. Sie sagte zu mir: ‚Berufen? *Berufen?* Er hat dich vor zweitausend Jahren berufen, Luis! Der Herr wartet auf *deine* Antwort! Du wartest nicht auf *seinen* Ruf!' Und sie hatte recht. In der Bibel können wir nachlesen, was unsere

Aufgabe ist: Wir sollen losgehen und den Menschen von Jesus erzählen. Freunden, Angehörigen, Nachbarn, Kollegen und all den anderen Menschen, denen wir auf unserem Lebensweg begegnen. Das ist der Auftrag, den wir alle haben. Dazu braucht keiner eine spezielle Berufung. Wenn du das Gefühl hast, diese nicht bekommen zu haben, sollte das niemals ein Vorwand dafür sein, nichts zu tun."

„Hat dich das motiviert?"

„Es war einer der entscheidenden Momente meines Lebens", antwortete er. „Ich begriff, dass ich nicht warten musste; ich musste *handeln*. Und dazu würde ich auch meine Glaubensgeschwister ermutigen: Geht im Glauben los, werdet aktiv, fangt ein Gespräch mit jemandem an, der Gott fernsteht. Ob sie dem Evangelium glauben, ist ihre Sache. Das habt ihr nicht in der Hand. Aber ich kann euch aus eigener Erfahrung sagen: Am Ende eures Lebens – wenn alles gesagt und getan ist –, werdet ihr es niemals bereuen, wenn ihr mutig von Jesus erzählt habt."

Seine Worte erinnerten mich an das, was die Evangelistin Becky Manley Pippert einmal gesagt hatte: „Wir leben, nachdem Jesus vom Himmel auf die Erde kam und bevor Jesus wiederkommt, um den Himmel auf die Erde zu bringen. Wozu hat Gott uns hier, in diesem besonderen Abschnitt der Geschichte, unseren Platz gegeben? Damit wir uns einklinken können in die große Aufgabe: die Menschen zu lieben, ihnen nachzugehen und sie dazu einzuladen, nach Hause zu Gott zu kommen."[12]

„Und was ist mit den Menschen, die keine Christen sind?", wollte ich wissen. „Welche Nachricht würdest du ihnen aus dem Himmel schicken?"

Palau nahm kein Blatt vor den Mund. „Ich würde ihnen sagen: *‚Seid nicht dumm!'*"

Wir mussten beide lachen. „Im Ernst?", fragte ich. „Das würdest du ihnen sagen?"

„Genau: Seid nicht dumm! Verzichtet nicht auf das, was Gott euch in seiner Liebe und Gnade schon für dieses Leben geben will. Warum das Schlechte wählen, wenn das Gute ruft? Warum sich vom Himmel abwenden und sich für die Hölle entscheiden? Warum wollt ihr euch den schädlichen Nebenwirkungen eines Lebens ohne Gott aussetzen, statt Gottes Weg der Gerechtigkeit und Liebe einzuschlagen? Verpasst die Party nicht, die Gott im Himmel für euch vorbereitet hat – und der Himmel ist jetzt gewissermaßen schon da!"

Als ich ins Flugzeug gestiegen war, um einen der bekanntesten Evangelisten der Welt zu treffen, hatte ich irgendwie nicht erwartet, dass unser Interview mit einer einfachen Aufforderung enden würde: „Seid nicht dumm." Und doch fasst dieser eindringliche Aufruf das Buch, das Sie gerade lesen, ziemlich gut zusammen.

Die Indizien deuten darauf hin, dass es den Himmel wirklich gibt. Jesus hat die Türen für jeden weit geöffnet, der ihm vertraut. Die Hoffnung wartet. Die Gnade ruft. Die Party geht los. Das Eintrittsgeld ist bezahlt. Die Ewigkeit winkt.

Suchen Sie Gott. Vertrauen Sie ihm. Folgen Sie ihm nach. Hören Sie auf die Worte meines Freundes und Helden Luis Palau.

„Seien Sie nicht dumm!"

Welche Schlussfolgerungen ergeben sich für uns?

Auf Gottes Weg zum Himmel

Aus der Geschichte wissen wir, dass gerade die Christen am meisten für das Diesseits taten, die sich auch am eingehendsten mit dem Jenseits befassten.

C. S. Lewis: *Pardon, ich bin Christ*

Mein Freund Nabeel hatte Magenkrebs. Wenige Tage vor seinem Tod saß ich an seinem Krankenhausbett. Sein Gesicht war schmal und seine Beine waren dünn und knochig. Er war erst 34 Jahre alt und lag im Sterben.

Nabeel Qureshi war ein gläubiger Moslem, der sich damit auseinandergesetzt hatte, ob es schlüssige Beweise für den christlichen Glauben gab. Dadurch hatte er zum Glauben an Jesus gefunden.

Er hatte bereits einen Studienabschluss in Medizin, erwarb jedoch noch zwei weitere Abschlüsse. Er wurde Bestsellerautor und sprach vor internationalem Publikum.

Sein Tod war ein schwerer Schlag für mich und alle seine Freunde.

Er starb 2017. Aber gerade heute, als ich mich darauf vorbereitete, ihn in diesem Buch zu erwähnen, habe ich ihn wiedergesehen – diesmal in einem Video, das jemand am dritten Jahrestag seines Todes getweetet hatte. In dieser Rede, die er irgendwann während seines Dienstes gehalten hatte, sagte er Folgendes:

In unserem Zeitalter der Postaufklärung und vor allem im universitären Umfeld glauben viele Menschen nicht mehr an das Übernatürliche. Die Auferstehung steht im klaren Widerspruch zu dieser Überzeugung. Es gibt mehr auf dieser Welt – etwas, das Menschen aus dem Tod zurückholen kann. Und wenn das wahr ist, bedeutet es: Wenn Sie in Ihrem Leben an einen Punkt kommen, an dem es keine Hoffnung mehr zu geben scheint – wenn der Tod unvermeidlich scheint und es keine Möglichkeit gibt, ihm zu entrinnen –, dann ist der Tod nicht das Ende! Es gibt mehr. Es gibt Hoffnung – was auch immer geschieht![1]

Ja, Himmel bedeutet Hoffnung – keine vage Hoffnung, die sich auf bloßes Wunschdenken oder blinden Optimismus beschränkt –, sondern echte, begründete Hoffnung. Ich *vertraue fest* darauf, dass ich eines Tages wieder mit meinem Freund Nabeel vereint sein werde – und die überzeugenden Beweise für die Auferstehung und die Realität des Himmels verraten mir, dass meine Hoffnung gut begründet ist.

Die Wahrheit ist, dass die Auferstehung Dreh- und Angelpunkt der Weltgeschichte ist. N. T. Wright schreibt: „Die Auferstehung von Jesus ist der Beginn von Gottes neuem Projekt. Dabei geht es aber nicht darum Menschen von der Erde in den Himmel zu holen, sondern den Himmel auf die Erde zu bringen."[2]

Man kann die Geschichte von Jesus kaum treffender auf den Punkt bringen, als Scot McKnight es in meinem Interview mit ihm getan hat: „Er war der Messias, die menschgewordene Liebe Gottes, er starb unverschuldet durch die Hand von Sündern, Gott hat ihn vom Tod auferweckt, er fuhr auf in den Himmel, und er kommt wieder, um in Ewigkeit zu herrschen." Kein Wunder, dass die Bibel *das* als Evangelium bezeichnet – es ist wirklich eine *Gute Nachricht!*

Und es bedeutet: Für die Menschen, die dankbar Gottes Vergebung angenommen haben und Jesus nachfolgen, ist der Tod die Tür zu einer herrlichen, wunderbaren Welt voller Glück und Freude, voller blühender Freundschaften und anregender Erfahrungen, in der sie für immer das Gesicht unseres Herrn und Befreiers anschauen dürfen – und ja, wie Charles Spurgeon gesagt hat, seine Küsse empfangen werden.[3]

Haben Sie sich jemals vorzustellen versucht, was *für immer* wirklich bedeutet? „In unserem kreativsten Augenblick, in unseren tiefgründigsten Gedanken, auf unserem höchsten geistlichen Niveau gelingt es uns nicht, die Ewigkeit zu erfassen", hat Max Lucado einmal gesagt.[4] Ich erwähnte das dem Philosophen Chad Meister gegenüber, als ich ihn für dieses Buch interviewte, und er antwortete mit einer Geschichte.

„Tammy und ich lieben es, in die Karibik zu reisen", sagte er. „Stell dir vor, du gehst am Strand entlang, hebst eine Handvoll Sand auf und wählst dann ein einzelnes Körnchen aus. Und jetzt vergleiche es mit all dem Sand an diesem Strand. Dann vergleiche es mit all dem Sand an jedem Strand und in allen Wüsten auf der ganzen Erde.

Stell dir vor, dass ein Sandkorn für deine Lebenszeit auf dieser Welt steht. Und all die Berge von Sand auf diesem Planeten – all die Lebenszeiten, die diese Körner repräsentieren – wären nur der Anfang der Ewigkeit.

Und nun stell dir vor, du hättest das schlimmste Leben, das man in dieser Welt nur haben kann – ein Leben voller Nöte und

Schwierigkeiten. Ich will das Leid, das manche Menschen durchmachen, nicht kleinreden, aber wenn ein Sandkorn für ein ganzes Leben voller Probleme steht, dann würde das im Vergleich zu der unfassbaren Menge am Sand auf der ganzen Welt doch kaum ins Gewicht fallen."

Ich ließ das einen Moment auf mich wirken. Dann erwiderte ich: „Das erinnert mich an ein Zitat, das Teresa von Ávila zugeschrieben wird: ‚Im Licht des Himmels betrachtet wird das schlimmste Leid auf dieser Erde nicht schlimmer sein als eine Nacht in einem unbequemen Gasthof.'"[5]

Er lächelte. „Ich weiß nicht, wie du das siehst", sagte dieser akademische Superstar, der einmal, als er noch Skeptiker war, kurz davorstand, sich das Leben zu nehmen. „Aber ich finde diesen Gedanken *so* ermutigend."

Kraft, wenn Kraft nötig ist

Wenn *wir* die Geschichte von Jesus schon ermutigend finden, dann stellen Sie sich einmal vor, was er für die Menschen getan hat, die damals mit ihm zusammenlebten. „Jesus ist durch die Auferstehung vollkommen umgestaltet und neu definiert worden", sagte Eugene Peterson. „Und nun werden sie [die Jünger] durch die Auferstehung ebenso radikal umgestaltet und neu definiert."[6]

Nun wussten sie genau, dass Gott sein Versprechen von der kommenden Welt, vom Himmel, erfüllen würde – und diese Gewissheit revolutionierte ihr Leben in *dieser* Welt. Ihre Mission, ihre Einstellungen, ihre Beziehungen und ihre Prioritäten wurden völlig durcheinandergewirbelt und auf den Kopf gestellt.

Und was ist mit Ihnen und mir? Wie kann unser Leben *heute* im Licht des Himmels verändert werden? Nun, wenn es die Geschichte von Jesus ist, die uns in unsere himmlische Heimat führt, sollten wir uns dann nicht intensiver auf seine Lehren einlassen und alles daransetzen, seine Weisheit in unserem täglichen Leben anzuwenden?

Wenn wir wissen, dass wir eines Tages die Reichtümer des Himmels erben werden, sollten wir dann nicht aufhören, unser Herz an irdische Besitztümer zu hängen, die unsere Aufmerksamkeit von dem ablenken, was wirklich zählt? Wenn uns ein Paradies voll ewiger Freuden erwartet, sollten wir dann nicht damit aufhören, gedankenlos irgendwelchen Ersatzbefriedigungen nachzujagen, die uns nur kurzfristigen Genuss schenken und oft bleibende Reue?

Im neuen Himmel und auf der neuen Erde wird alles in Ordnung gebracht werden. Sollten wir daher nicht damit beginnen, unsere eigenen Beziehungen in Ordnung zu bringen? Der Dreh- und Angelpunkt der Botschaft von Jesus ist Barmherzigkeit. Sollten wir darum nicht denjenigen, die uns verletzt haben, Vergebung anbieten – und diejenigen, die wir verletzt haben, um Vergebung bitten?

Ich weiß, wie schwierig es sein kann, Dinge in Ordnung zu bringen. Vor einiger Zeit war mir klar, dass ich mich mit jemandem versöhnen sollte, den ich schlecht behandelt hatte. Aber ich hatte zu viel Angst und schämte mich zu sehr, um es auch zu tun. Es würde mir schwerfallen, meinen Fehler einzugestehen, und ich befürchtete, dass der Betreffende aggressiv werden würde. Ich wusste, dass ich im Einklang mit Gottes Willen handeln würde, wenn ich auf diesen Freund zuging, weil in der Bibel steht: „Tragt euren Teil dazu bei, mit anderen in Frieden zu leben, soweit es möglich ist!"[7] Darum betete ich und bat Gott um den Mut, diesen Schritt zu tun.

Hatte ich sofort das Gefühl, dass mich die Kraft Gottes durchströmte? Nein, ich fühlte mich weiterhin ängstlich und unfähig. Trotzdem gab Gott mir, als ich gehorsam zum Telefon ging, um die Nummer dieses Mannes zu wählen, die Kraft, die ich brauchte. Auch im Laufe des Gespräches machte Gott mir Mut und schenkte mir die richtigen Worte, um das heikle Thema anzusprechen – und heute bin ich mit diesem Freund wieder im Reinen.[8]

Können wir mit Gottes Hilfe Schritte unternehmen, um ein begangenes Unrecht in Ordnung zu bringen? Angesichts der Tatsache, dass sich bei der Geschichte von Jesus alles um Versöhnung mit Gott dreht, sollten wir es nicht auf den Himmel verschieben, begangene Fehler wiedergutzumachen und zerbrochene Freundschaften zu reparieren. Ich habe gelernt: Wenn wir den Weg gehen, den Jesus uns gezeigt hat, wird er uns die Kraft schenken, die wir dafür brauchen.

Bruder Andrew, der dafür bekannt ist, dass er Bibeln in Länder hinter dem Eisernen Vorhang schmuggelte, hat das immer wieder erlebt. Wenn er sich von Gott geführt fühlte, christliche Materialien in ein Land zu bringen, ging er gehorsam konkrete Schritte, auch wenn die Tür anfänglich fest verschlossen schien. Während er sich dann mit seinen Büchern der Grenze näherte, machte Gott es immer möglich, dass er seinen Auftrag erfüllte.

„Die Tür scheint vielleicht verschlossen", sagte er. „Aber sie ist nur so verschlossen wie die Tür zu einem Supermarkt. Sie bleibt zu, solange man einen gewissen Abstand einhält, aber wenn man sich auf sie zubewegt, sieht einen das ‚magische Auge', und die Tür geht auf. Gott wartet darauf, dass wir im Glauben vorangehen. Dann öffnet er uns die Tür, damit wir ihm dienen können."[9]

Können wir darauf vertrauen, dass Gott das Richtige tut?

Vielleicht hat die Sache mit Jesus für Sie trotzdem noch einen Haken. Sie fragen sich, ob Gott wirklich gerecht ist. Wenn Jesus den Schlüssel zum Himmel in der Hand hält, was passiert dann mit denen, die nie die Chance bekommen, seine Liebesbotschaft über Befreiung und ewiges Leben zu hören? Diese Frage beschäftigte mich als jungen Christen so sehr, dass ich Hunderte von Kilometern zurücklegte, um einen bekannten Wissenschaftler zu treffen, der sie mir vielleicht beantworten konnte.

Was ich erfuhr, war, dass Gott uns nicht ausdrücklich gesagt hat, wie er mit diesen Menschen verfahren wird. „Was noch kommen wird, weiß allein der Herr, unser Gott. Seinen Willen hat er uns und unseren Nachkommen jedoch für immer gezeigt, damit wir alle Anweisungen dieses Gesetzes befolgen", heißt es in der Bibel.[10] Aber wir wissen einige Dinge, die uns helfen können, dieses Thema zu beleuchten.

Erstens wissen wir aus der Bibel, dass Gott allen Menschen die Forderungen seines Gesetzes ins Herz geschrieben hat und dass keiner von uns es schafft, diesen Maßstäben gerecht zu werden.[11] Darum haben wir auch ein schlechtes Gewissen, wenn wir etwas Falsches tun. Zweitens wissen wir, dass alle Menschen schon allein durch das, was Gott erschaffen hat, erkennen können, dass er existiert. Dennoch haben viele vor dieser Tatsache die Augen verschlossen und wollten nichts von Gott wissen.[12]

Sowohl das Alte als auch das Neue Testament sagen uns ausdrücklich, dass diejenigen, die von ganzem Herzen nach Gott suchen, ihn finden werden.[13] Tatsächlich steht in der Bibel sogar, dass der Heilige Geist uns zuerst sucht und es uns so erst ermöglicht, ihn zu suchen. Das lässt in meinen Augen darauf schließen, dass Menschen, die auf der Grundlage ihres Verständnisses ernsthaft auf der Suche nach dem einen, wahren Gott sind, in irgendeiner Form die Möglichkeit bekommen werden, das ewige Leben zu empfangen, das Gott uns in seiner Gnade durch Jesus anbietet.

Manchmal erhaschen wir einen Blick darauf, wie Gott das tut. Ich habe einmal einen Mann kennengelernt, der in Indien in einem Gebiet, in dem es keine Christen gab, von Gurus aufgezogen wurde. Als Teenager kam er zu dem Schluss, dass es im Hinduismus zu viele Widersprüche gab und dass dessen Lehren ihm keinen inneren Frieden schenkten. Er wandte sich daraufhin an Gott und bat ihn um Antworten – und durch eine äußerst bemerkenswerte Kette von Ereignissen brachte Gott Menschen in sein Leben, die ihm von Jesus erzählten. Infolge dieser Begegnungen wurde er zu einem Nachfolger Christi.

In meinem Buch *Wunder: Was ist wirklich dran?* dokumentiere ich zahllose Beispiele dafür, wie Jesus Menschen in muslimischen Ländern begegnet ist, in denen es keine Möglichkeit gibt, das Evangelium zu verkünden: Er hat ihnen spektakuläre Träume geschenkt, in denen er ihnen erschienen ist und ihnen den Weg gezeigt hat, der zum ewigen Leben führt.[14] Im Nahen Osten und darüber hinaus gab es einen wahren Tsunami von solchen Ereignissen und auch mein Freund Nabeel Qureshi hat auf diese Weise zu Jesus gefunden.[15] Wir dürfen darauf vertrauen: Wann immer sich Menschen – gleichgültig, welcher Nation oder Kultur sie angehören mögen – an Gott wenden, wird er ihnen antworten, oft auf ganz erstaunliche, unerwartete Weise.

Die Bibel lässt keinen Zweifel daran, dass Gott absolut fair ist. Im ersten Buch der Bibel wird die Frage gestellt: „Sollte nicht der Richter der ganzen Welt gerecht handeln?"[16] Der Autor Ronald H. Nash hat es dies so in Worte gefasst: „Wenn Gott mit uns allen fertig ist, wird sich niemand von uns beklagen können, dass er ungerecht behandelt worden ist."[17] Mit anderen Worten: Am

Ende der Weltgeschichte wird jeder Einzelne von uns darüber staunen, wie vollkommen Gottes Urteil ist.

Schließlich wissen wir auch, dass es nur eine Möglichkeit gibt, wie man dem Tod entrinnen kann: durch das Opfer, das Jesus am Kreuz für uns gebracht hat. Welches Wissen ein Mensch im Einzelnen über Jesus haben muss oder wo genau die Grenze verläuft, wann jemand gläubig ist, weiß nur Gott. Nur er allein kann einem Menschen ins Herz schauen.[18]

Letztendlich müssen wir zu diesem Thema nur das wissen: Gott ist gut, Gott ist die Liebe und Gott ist gerecht. Wenn wir uns in diesen Punkten sicher sind, können wir fest darauf vertrauen, dass er alles richtig machen wird.[19]

Die Formel des Glaubens

Was Sie und mich betrifft, ist das Problem sicher nicht Unkenntnis. Selbst wenn Sie die Geschichte von Jesus noch nie zuvor gehört haben, haben Sie sie nun in diesem Buch gelesen. Im Laufe dieser vielen Seiten haben Sie die Beweislage geprüft und die Argumente gehört, die dafür sprechen, dass der christliche Glaube wahr ist. Ich hoffe, dass Sie auch etwas von der Dringlichkeit gespürt haben, die ich vor einigen Jahren empfand, als ich dem Tod ins Auge sah. In gewisser Weise sind Sie, während Sie dieses Buch gelesen haben, ein Geschworener in diesem „Indizienprozess zum Fall ‚Himmel'" gewesen – und ein guter Geschworener fällt an irgendeinem Punkt ein Urteil.

Vielleicht ist jetzt dieser Zeitpunkt gekommen. Jetzt kennen Sie den Weg nach Hause.

Ich erinnere mich an den Tag, als mich all das mit voller Wucht traf. Es war der 8. November 1981. Nachdem ich zwei

Jahre lang als Atheist die Beweislage unter die Lupe genommen hatte, kam ich zu dem Ergebnis, dass diese Sache mit Jesus wahr ist. Ich war mir nicht sicher, wie ich nun darauf reagierten sollte, aber in Johannes 1,12 fand ich die Antwort: „All denen aber, die ihn *aufnahmen* und an seinen Namen *glaubten*, gab er das Recht, Gottes Kinder zu *werden*" (Hervorhebung des Autors).

Dieser Vers bringt die „Formel des Glaubens" auf den Punkt: **Vertrauen + Empfangen = Werden.**

Ich *vertraute* Jesus und dem, was er über Gott und das Leben sagte, und *empfing* seine Vergebung durch ein ernsthaftes Gebet, in dem ich meine Schuld bekannte und mich dafür entschied, in Zukunft mit Jesus zu gehen. Dadurch *wurde* ich zu einem Kind Gottes – für alle Ewigkeit. Das führte dazu, dass der Heilige Geist im Laufe der Zeit meinen Charakter, meine Wertvorstellungen, meine Weltanschauung, meine Einstellungen, meine Beziehungen und meine Prioritäten verändert hat – zum Besseren.

Und was ist mit Ihnen? Gott möchte nicht, dass Sie sich in Bezug auf Ihr Verhältnis zu ihm in einem Zustand der Angst oder Unsicherheit befinden. Der erste Vers, den ich auswendig lernte, nachdem ich mich für ein Leben mit Jesus entschieden hatte, war 1. Johannes 5,13: „Das schreibe ich euch, damit ihr *wisst*, dass ihr das ewige Leben habt, weil ihr dem Namen des Sohnes Gottes vertraut" (Hervorhebung des Autors).

Ja, Sie können *wissen* – jetzt in diesem Moment, ohne jeden Zweifel –, dass Sie für immer im Himmel die Güte Gottes genießen werden. Wenn Sie Jesus *vertrauen*, so gut Sie können, Ihre Schuld bereuen und sein Geschenk der Vergebung und des ewigen Lebens vertrauensvoll *empfangen*, dann werden Sie für immer sein Kind *werden*. Sie werden bei Gott wohnen und er wird bei Ihnen wohnen – im neuen Himmel und auf der neuen Erde, die schon heute beginnen.

Und wenn wir beide im Himmel sind, dann vermute ich, dass ich dort oft auf meiner Veranda sitzen werde. Warum kommen Sie nicht mal vorbei, damit wir uns miteinander darüber freuen können, wie sehr Gott uns immer wieder mit seiner Liebe und Gnade beschenkt hat? Dann werden wir gemeinsam unsere Stimmen erheben und ihn, den einzig wahren Gott, loben, der all dies möglich gemacht hat.

Wie wäre es, wenn ich Ihnen bei der Gelegenheit meinen lieben Freund Nabeel Qureshi vorstelle? Sie werden ihn bestimmt genauso mögen wie ich!

Was passiert, nachdem wir gestorben sind?

Nachdem mir der Arzt in der Notaufnahme vor einigen Jahren mitgeteilt hatte, dass ich an der Schwelle des Todes stand, verlor ich erneut das Bewusstsein. Als ich einige Zeit darauf wiederbelebt worden war, stellte ich zu meiner Überraschung fest, dass ich immer noch lebte. Einer der ersten Gedanken, die mir durch den Kopf schossen, war: *Wenn ich diese Tortur nicht überlebe, was passiert dann als Nächstes mit mir?*

Wie die meisten Christen wusste ich, dass ich weiterleben würde, wenn mein physischer Körper gestorben war. Aber was dann im Einzelnen mit mir geschehen würde, war mir ziemlich schleierhaft. Solange ich nicht unmittelbar betroffen war, hatte mich die genaue Abfolge der Ereignisse nie besonders interessiert.

Überraschenderweise berichtet die Bibel nicht besonders detailliert darüber, was unmittelbar nach unserem Tod geschieht. Allem Anschein nach ist es wohl so, dass sich unsere Seele von unserem Körper trennt und in einen Zwischenzustand eintritt, in dem unser Geist klar ist und weiß, in welcher Situation wir uns befinden.[1] Die Geschichte von Lazarus und dem reichen Mann, die Jesus bei einer Gelegenheit erzählte[2], lässt darauf schließen, dass es während dieser körperlosen Existenz zwei unterschiedliche Orte gibt.

Einen Ort kann man als Paradies bezeichnen, wo die Jesus-Nachfolger sich an Gottes Gegenwart erfreuen. So versicherte

Jesus dem Verbrecher, der neben ihm am Kreuz hing: „Heute noch wirst du mit mir im Paradies sein" (Lukas 23,43). Wir können sicher sein, dass das eine wunderschöne, segensreiche Erfahrung sein wird, auch wenn wir uns in gewisser Weise unvollständig fühlen werden, weil unsere Seele von unserem Körper getrennt ist.³

Der andere Ort des Zwischenzustands wird häufig als Hades bezeichnet – ein Ort der Einsamkeit und der Qualen für Menschen, die nichts von Gott wissen wollten und deshalb jetzt von Gott getrennt sind.⁴ „Es wird so sein, als würde man jeden Morgen im Todestrakt aufwachen, ohne die Aussicht darauf, dass die Strafe jemals ausgesetzt wird", schrieb Pastor und Autor Randy Frazee. „Der Hades ist ein Ort, an dem wir von der Gegenwart Gottes und dem Leben, für das wir bestimmt waren, verbannt sind. Dort halten wir uns auf, während wir auf das Jüngste Gericht warten."⁵

Mit diesem Jüngsten Gericht beginnt auch das letzte Stadium unserer Existenz – die Ewigkeit. Wenn Jesus auf die Erde zurückkommt, werden seine Nachfolger, die sich im Zwischenzustand aufhielten, ihren unvergänglichen Auferstehungsleib erhalten und in den neuen Himmel und die neue Erde versetzt werden. Die Menschen, die sich gegen ein Leben mit Jesus entschieden hatten, werden ebenfalls einen Auferstehungsleib erhalten, und sie werden die Konsequenzen ihrer Entscheidungen tragen und ohne Gott leben müssen. Das wird in der Bibel als Hölle bezeichnet. Diese beiden Bestimmungsorte gelten für alle Ewigkeit.

Wie wird das Jüngste Gericht aussehen? „Das Jüngste Gericht ist eine große Zeit der Gerechtigkeit am Ende der Geschichte und vor dem endgültigen Zustand. In ihm wird Gott alle seine moralisch verantwortlichen Geschöpfe zur Rechenschaft ziehen, seien es Menschen oder Engel. Dann wird er von ihnen allen Rechenschaft darüber fordern, was sie gedacht, gesagt oder getan haben", schreibt der Theologe Alan Gomes.[6]

Gomes sagt weiter, dass Gott im Gericht „seine Gnade zeigen wird, indem er denen vergibt, die ihre Sünden bereuen und die Vergebung in Anspruch nehmen, die er uns durch den stellvertretenden Tod von Jesus am Kreuz anbietet. Und er wird den Menschen, die keine Reue zeigen, seine Gerechtigkeit offenbaren und die Schuldigen ‚keineswegs ungestraft' lassen, indem sie die Konsequenzen ihrer Taten tragen müssen (Nahum 1,3)."[7]

Gomes ist einer der Theologen, die die Auffassung vertreten, dass beim Jüngsten Gericht auch Christen eine Belohnung empfangen werden, die sich danach richtet, „auf welche Weise und in welchem Ausmaß sie Gott gedient haben".[8]

Er schreibt: „Jesus selbst ... ermahnt seine Jünger, in Zeiten der Verfolgung in dem Bewusstsein standzuhalten, dass sie im Himmel eine große Belohnung erhalten werden.[9] Er sagt ihnen, dass sie ihr Leben nicht damit zubringen sollen, sich mit irdischen Sorgen zu beschäftigen und vergänglichen Zielen nachzujagen, sondern unvergängliche Schätze im Himmel sammeln sollen.[10] Auch die scheinbar kleinsten und unbedeutendsten Liebesdienste, die sie für ihn vollbringen, werden ihm nicht entgehen und auch für diese wird er seine Kinder belohnen."[11]

Andere Theologen sind jedoch der Meinung, dass die unglaublichen Freuden des Himmels *die* große Belohnung sein werden, die allen Nachfolgern von Jesus gleichermaßen zuteil wird.[12] „Im Reich Gottes werden die Prinzipien von Fähigkeit und Verdienst dem Prinzip der Gnade weichen", so der neutestamentliche Theologe Simon Kistemaker.[13]

Wie dem auch sei – die einfache Antwort auf die Frage, was nach dem Tod mit uns geschehen wird, lautet: „Wir werden weiterleben." Wie unser endgültiger Aufenthaltsort aussehen wird, hängt davon ab, wem wir vertrauen. Vertrauen wir Jesus, der für uns und unsere Sünden am Kreuz gestorben ist?[14] Wenn ja, werden wir die Ewigkeit in Gottes Gegenwart verbringen. Das nennt die Bibel „Himmel". Wenn nicht, werden wir die Konsequenzen unseres Handelns und unserer Entscheidungen tragen müssen, die darin bestehen werden, von Gott getrennt zu sein. Das nennt die Bibel „Hölle".

Was mit uns nach dem Tod passiert, hängt also einzig und allein davon ab, wie wir auf das Angebot von Jesus reagieren. Nehmen wir es an und setzen unser Vertrauen in ihn?[15]

Die Bibel über Tod und Himmel

Darum ist mein Herz erfüllt mit Freude, und mein Mund lobt ihn mit lauter Stimme. Auch mein Körper ruht sicher. Denn du wirst deinen Heiligen nicht im Grab verwesen lassen und wirst nicht dulden, dass dein Gottesfürchtiger im Grab verwest.
Psalm 16,9–10

Auch wenn ich durch das dunkle Tal des Todes gehe, fürchte ich mich nicht, denn du bist an meiner Seite. Dein Stecken und Stab schützen und trösten mich. ... Deine Güte und Gnade begleiten mich alle Tage meines Lebens, und ich werde für immer im Hause des Herrn wohnen.
Psalm 23,4.6

Herr, ein einziger Tag in deinen Vorhöfen ist besser als sonst tausend! Lieber möchte ich Torhüter im Haus meines Gottes sein, als in den Häusern der Bösen zu wohnen.
Psalm 84,11

Der Tod hatte bereits seine Hand nach mir ausgestreckt, die Schrecken des Grabes griffen nach mir. Ich sah keinen Ausweg mehr. Da rief ich den Namen des Herrn an: „Herr, rette mich!"
Psalm 116,3–4

Dann werden der Wolf und das Lamm einträchtig zusammenleben; der Leopard und die Ziege werden beieinander lagern. Kalb,

Löwe und Mastvieh werden Freunde und ein kleiner Junge wird sie hüten.
Jesaja 11,6

Sieh! Ich schaffe einen neuen Himmel und eine neue Erde – kein Mensch wird noch an das Vergangene denken, niemand wird es sich zu Herzen nehmen.
Jesaja 65,17

Denn er ist der lebendige Gott und er bleibt für alle Zeiten bestehen. Sein Reich kann niemals zerstört werden und seine Herrschaft endet nie. Er befreit und rettet sein Volk; er vollbringt Zeichen und Wunder, sowohl im Himmel als auch auf der Erde.
Daniel 6,27–28

Sammelt keine Reichtümer hier auf der Erde an, wo Motten oder Rost sie zerfressen oder Diebe einbrechen und sie stehlen können. Sammelt eure Reichtümer im Himmel, wo sie weder von Motten noch von Rost zerfressen werden und vor Dieben sicher sind. Denn wo dein Reichtum ist, da ist auch dein Herz.
Matthäus 6,19–21

Der Herr freute sich sehr. „Gut gemacht, mein guter und treuer Diener. Du bist mit diesem kleinen Betrag zuverlässig umgegangen, deshalb will ich dir größere Verantwortung übertragen. Lass uns miteinander feiern!"
Matthäus 25,21

Dann sagte er: „Jesus, denk an mich, wenn du in dein Reich kommst." Da antwortete Jesus: „Ich versichere dir: Heute noch wirst du mit mir im Paradies sein."
Lukas 23,42–43

Es gibt viele Wohnungen im Haus meines Vaters, und ich gehe voraus, um euch einen Platz vorzubereiten. Wenn es nicht so wäre, hätte ich es euch dann so gesagt? Wenn dann alles bereit ist, werde ich kommen und euch holen, damit ihr immer bei mir seid, dort, wo ich bin. Ihr wisst ja, wohin ich gehe und wie ihr dorthin kommen könnt.
Johannes 14,2–4

Denn der Lohn der Sünde ist der Tod; das unverdiente Geschenk Gottes dagegen ist das ewige Leben durch Christus Jesus, unseren Herrn.
Römer 6,23

Ich bin aber davon überzeugt, dass unsere jetzigen Leiden bedeutungslos sind im Vergleich zu der Herrlichkeit, die er uns später schenken wird.
Römer 8,18

Aber es ist passiert, wie es in der Schrift heißt: „Kein Auge hat je gesehen, kein Ohr je gehört und kein Verstand je erdacht, was Gott für diejenigen bereithält, die ihn lieben."
1. Korinther 2,9

Genauso verhält es sich mit der Auferstehung der Toten. Unsere irdischen Körper sterben und verwesen, doch bei der Auferstehung werden sie unvergänglich sein und nicht mehr sterben. Jetzt sind unsere Körper nicht perfekt, aber wenn sie auferstehen werden, werden sie voller Herrlichkeit sein. Jetzt sind sie schwach, dann aber voller Kraft. Jetzt sind es natürliche menschliche Körper, aber wenn sie auferstehen, werden es geistliche Körper sein. Denn so wie es irdische Körper gibt, so gibt es auch geistliche.
1. Korinther 15,42–44

Wenn dies geschieht – wenn unsere vergänglichen, irdischen Körper in unvergängliche, himmlische Körper verwandelt sind – dann wird sich das Schriftwort erfüllen: „Der Tod wurde verschlungen vom Sieg. Tod, wo ist dein Sieg? Tod, wo ist dein Stachel?" Denn die Sünde ist der Stachel, der zum Tod führt, und das Gesetz verleiht der Sünde ihre Kraft. Wir danken Gott, der uns durch Jesus Christus, unseren Herrn, den Sieg über die Sünde und den Tod gibt!
1. Korinther 15,54–57

Denn wir wissen: Wenn dieses irdische Zelt, in dem wir leben, einmal abgerissen wird – wenn wir sterben und diesen Körper verlassen –, werden wir ein ewiges Haus im Himmel haben, einen neuen Körper, der von Gott kommt und nicht von Menschen.
2. Korinther 5,1

Und nun, Brüder, möchte ich, dass ihr wisst, was mit denen geschieht, die bereits gestorben sind, damit ihr nicht traurig seid wie jene Menschen, die keine Hoffnung haben. Denn weil wir glauben, dass Jesus starb und wieder auferstanden ist, glauben wir auch, dass Gott durch Jesus alle verstorbenen Gläubigen wiederbringen wird, wenn Jesus kommt.
1. Thessalonicher 4,13–14

Ich habe den guten Kampf gekämpft, den Lauf vollendet und bin im Glauben treu geblieben. Nun erwartet mich der Preis – der Siegeskranz der Gerechtigkeit, den der Herr, der gerechte Richter, mir am großen Tag seiner Wiederkehr geben wird. Doch diesen Preis gibt er nicht nur mir, sondern allen, die seine Rückkehr herbeisehnen.
2. Timotheus 4,7–8

Und dies hat Gott versichert: Er hat uns das ewige Leben geschenkt, und dieses Leben ist in seinem Sohn.
1. Johannes 5,11

Wer siegreich ist, wird in weiße Kleider gekleidet werden. Und ich werde seinen Namen nicht aus dem Buch des Lebens löschen, sondern vor meinem Vater und seinen Engeln bekennen, dass er zu mir gehört.
Offenbarung 3,5

Sie werden nie wieder hungern oder Durst leiden, und sie werden vor der brennenden Sonne und jeder Gluthitze geschützt sein. Denn das Lamm, das in der Mitte auf dem Thron ist, wird ihr Hirte sein und für sie sorgen. Es wird sie zu den Quellen führen, aus denen das Wasser des Lebens strömt. Und Gott wird alle ihre Tränen abwischen.
Offenbarung 7,16–17

Dann sah ich einen neuen Himmel und eine neue Erde, denn der alte Himmel und die alte Erde waren verschwunden. Und ich sah die heilige Stadt, das neue Jerusalem, von Gott aus dem Himmel herabkommen wie eine schöne Braut, die sich für ihren Bräutigam geschmückt hat. Ich hörte eine laute Stimme vom Thron her rufen: „Siehe, die Wohnung Gottes ist nun bei den Menschen! Er wird bei ihnen wohnen und sie werden sein Volk sein und Gott selbst wird bei ihnen sein. Er wird alle ihre Tränen abwischen, und es wird keinen Tod und keine Trauer und kein Weinen und keinen Schmerz mehr geben. Denn die erste Welt mit ihrem ganzen Unheil ist für immer vergangen." Und der, der auf dem Thron saß, sagte: „Ja, ich mache alles neu!" Und dann sagte er zu mir: „Schreib es auf, denn was ich dir sage, ist zuverlässig und wahr!"
Offenbarung 21,1–5

Die Stadt braucht als Lichtquelle weder Sonne noch Mond, denn in ihr leuchtet die Herrlichkeit Gottes, und ihr Licht ist das Lamm. In diesem Licht werden die Völker der Erde leben, und die Herrscher der Welt werden kommen und ihre Reichtümer in die Stadt bringen. Weil es keine Nacht gibt, werden die Tore niemals geschlossen; sie stehen immer offen. Die Völker werden all ihre Schätze und Kostbarkeiten in die Stadt bringen.
Offenbarung 21,23–26 (Hoffnung für alle)

Und sie werden sein Gesicht sehen, und sein Name wird auf ihren Stirnen geschrieben stehen. Und es wird dort keine Nacht mehr geben – man wird weder Lampen noch das Licht der Sonne brauchen –, weil der Herr, Gott, über ihnen leuchten wird. Und sie werden für immer und ewig herrschen.
Offenbarung 22,4–5

Danke

Ich bin froh, dass Sie diese Seite aufgeschlagen haben. Sie müssen unbedingt wissen: Obwohl der Name des Autors auf dem Buchdeckel steht, ist ein solches Buch ein Gemeinschaftsprojekt, das durch das Talent, die Expertise und die harte Arbeit von vielen Menschen zustande gekommen ist, die sich in dieses Projekt eingebracht haben.

Mein besonderer Dank gilt meinem Kollegen Mark Mittelberg – ich schätze seinen Rat und seinen Input immer sehr. Manchmal sagen wir scherzhaft, wir seien „siamesische Zwillinge, die am Gehirn zusammengewachsen sind", aber in Wirklichkeit ist das mehr als nur ein Scherz. Wir haben die gleiche Vision für unseren Dienst und haben uns verpflichtet, uns gegenseitig zu „schärfen", so wie ein Eisen das andere schärft (Sprüche 27,17).

Während meiner Arbeit an diesem Buch hat mir auch mein Agent Don Gates immer wieder kluge Ratschläge erteilt. Mein Lektor Andy Rogers hat durch sein kluges Feedback entscheidend dazu beigetragen, dass dieses Buch gut strukturiert ist und immer das Wesentliche im Blick behält. Ohne Dirk Buursma und sein Team von Grafikern, Marketingfachleuten und Buchhandelsvertretern hätten Sie dieses Buch niemals in Ihren Händen halten können.

Meine Frau Leslie war wie immer eine ständige Quelle der Ermutigung. Und ganz besonders danke ich natürlich den verschiedenen Wissenschaftlern und Experten, die bereit waren, sich von mir interviewen zu lassen.

Wie wir Texaner gern sagen: *„Ah 'preciate all y'all."*

Noch eine Sache: Lassen Sie mich der Erste sein, der eines Tages eine Wiedersehensfeier im Himmel veranstaltet, bei der wir alle zusammenkommen. Dann wollen wir uns gemeinsam über das freuen, was Gott durch seine hingebungsvollen Dienerinnen und Diener tun konnte. Ihm allein gebührt die Ehre für alles, was durch dieses Projekt in Gang gesetzt wird.

Anmerkungen

Einleitung
1. Nicholas Kristof: „Reverend, You Say the Virgin Birth Is ‚a Bizarre Claim'?" In: *New York Times*, 20. April 2019, www.nytimes.com/2019/04/20/opinion/sunday/christian-easter-serene-jones.html
2. Tracy Munsil: „AWVI 2020 Survey: 1 in 3 US Adults Embrace Salvation through Jesus; More Believe It Can Be ‚Earned'". *Arizona Christian University: Cultural Research Center*, 4. August 2020, www.arizonachristian.edu/blog/2020/08/04/1-in-3-us-adults-embrace-salvation-through-jesus-more-believe-it-can-be-earned.
3. Andrew Sullivan: „What Do Atheists Think of Death?" In: *The Atlantic*, 16. Mai 2010, www.theatlantic.com/daily-dish/archive/2010/05/what-do-atheists-think-of-death/187003.
4. Bart D. Ehrman: *God's Problem: How the Bible Fails to Answer Our Most Important Question. Why We Suffer*. San Francisco: HarperOne, 2008, S. 127.
5. Andrew Sullivan: *Love Undetectable*. New York: Vintage, 1999, S. 217.

Kapitel 1
1. Philipper 1,21 (Luther)
2. Irvin D. Yalom: *Staring at the Sun: Overcoming the Terror of Death*. San Francisco: Jossey-Bass, 2008, S. 5–6.
3. Clay Jones: *Immortal: How the Fear of Death Drives Us and What We Can Do about It*. Eugene, OR: Harvest House, 2020.
4. J. P. Moreland: Testimonial in Clay Jones: *Why Does God Allow Evil? Compelling Answers for Life's Toughest Questions*. Eugene, OR: Harvest House, 2017, S. 1.
5. Frank Turek: Testimonial in Jones: *Immortal*. A. a. O., S. 1.
6. Luc Ferry: *A Brief History of Thought: A Philosophical Guide to Living*. Übers. v. Theo Cuffe. New York: HarperCollins, 2011, S. 12.

7   Plato, *Phaedo*, 67.4–6. Übers. v. David Gallop. Oxford: Oxford University Press, 2009, S. 14.
8   Michel de Montaigne: „To Philosophize Is to Learn How to Die", in: Michel de Montaigne: *The Complete Essays*. Übers. v. M. A. Screech. New York: Penguin, 2003, S. 89.
9   „Der Tod ist der eigentliche inspirierende Genius oder der Musaget der Philosophie, weshalb Sokrates diese auch *thanatou meletê* definiert hat. Schwerlich sogar würde, auch ohne den Tod, philosophiert werden." Arthur Schopenhauer: *Die Welt als Wille und Vorstellung*. Berliner Ausgabe, 2014, 3. Auflage. Online verfügbar auf http://www.zeno.org/Philosophie/M/Schopenhauer,+Arthur/Die+Welt+als+Wille+und+Vorstellung/Zweiter+Band/Erg%C3%A4nzungen+zum+vierten+Buch/41.+Ueber+den+Tod+und+sein+Verh%C3%A4ltni%C3%9F+zur+Unzerst%C3%B6rbarkeit+unsers+Wesens+an+sich
10 Ernest Becker: *The Denial of Death*. New York: Free Press, 1973.
11 Ebd., S. xvii.
12 Zygmunt Bauman: *Mortality, Immortality, and Other Life Strategies*. Stanford, CA: Stanford University Press, 1992, S. 31.
13 Staks Rosch: „Atheism Has a Suicide Problem", in: *Huffington Post*, 8. Dezember 2017, www.huffpost.com/entry/atheism-has-a-suicide-problem_b_5a2a902ee4b022ec613b812b.
14 Miguel de Unamuno: *Tragic Sense of Life*. Übers. v. J. E. Crawford Flitch. New York: Dover, 1954, S. 150.
15 Kanita Dervic et al.: „Religious Affiliation and Suicide Attempt", in: *American Journal of Psychiatry* 161, Nr. 12, Dezember 2004, https://ajp.psychiatryonline.org/doi/full/10.1176/appi.ajp.161.12.2303.
16 Die Wissenschaftler begleiteten im Rahmen dieser Studie mehr als 100 000 Krankenschwestern, Pfleger und Mitarbeiter des Gesundheitswesens 17 Jahre lang. Siehe Ying Chen et al.: „Religious Service Attendance and Deaths Related to Drugs, Alcohol, and Suicide among US Health Care Professionals", in: *JAMA Psychiatry* 77, Nr. 7, 6. Mai 2020, https://jamanetwork.com/journals/jamapsychiatry/fullarticle/2765488.
17 David Smith: „2050 – And Immortality Is within Our Grasp", in: Observer/Guardian, 21. Mai 2005, www.theguardian.com/science/2005/may/22/theobserver.technology.
18 Ashlee Vance: „Elon Musk Unveils Brain Computer Implanted in Pigs", in: Bloomberg News, 28. August 2020, www.bloomberg.com/news/articles/2020-08-28/elon-musk-to-unveil-neuralink-brain-computer-implanted-in-pigs.

19 Ben Makuch: „Frozen Faith: Cryonics and the Quest to Cheat Death", in: *Motherboard*, 5. Mai 2016, https://youtu.be/m5KuNAeOtJ0.
20 David McCormack: „We Did It Out of Love", in: *Daily Mail*, 19. Mai 2014, http://dailymail.co.uk/news/article-2632809/We-did-love-baseball-legend-ted-williams-daughter-finally-speaks-brother-spent-100-000-fathers-body-cyrogenically-frozen.html-#ixzz5HCs7Ap5I.
21 Larry King in einer Folge der Talksendung „Conan" mit Conan O'Brien: „Larry King Demands Conan Freeze His Corpse", 13. Februar 2014, https://youtu.be/PF7NpKG_S8g.
22 Sam Keen: „Foreword", in: Becker: *Denial of Death*, S. xiii.
23 Edwin Shneidman: *A Commonsense Book of Death: Reflections at Ninety of a Lifelong Thanatologist*. New York: Rowman & Littlefield, 2008, S. 34.
24 Nathan A. Heflick: „Children and the Quest for Immortality", in: *Psychology Today*, 21. Februar 2012, www.psychologytoday.com/us/blog/the-big-questions/201202/children-and-the-quest-immortality.
25 Jones: *Immortal*. A. a. O., S. 62.
26 Richard Wade: „Ask Richard: Atheist Haunted by the Fear of Death", in: *Patheos*, 23. August 2010, https://friendlyatheist.patheos.com/2010/08/23/ask-richard-atheist-haunted-by-the-fear-of-death/.
27 Jones: *Immortal*. A. a. O., S. 67. Dieses Zitat wird häufig Michelangelo zugeschrieben.
28 Gill Perry und Colin Cunningham (Hrsg.): *Academies, Museums, and Canons of Art*. New Haven, CT: Yale University Press, 1999, S. 88.
29 Michael Kinsley: *Old Age: A Beginner's Guide*. New York: Crown, 2016, S. 130.
30 Caroline Shively und Associated Press: „Wichita Police: ‚BTK Is Arrested'", in: *Fox News*, 26. Februar 2005, www.foxnews.com/story/wichita-police-btk-is-arrested.
31 „Mark David Chapman Killed Lennon for Fame", in: *UPI*, 15. Oktober 2004, www.upi.com/Archives/2004/10/15/Mark-David-Chapman-killed-Lennon-for-fame/2571097812800.
32 Associated Press sowie Ashley Collman und Alex Greg: „It Took Incredible Planning and Incredible Stalking", in: *Daily Mail*, 28. August 2014, www.dailymail.co.uk/news/article-2737101/Mark-David-Chapman-brags-incredible-planning-stalking-notorious-murder-John-Lennon.html.
33 Saul M. Kassin und Lawrence S. Wrightsman: *The American Jury on Trial: Psychological Perspectives*. New York: Routledge, 2012, S. 89.

34 Rafael Olmeda: „Parkland Shooter Nikolas Cruz Brags on Cellphone Videos: ‚I'm Going to Be the Next School Shooter'", in: *Sun Sentinel*, 30. Mai 2018, http://sun-sentinel.com/local/broward/parkland/florida-school-shooting/fl-reg-florida-school-shooting-phone-video-release-20180530-story.html

35 Mark Aurel: *Selbstbetrachtungen*, 8:44. https://www.projekt-gutenberg.org/antonius/selbstbc/chap008.html

36 Zitiert nach Jones: *Immortal*. A. a. O., S. 97. Das ist ein oft zitierter Ausspruch, aber seine Herkunft liegt im Dunkeln.

37 Stephen Fry: „‚What Should We Think about Death?'", 17. März 2014, https://youtu.be/pR7e0fmfXGw

38 Offenbarung 21,5

39 1. Korinther 2,9

40 Steve Jobs: „Commencement Address", Universität Stanford, 12. Juni 2005, zitiert nach John Brownlee: „Steve Jobs: ‚Death Is Very Likely the Best Single Invention of Life'", in: *Cult of Mac*, 5. Oktober 2011, https://www.cultofmac.com/121101/steve-jobs-death-is-very-likely-the-best-single-invention-of-life-it-is-lifes-change-agent.

41 Jones: *Immortal*. A. a. O., S. 110.

42 Sam Harris: „Sam Harris on Death", in: *Big Think*, 2. Juni 2011, www.youtube.com/watch?v=d_Uahu9XNzU.

43 Thomas Nagel: *Mortal Questions*. Cambridge, UK: Cambridge University Press, 2012, S. 3 u. 11.

44 Alex Lickerman: „Overcoming the Fear of Death", in: *Psychology Today*, 8. Oktober 2009, https://psychologytoday.com/blog/happiness-in-world/200910/overcoming-the-fear-death.

45 Jones: *Immortal*. A. a. O., S. 139; Hervorhebung im Original.

46 Ferry: *Brief History of Thought*. A. a. O., S. 261.

47 Mary Bowerman: „Heaven ‚Is a Fairy Story': This Is What Stephen Hawking Says Happens When People Die", in: *USA Today*, 14. März 2018, www.usatoday.com/story/tech/nation-now/2018/03/14/heaven-fairy-story-what-stephen-hawking-says-happens-when-people-die/423344002/.

Kapitel 2

1 Ralph Lewis: „Is There Life after Death? The Mind-Body Problem", in: *Psychology Today*, 18. Juli 2019, www.psychologytoday.com/us/blog/finding-purpose/201907/is-there-life-after-death-the-mind-body-problem.

Er erzählt seine Geschichte in *Finding Purpose in a Godless World*. Amherst, NY: Prometheus, 2019.
2 Daniel Dennett: *Consciousness Explained*. Boston: Little, Brown and Company, 1991, S. 33.
3 Colin Blakemore: *The Mind Machine*. London: BBC Books, 1990, S. 270.
4 Graham Lawton: „Benefits of Realising You're Just a Brain", in: *New Scientist*, 27. November 2013, www.newscientist.com/article/mg22029450-200-the-benefits-of-realising-youre-just-a-brain.
5 Physikalismus – eine Richtung des Monismus (wörtlich: „Eins-Sein") – und Dualismus sind weitgefächerte Begriffe, die von den Philosophen in eine Vielzahl von Unterkategorien eingeteilt worden sind, zu denen Substanz-Dualismus, naturalistischer Dualismus, holistischer Dualismus, emergenter Dualismus, Zwei-Aspekte-Monismus, reflexiver Monismus, konstitutioneller Materialismus, nicht reduktiver Physikalismus, eliminativer Materialismus usw. gehören. Im Rahmen meines Buches werde ich mich auf die grundlegenden Aussagen des Physikalismus und Dualismus beschränken.
6 Colin McGinn: *The Mysterious Flame: Conscious Minds in a Material World*. New York: Basic, 1999, S. 13–14.
7 Mark C. Baker und Stewart Goetz (Hrsg.): *The Soul Hypothesis: Investigations into the Existence of the Soul*. New York: Bloomsbury, 2013, S. 1–2.
8 Zu den heutigen Dualisten zählen Richard Swinburne und Keith Ward von der Universität Oxford; J. P. Moreland, der Abschlüsse in Wissenschaft, Theologie und Philosophie erworben hat; der Physiker und Philosoph Robin Collins; der analytische Philosoph Alvin Plantinga, Templeton-Preisträger; Jeffrey Schwarz, ein Forscher auf dem Gebiet der Neuroplastizität an der UCLA, und Mario Beauregard, ein Fachmann für kognitive Neurowissenschaft an der *University of Arizona*.
9 Jesse Bering und David Bjorklund: „The Natural Emergence of Reasoning about the Afterlife as a Developmental Regularity", in: *Developmental Psychology* 40 (2004), S. 217–33.
10 Baker und Goetz (Hrsg.): *Soul Hypothesis*. A. a. O., S. 3.
11 Nancey Murphy: „Human Nature: Historical, Scientific, and Religious Issues", in: Warren S. Brown, Nancey Murphy und H. Newton Malony (Hrsg.): *Whatever Happened to the Soul?* Minneapolis: Fortress, 1998, S. 13.
12 Daniel Dennett: *Freedom Evolves*. New York: Viking, 2003, S. 1.
13 Baker and Goetz (Hrsg.): *Soul Hypothesis*. A. a. O., S. 20.

14 Paul Copan: „*How Do You Know You're Not Wrong?*" *Responding to Objections That Leave Christians Speechless*. Grand Rapids: Baker, 2005, S. 95; Hervorhebungen im Original.
15 Die meisten christlichen Philosophen glauben, dass auch Tiere eine Seele haben. Der Philsoph J. P. Moreland schreibt: „Aber die tierische Seele ist nicht so facettenreich wie die menschliche Seele, sie trägt nicht das Bild Gottes und ist viel stärker vom Körper des Tieres und seinen Sinnesorganen abhängig als die menschliche Seele." *The Soul: How We Know It's Real and Why It Matters*. Chicago: Moody, 2014, S. 145.
16 Arthur C. Custance: *The Mysterious Matter of Mind*. Grand Rapids: Zondervan, 1980, S. 90, http://209.240.156.133/Library/MIND/epilogue.html.
17 Lee Strobel: *Indizien für einen Schöpfer: Ein Journalist im Spannungsfeld zwischen Evolution und Schöpfung*. Asslar: Gerth Medien, 2021, S. 340.
18 Moreland: *The Soul*. A. a. O., S. 44.
19 Ebd., S. 70–71.
20 Lukas 23,43: „Heute noch wirst du mit mir im Paradies sein."
21 1. Petrus 3,18–20
22 2. Korinther 5,8
23 Matthäus 22,23–33; Apostelgeschichte 23,6–8
24 Offenbarung 21,1
25 Patricia S. Churchland: *Touching a Nerve: The Self as Brain*. New York: Norton, 2013, S. 63.
26 Sharon Dirckx: *Why? Looking at God, Evil and Personal Suffering*. London: InterVarsity, 2013.
27 Psalm 8,4–5
28 Sharon Dirckx: *Am I Just My Brain?* London: Good Book, 2019, S. 47–48. Sie schreibt dieses Gedankenexperiment Frank Jackson zu. Deutsch: *Ich denke, aber ich bin mehr: Identität zwischen Neurowissenschaft und Schöpfungsglaube*. Witten: SCM R. Brockhaus, 2021.
29 Gottfried Wilhelm Leibniz: *Philosophical Papers and Letters* (2. Aufl.). Boston: Reidel, 1976.
30 Adrian Owen: „How Science Found a Way to Help Coma Patients Communicate", in: *The Guardian*, 5. September 2017, www.theguardian.com/news/2017/sep/05/how-science-found-a-way-to-help-coma-patient-communicate.
31 Wilder Penfield: *The Mystery of the Mind: A Critical Study of Consciousness and the Human Brain*. Princeton, NJ: Princeton University Press, 1975, S. 77–78.

32 Siehe Dirckx: *Am I Just My Brain?* A. a. O., S. 69 u. 84.
33 Ebd., S. 64.
34 Sam Harris: *Free Will*. New York: Free Press, 2012, S. 5.
35 Nick Pollard: *Evangelism Made Slightly Less Difficult: How to Interest People Who Aren't Interested*. Downers Grove, IL: InterVarsity, 1997, S. 47–68.
36 Dirckx beschäftigt sich auch mit anderen Theorien, zum Beispiel dem Kompatibilismus (auch weicher Determinismus genannt) und dem Libertarismus, siehe *Am I Just a Brain?* A. a. O., S. 75–90.
37 „Does Consciousness Point to God? Philip Goff & Sharon Dirckx". Videoaufzeichnung einer Diskussion zwischen Sharon Dirckx und Philip Goff, einem Philosophen und Bewusstseinsforscher von der Universität Durham, 1. November 2019, https://youtu.be/Ef2vvT5GfoE.
38 Ebd.
39 Stewart Goetz und Charles Taliaferro: *A Brief History of the Soul*. Malden, MA: Wiley-Blackwell, 2011, S. 6–29.
40 Ebd., S. 6.
41 Dirckx: *Am I Just My Brain?* A. a. O., S. 32–33.
42 Hinweise und Argumente für die Wahrheit des christlichen Glaubens, wie er in der Bibel dargelegt wird, finden Sie in meinem Interview mit dem Philosophieprofessor Chad Meister in Kapitel 4.
43 1. Mose 1,27: „So schuf Gott die Menschen nach seinem Bild, nach dem Bild Gottes schuf er sie, als Mann und Frau schuf er sie."
44 Es gibt auch einige Christen, die Physikalisten sind. Nach J. P. Moreland vertreten manche christliche Physikalisten den Standpunkt: „Wenn der Körper stirbt, hört die Person auf zu existieren, denn sie ist in gewisser Weise identisch mit ihrem Körper. Bei der zukünftigen endgültigen Auferstehung werden die Menschen [von Gott] nach einer Periode der Nichtexistenz wiedererschaffen" (extinction/re-creation view). Andere glauben: „Nach dem Tod existiert jedes Individuum auf irgendeine Weise in physischer Form weiter" (immediate resurrection view). Moreland: *The Soul*. A. a. O., S. 71.
45 Dirckx: *Am I Just My Brain?* A. a. O., S. 131.
46 Copan: „*How Do You Know You're Not Wrong?*" A. a. O., S. 113.

Kapitel 3

1 Eben Alexander: *Proof of Heaven: A Neurosurgeon's Journey into the Afterlife*. New York: Simon & Schuster, 2012, S. 8–9.
2 Ebd., S. 9; Hervorhebung im Original.

3 Ebd., S. 38.
4 Ebd., S. 38–42.
5 Ebd., S. 9.
6 Raymond Moody: *Life after Life* (Jubiläumsausgabe). San Francisco: HarperOne, 2015. Deutsch: *Leben nach dem Tod: Die Erforschung einer unerklärlichen Erfahrung*. Hamburg: Rowohlt Taschenbuch, 2001.
7 Zitiert nach Janice Miner Holden, Bruce Greyson und Debbie James (Hrsg.): *The Handbook of Near-Death Experiences: Thirty Years of Investigation*. Santa Barbara, CA: Praeger, 2009, S. vii.
8 Holden, Greyson und James (Hrsg.): *Handbook of Near-Death Experiences*. A. a. O., S. vii; Hervorhebung im Original. Der hier zitierte Bibelvers Philipper 4,7 lautet vollständig: „Ihr werdet Gottes Frieden erfahren, der größer ist, als unser menschlicher Verstand es je begreifen kann. Sein Friede wird eure Herzen und Gedanken im Glauben an Jesus Christus bewahren."
9 Holden, Greyson und James (Hrsg.): *Handbook of Near-Death Experiences*. A. a. O., S. vii.
10 John Martin Fischer: „Are ‚Near-Death Experiences' Real?", in: *New York Times*, 13. Februar 2020, www.nytimes.com/2020/02/13/opinion/near-death-experience.html.
11 Scot McKnight: *The Heaven Promise: Engaging the Bible's Truth about Life to Come*. Colorado Springs: WaterBrook, 2015, S. 144.
12 Sarah Knapton: „Near Death Experiences Are Felt by One in 10 People, Study Finds", in: *Telegraph*, 28. Juni 2019.
13 Kyle Swenson: „‚The Boy Who Came Back from Heaven' Now Wants His Day in Court", in: *Washington Post*, 13. April 2018, www.washingtonpost.com/news/morning-mix/wp/2018/04/11/the-boy-who-came-back-from-heaven-now-wants-his-day-in-court.
14 Luke Dittrich: „The Prophet", in: *Esquire*, August 2013, https://classic.esquire.com/article/2013/8/1/the-prophet. Alexanders Antwort an seine Kritiker erschienen im Rahmen eines Artikels in Newsweek unter dem Titel „The Science of Heaven", in: *Newsweek*, 18. November 2012, www.newsweek.com/science-heaven-63823.
15 John Burke: *What's after Life?* Grand Rapids: Baker, 2019, S. 5–7; siehe auch „Mary NDE", Near-Death Experience Research Foundation, www.nderf.org/experiences/1mary_nde.html.
16 Emily Kent Smith und Tania Steere: „Have Scientists Proved There Is Life after Death? Research into Near-Death Experiences Reveals Awareness May Continue Even After the Brain Has Shut Down", in: *Daily Mail*, 7. Oktober 2014, www.dailymail.co.uk/health/article-2783030/Research-

near-death-experiences-reveals-awareness-continue-brain-shut-down. html.

17 John Burke: *Imagine Heaven: Near-Death Experiences, God's Promises, and the Exhilarating Future That Awaits You.* Grand Rapids: Baker, 2015, Buchumschlag. Deutsch: *So ist der Himmel: Nahtod-Erfahrungen, die Versprechen Gottes und die außergewöhnliche Zukunft, die dich erwartet.* Vaihingen/Enz: Grain-Press, 2017.
18 R. C. Sproul: *Now, That's a Good Question!* Wheaton, IL: Tyndale, 1996, S. 300.
19 J. P. Moreland und Gary R. Habermas: *Immortality: The Other Side of Death.* Nashville: Nelson, 1992.
20 Burke: *Imagine Heaven.* A. a. O., S. 51.
21 Bonnie Malkin: „Girl Survives Sting by World's Deadliest Jellyfish" in: *Telegraph,* 26. April 2010, www.telegraph.co.uk/news/7638189/Girl-survives-sting-by-worlds-deadliest-jellyfish.html.
22 Der vollständige Bericht von Ian McCormacks Erfahrung steht in Burke: *Imagine Heaven.* A. a. O., S. 139–141.
23 Jeffrey Long: *Evidence of the Afterlife: The Science of Near-Death Experiences.* New York: HarperCollins, 2010, S. 169.
24 Burke: *Imagine Heaven.* A. a. O., S. 239.
25 J. Steve Miller: *Near-Death Experiences as Evidence for the Existence of God and Heaven: A Brief Introduction in Plain Language.* Acworth, GA: Wisdom Creek, 2012, S. 83.
26 Matthäus 10,26
27 Matthäus 12,37 (*Willkommen daheim*)
28 Hierbei könnte es sich entweder um zwei unterschiedliche Gerichte handeln oder um zwei verschiedene Aspekte des letzten Gerichts. Der Theologe Alan W. Gomes vertritt den zweiten Standpunkt: „Paulus bezieht sich mehrfach auf den Lohn, den Christen beim letzten Gericht empfangen werden." *40 Questions about Heaven and Hell.* Grand Rapids: Kregel Academic, 2018, S. 158. Siehe 1. Korinther 3,8–15; 2. Korinther 5,10.
29 Offenbarung 11,15–18
30 Holden, Greyson und James (Hrsg.): *Handbook of Near-Death Experiences.* A. a. O., S. 70.
31 Christy Somos: „One in 10 People Have Had a ‚Near-Death Experience', European Study Says", in: *CTV News,* 28. Juni 28, 2019, www.ctvnews.ca/mobile/health/one-in-10-people-have-had-a-near-death-experience-european-study-says-1.4487736.

32 Seine Geschichte ist nachzulesen in Burke: *Imagine Heaven*. A. a. O., S. 215–221.
33 Kevin und Alex Malarkey: *The Boy Who Came Back from Heaven: A Remarkable Account of Miracles, Angels, and Life beyond This World.* Carol Stream, IL: Tyndale, 2010. Deutsch: *Der Junge, der aus dem Himmel zurückkehrte*. Asslar: Gerth Medien, 2011.
34 „,The Boy Who Came Back from Heaven' Recants Story, Rebukes Christian Retailers", in: *Pulpit & Pen*, 13. Januar 2015, http://pulpitandpen.org/2015/01/13/the-boy-who-came-back-from-heaven-recants-story-rebukes-christian-retailers.
35 Burke: *Imagine Heaven*. A. a, O., S. 326.
36 Penny Sartori: *The Near-Death Experiences of Hospitalized Intensive Care Patients: A Five Year Clinical Study.* Lewiston, NY: Mellen, 2008, S. 212–215.
37 Long: *Evidence of the Afterlife*. A. a. O., S. 72–73.
38 Janice Miner Holden: „Veridical Perception in Near-Death Experiences", in: Holden, Greyson und James (Hrsg.): *Handbook of Near-Death Experiences*. A. a. O. S. 185–211.
39 Kenneth Ring und Sharon Cooper: *Mindsight: Near-Death and Out-of-Body Experiences in the Blind.* Palo Alto, CA: William James Center for Consciousness Studies, 1999, S.136.
40 Diese und weitere Fälle sind nachzulesen in Moreland und Habermas: *Immortality*. A. a. O., S. 74–80.
41 Burke: *Imagine Heaven*. A. a. O., S. 47–48.
42 Long: *Evidence of the Afterlife*. A. a. O., S. 44.
43 Burke: *Imagine Heaven*. A. a. O., S. 102–103.

Kapitel 4

1 Chad V. Meister: *Building Belief: Constructing Faith from the Ground Up*. Grand Rapids: Baker, 2006.
2 Johannes 18,38
3 Edith Hamilton und Huntington Cairns (Hrsg.): *The Collected Dialogues of Plato*. Princeton, NJ: Princeton University Press, 1989, 262E–263D.
4 Jonathan Barnes (Hrsg.): *The Complete Works of Aristotle*. Princeton, NJ: Princeton University Press, 1984, 4.1011b25–27. Meister sagte: „Richard Kirkham merkt an, dass Plato in ‚Der Sophist' eine Korrespondenztherorie der Wahrheit präsentiert – Korrespondenz im Sinne von Kongruenz – und dass Aristoteles hier die früheste Korrespon-

denztherorie einführt, bei der Korrespondenz im Sinne von Korrelation verstanden wird." Meister: *Building Belief.* A. a. O., S. 201; siehe auch Richard Kirkham: *Theories of Truth: A Critical Introduction.* Cambridge, MA: MIT, 1992, Kapitel 4.

5 „Der Satz vom ausgeschlossenen Widerspruch ist einer der grundlegenden Sätze der klassischen Logik. Er sagt aus, dass etwas nicht gleichzeitig wahr und nicht wahr sein kann, wenn es um denselben Zusammenhang geht. Zum Beispiel kann der Stuhl, der jetzt gerade in meinem Wohnzimmer steht, nicht gleichzeig aus Holz und nicht aus Holz sein." („Law of Non-Contradiction", Christian Apologetics & Research Ministry, https://carm.org/dictionary/law-of-non-contradiction).

6 John G. Stackhouse jr.: *Humble Apologetics: Defending the Faith Today.* New York: Oxford University Press, 2002, S. 95.

7 Carl Sagan: *Cosmos* (Nachdr. v. 1980). New York: Ballantine, 2013, S. 1.

8 William Lane Craig und Walter Sinnott-Armstrong: God? A *Debate between a Christian and an Atheist.* New York: Oxford University Press, 2004, S. 32–36.

9 Richard Dawkins: *The Selfish Gene* (2. Aufl.). New York: Oxford University Press, 1989, S. xxi.

10 Mary Baker Eddy: *Science and Health with Key to the Scriptures.* Boston: First Church of Christ, Scientist, 1934, S. 480.

11 Michael Ruse und Edward O. Wilson: „The Evolution of Ethics", in: James E. Huchingson (Hrsg.): *Religion and the Natural Sciences: The Range of Engagement.* Eugene, OR: Wipf & Stock, 1993, S. 310.

12 Jean-Paul Sartre sagte dies im Rahmen einer 1946 gehaltenen Vorlesung mit dem Thema „Der Existententialismus ist ein Humanismus"; siehe Walter Kaufman: *Existentialism from Dostoyevsky to Sartre.* New York: Plume, 1975, S. 353.

13 Stephen G. Michaud und Hugh Aynesworth: *Ted Bundy:Conversations with a Killer.* London, UK: Mirror Books, 2019.

14 Römer 5,3-4: „Wir freuen uns auch dann, wenn uns Sorgen und Probleme bedrängen, denn wir wissen, dass wir dadurch lernen, geduldig zu werden. Geduld aber macht uns innerlich stark, und das wiederum macht uns zuversichtlich in der Hoffnung auf die Erlösung."

15 Augustinus: *On the Free Choice of the Will* (übers. v. Thomas Williams). Indianapolis: Hackett, 1993. Meister merkt an, dass Augustinus (354–430 n. Chr.) dieses Argument aus den Enneaden übernommen hat, einem Werk des neuplatonischen Philosophen Plotin (ca. 205–270 v.Chr).

16 C. S. Lewis: *Über den Schmerz.* Gießen: Brunnen, 1991, S. 93.

17 Lee Strobel: Wunder: *Was ist wirklich dran?* Asslar: Gerth Medien, 2019, S. 183.
18 Ausführlichere Informationen über die Multiversum-Theorie finden Sie in meinem Interview mit Robin Collins in: Lee Strobel: *Indizien für einen Schöpfer: Ein Journalist im Spannungsfeld zwischen Evolution und Schöpfung.* Asslar: Gerth Medien, 2021, S. 182-189.
19 William Lane Craig: *The Kalām Cosmological Argument.* Eugene, OR: Wipf & Stock, 2000, S. 63.
20 Einige Physiker spekulieren, dass sich das Universum in einem ständigen Kreislauf ausdehnt und zusammenzieht, von aller Ewigkeit an und bis in alle Ewigkeit, und dass es darum keinen Anfang hat. Aber Alexander Vilenkin, der Direktor des *Institue of Cosmology* an der *Tufts University,* weist dies zurück, ebenso wie andere Versuche, ein in Ewigkeit gegebenenes Universum anzunehmen: „Alle Hinweise, die uns vorliegen, deuten darauf hin, dass das Universum einen Anfang hatte." Alex Vilenkin: *Many Worlds in One: The Search for Other Universes.* New York: Hill and Wang, 2006, S. 176; siehe auch Lisa Grossman: „Why Physicists Can't Avoid a Creation Event", in: *New Scientist,* 11. Januar 2012, www.newscientist.com/article/mg21328474-400-why-physicists-cant-avoid-a-creation-event.
21 Wie Meister in Klammern hinzufügte, geht diese Argumentation davon aus, dass das Konzept einer „vorherigen Ursache" sinnvoll ist, da vor dem Urknall keine physikalische Zeit existierte.
22 Römer 3,23: „Denn alle Menschen haben gesündigt und das Leben in der Herrlichkeit Gottes verloren."
23 Folgende Suren im Koran widersprechen der Dreieinigkeit: 4:171 und 5:72-75.116-118. Die islamische Lehre, dass Jesus nicht am Kreuz gestorben ist und daher auch nicht wiederauferstanden sein kann, findet sich in Sure 4:157. Belege dafür, dass der Koran abstreitet, dass Gott einen Sohn hat, finden sich in Sure 19:88-93; 23:91 und 112:1-4.
24 Lee Strobel: *In Defense of Jesus: Investigating Attacks on the Identity of Christ* (zuvor veröffentlicht unter dem Titel *The Case for the Real Jesus,* Nachdr. v. 2007). Grand Rapids: Zondervan, 2016, S. 68-105.
25 Lukas 1,1-4
26 2. Petrus 1,16
27 1. Korinther 15,3-8
28 Jesus sagte bei einer Gelegenheit: „Der Vater und ich sind eins" (Johannes 10,30). Das griechische Wort für „eins" (heis) ist nicht Maskulinum, sondern Neutrum. Jesus sagte also nicht: „Ich und der Vater sind derselbe" (ein und dieselbe Person), sondern „Ich und der Vater sind

dasselbe – das heißt eins in ihrer Natur oder ihrem Wesen. Seine Gegner begriffen, dass er damit beanspruchte, selbst göttlicher Natur zu sein. In Johannes 10,33 steht, dass sie daraufhin Steine aufhoben, um ihn zu steinigen „wegen Gotteslästerung, weil du, obwohl nur Mensch, dich zu Gott gemacht hast".

29 Siehe Gary R. Habermas und Michael R. Licona: *The Case for the Resurrection of Jesus*. Grand Rapids: Kregel, 2004, S. 48–79; siehe auch mein Interview mit Licona in Strobel: *In Defense of Jesus*. A. a. O., S. 106–164.

30 Auch wenn hierüber unter Skeptikern nicht so großer Konsens besteht wie über die anderen genannten Punkte, können wir laut Habermas feststellen, dass rund 75 Prozent der Wissenschaftler, die seit 1975 auf Englisch, Französisch und Deutsch über das Thema geschrieben haben, der Ansicht sind, dass das Grab erwiesenermaßen leer war. Siehe Habermas und Licona: *Case for the Resurrection of Jesus*. A. a. O., S. 69–70.

31 Michael Grant: *Jesus: An Historian's Review of the Gospels*. New York: Scribner, 1977, S. 176.

32 William Lane Craig: The Son Rises: *The Historical Evidence for the Resurrection of Jesus*. Eugene, OR: Wipf & Stock, 1981, S. 107. Eine Zusammenfassung seiner diesbezüglichen Ausführungen finden Sie auf S. 100–107 seines Buches.

33 Apostelgeschichte 2,32

34 Apostelgeschichte 26,1–32

35 1. Korinther 15,3–8

36 James D. G. Dunn von der *University of Durham* und ein Kollege von der *British Academy* schrieben: „Wir können absolut sicher sein, dass diese Überlieferung innerhalb von Monaten nach dem Tod Jesu formuliert wurde." James D. G. Dunn: *Jesus Remembered* (Bd. 1 von *Christianity in the Making*). Grand Rapids: Eerdmans, 2003, S. 825; Hervorhebung im Original.

37 Siehe mein Interview mit dem Auferstehungsforscher Michael Licona in: Strobel: *In Defense of Jesus*. A. a. O., S. 106–164.

38 Apostelgeschichte 2,32

39 1. Korinther 15,11

40 Strobel: *In Defense of Jesus*. A. a. O., S. 124.

41 Gary R. Collins, private Kommunikation mit Gary R. Habermas, zitiert nach Gary R. Habermas und J. P. Moreland: *Beyond Death: Exploring the Evidence for Immortality*. Wheaton, IL: Crossway, 1998, S. 119–120.

42 Johannes 14,6

43 Johannes 11,25

44 Johannes 10,27–28

45　R. C. Sproul: „What Is the Kingdom of God?" Ligonier Ministries, 7. Juni 2019, www.ligonier.org/blog/what-is-kingdom-god.
46　Römer 6,23
47　Galater 5,22–23
48　Johannes 14,2
49　Offenbarung 21,4
50　Offenbarung 21,3

Kapitel 5

1　Psalm 91,2
2　James Bishop: „Former Atheist Astrophysicist, Sarah Salviander, Explains Her Journey to Christianity", in: *Bishop's Encyclopedia of Religion, Society and Philosophy*, 23. Mai 2015, https://jamesbishopblog.com/2015/05/23/former-atheist-astrophysicist-sarah-salviander-explains-her-journey-to-christianity; siehe auch Gerald L.Schroeder: *The Science of God: The Convergence of Scientific and Biblical Wisdom*. New York: Free Press, 2009.
3　Walter Isaacson: „Einstein & Faith" in: *Time*, 5. April 2007, http://ymlibrary.com/download/Topics/God/Faith-Hope-Trust/Faith-Hope-Trust-Stories-Inspiration/Einstein%20and%20Faith.pdf.
4　Die Zitate entstammen der persönlichen E-Mail-Korrespondenz, datiert vom 18. September 2020; siehe auch Sarahs Zeugnis: „My Testimony", in: *Six Day Science*, 11. Mai 2015, https://sixdayscience.com/2015/05/11/my-testimony.
5　1. Korinther 2,9
6　Martin Luther: *D. Martin Luthers Werke: Kritische Gesamtausgabe*, 3:276.26–27 (Nr. 3339). Zitiert nach J. Todd Billings: *The End of the Christian Life: How Embracing Our Mortality Frees Us to Truly Live*. Grand Rapids: Brazos, 2020, S. 182.
7　Billings: *End of the Christian Life*. A. a. O., S. 182; Hervorhebung im Original.
8　John Eldredge: *The Journey of Desire: Searching for the Life You've Always Dreamed Of* (rev. Aufl.). Nashville: Nelson, 2016, S. 115; Hervorhebung im Original.
9　Johannes 6,40
10　2. Petrus 1,11
11　1. Johannes 2,25
12　2. Korinther 5,1
13　N. T. Wright: *Simply Good News: Why the Gospel Is News and What*

Makes It Good. San Francisco: HarperOne, 2015, S. 99; Hervorhebung im Original.
14 Bart D. Ehrman: *Heaven and Hell: A History of the Afterlife*. New York: Simon & Schuster, 2020, S. xxi.
15 Jesaja 25,6–10; Jesaja 26,9; Hosea 6,1–2; Hesekiel 37; Daniel 12,2–3.
16 Rodney Star: *What Americans Really Believe: New Findings from the Baylor Study of Religion*. Waco, TX: Baylor University Press, 2008, S. 69–74.
17 Billings: *End of the Christian Life*. A. a. O., S. 151; siehe Maggie Fox: „Fewer Americans Believe in God – Yet They Still Believe in Afterlife", in: Today, 21. März 2016, www.nbcnews.com/better/wellness/Fewer-americans-believe-god-yet-they-still-believe-afterlife-n542966.
18 Fox: „Fewer Americans Believe in God". A. a. O.
19 Prediger 3,11
20 C. S. Lewis: *Der innere Ring und andere Essays*. Basel: Brunnen Verlag, 1982, S. 96 u. 98.
21 C. S. Lewis: *Pardon, ich bin Christ*. Basel: Brunnen Verlag, 1977, 2014, S. 152.
22 Jerry Walls: Heaven: *The Logic of Eternal Joy*. New York: Oxford University Press, 2002, S. 31.
23 Lukas 23,43
24 Apostelgeschichte 7,55
25 Johannes 11,11
26 Offenbarung 21,1–2
27 Offenbarung 21,22
28 Johannes 14,2–3
29 1. Korinther 15,28
30 1. Korinther 15,20–28
31 1. Korinther 15, 35–55
32 1. Korinther 15,44
33 Johannes 20,26; Matthäus 17,1–2
34 Arthur O. Roberts: *Exploring Heaven: What Great Christian Thinkers Tell Us about Our Afterlife with God*. San Francisco: Harper San Francisco, 2003, S. 114.
35 Zur weiteren Vertiefung dieses Themas siehe C. S. Lewis: *The Great Divorce*. New York: Macmillan, 1946, S. 115–125.
36 Johannes 14,2–3
37 Nigel Dixon: *Villages without Walls: An Exploration of the Necessity of Building Christian Community in a Post-Christian World*. Palmerston North, NZ: Vox Humana, 2010, S. 54–62.

38 Offenbarung 21 und 22.
39 Hans Boersma: *Seeing God: The Beatific Vision in Christian Tradition.* Grand Rapids: Eerdmans, 2018, S. 11.
40 Ebd., S. xiii.
41 Psalm 27,4
42 1. Korinther 13,12
43 Matthäus 5,8
44 2. Mose 33,20
45 Offenbarung 22,4
46 Johannes 14,9
47 Matthäus 17,2
48 1. Johannes 3,2
49 Kieran Kavanaugh (Hrsg.): *John of the Cross: Selected Writings.* New York: Paulist, 1987, S. 285.
50 Jonathan Edwards: „Sermon on Revelation 21:18" in: *WJE Online 42,* Jonathan Edwards Center, http://is.gd/WSuP77.
51 Ed Romine: „Spurgeon on the Hope of Heaven". Spurgeon Center for Biblical Preaching at Midwestern Seminary, 3. Mai 2018, www.spurgeon.org/resource-library/blog-entries/charles-spurgeon-on-heavens-hope.
52 Michael Reeves: *Delighting in the Trinity: An Introduction to the Christian Faith.* Downers Grove, IL: IVP Academic, 2012, S. 75.
53 John Eldredge: *All Things New: Heaven, Earth, and the Restoration of Everything You Love.* Nashville: Nelson, 2017, S. 25.
54 N. T. Wright: *Surprised by Hope: Rethinking Heaven, the Resurrection, and the Mission of the Church.* San Francisco: HarperOne, 2008, S. 93.

Kapitel 6

1 Offenbarung 21,4
2 Jesaja 11,6
3 Stanley Brandes: „The Meaning of American Pet Cemetery Gravestones", in: *Ethnology* 48, Nr. 2, Frühjahr 2009, S. 99–118, https://anthropology.berkeley.edu/sites/default/files/brandes_-_american_pet_cemetery_gravestones.pdf.
4 Richard J. Mouw: *When the Kings Come Marching In: Isaiah and the New Jerusalem* (überarb. Ausg.). Grand Rapids: Eerdmans, 2002, S. 20.
5 Peter Kreeft: *Everything You Ever Wanted to Know about Heaven ... but Never Dreamed of Asking.* San Francisco: Ignatius, 1990, S. 45.

6 So zum Beispiel die Elberfelder Übersetzung, wo es heißt: „Menschen und Vieh rettest du, Herr."
7 Kreeft: *Everything You Ever Wanted to Know about Heaven*. A. a. O., S. 45-46.
8 Joni Eareckson Tada: *Holiness in Hidden Places*. Nashville: Countryman, 1999, S. 133.
9 Hank Hanegraaff: *Afterlife: What You Need to Know about Heaven, the Hereafter and Near-Death Experiences*. Brentwood, TN: Worthy, 2013, S. 45.
10 Alan W. Gomes: *40 Questions about Heaven and Hell*. A. a. O., S. 271.
11 Ebd., S. 257.
12 Lee Strobel: *Indizien für einen Schöpfer*. Asslar: Gerth Medien, 2004, S. 342-343; siehe 1. Mose 1,30; 3. Mose 24,18; Prediger 3,19; Offenbarung 8,9.
13 Strobel: *Indizien für einen Schöpfer*. A. a. O., S. 343.
14 Colleen McDannell und Bernhard Lang: *Heaven: A History* (2. Aufl.). New Haven, CT: Yale University Press, 2001, S. 64.
15 Randy Alcorn: „Will There Be Marriage in Heaven?" Eternal Perspective Ministries, 3. Februar 2010, www.epm.org/resources/2010/Feb/3/will-there-be-marriage-heaven.
16 Gomes: *40 Questions about Heaven and Hell*. A. a. O., S. 238.
17 Mark Hitchcock: *55 Answers to Questions about Life after Death*. Colorado Springs: Multnomah, 2005, S. 188.
18 Markus 12,18-27; Matthäus 22,23-33; Lukas 20,27-40. McKnight nennt noch zwei weitere Bibelstellen - Markus 3,31-35 und Johannes 2,1-11-, die manchmal als Argument dafür genannt werden, dass es im Himmel keine Ehen mehr gibt. Seiner Ansicht stützen sie die Behauptung nicht. Siehe Scot McKnight: *The Heaven Promise*. Colorado Springs: WaterBrook, 2015, S. 165-166.
19 Markus 12,25 (Luther)
20 Lukas 20,36; Hervorhebung des Autors
21 Hitchcock: *55 Answers to Questions about Life after Death*. A. a. O., S. 189.
22 Gomes: *40 Questions about Heaven and Hell*. A. a. O., S. 243; Hervorhebung im Original.
23 Ebd., S. 162. Zur weiteren Orientierung siehe S. 157-165.
24 Matthäus 20,1-16
25 Craig L. Blomberg: „Degrees of Reward in the Kingdom of Heaven?", in: *Journal of the Evangelical Theological Society 35*, Nr. 2, Juni 1992,

S. 160, www.etsjets.org/files/JETS-PDFs/35/35-2/JETS_35-2_159-172_Blomberg.pdf.

26 Simon J. Kistemaker: *The Parables: Understanding the Stories Jesus Told* (Nachdr. v. 1980). Grand Rapids: Baker, 2002, S. 75.

27 In der Bibel finden sich (je nach Übersetzung) die Bezeichungen Siegeskranz/-preis (1. Korinther 9,24), Ruhmeskranz (1. Thessalonicher 2,19), Krone der Gerechtigkeit (2. Timotheus 4,8), Krone/Siegeskranz des Lebens (Jakobus 1,12; Offenbarung 2,10) und Krone/Siegeskranz der Herrlichkeit (1. Petrus 5,4). Justin Taylor, leitender Redakteur der ESV Study Bible, sagt: „Auch wenn heute oft angenommen wird, dass es sich um unterschiedliche Belohnungen handelt, vertreten die meisten Kommentatoren die Auffassung, dass dies nur unterschiedliche Bezeichnungen für die eine Belohnung des ewigen Lebens sind." John Starke: „You Asked: What Are the Rewards in Heaven Jesus Talks About?" Gospel Coalition, 16. Juli 2011, www.thegospelcoalition.org/article/you-asked-what-are-the-rewards-in-heaven-jesus-talks-about.

28 Offenbarung 4,10

29 Blomberg: „Degrees of Reward in the Kingdom of Heaven?" A. a. O., S. 160.

30 Ebd., S. 163.

31 Ebd., S. 167.

32 Lukas 19,11–27

33 Millard J. Erickson: *Christian Theology* (3. Aufl.). Grand Rapids: Baker-Academic, 2013, S. 1132.

34 Ebd., S. 1133.

35 Jerry Walls: *Heaven, Hell, and Purgatory: Rethinking the Things That Matter Most*. Grand Rapids: Brazos, 2015, S. 91.

36 Walls, der an der *University of Notre Dame* promovierte, ist Philosophieprofessor und Scholar in Residence an der *Houston Baptist University*. Nachdem er ein Buch über die Lehre des Fegefeuers publiziert hatte, wurde er seiner Aussage nach durch das Onlinemagazin *Credo* „äußerst heftig kritisiert". Das Magazin widmete dem Thema eine ganze Ausgabe. Siehe Walls: *Heaven, Hell, and Purgatory*. A. a. O., S. 93; siehe auch *Credo* 3, Nr. 1 (Januar 2013), https://credomag.com/wp-content/uploads/2018/05/Credo-January-2013-Purgatory-Final.pdf.

37 John Calvin: *Institutes of the Christian Religion*. Hrsg. v. John T. McNeill, übers. v. Ford Lewis Battles. Philadelphia: Westminster, 1960, S. 3, 5, 6.

38 C. S. Lewis: *Letters to Malcolm: Chiefly on Prayer* (Nachdr. v. 1963). San Francisco: HarperOne, 2017, S. 145. Deutsch: *Du fragst mich, wie ich bete: Briefe an Malcolm*. Einsiedeln: Johannes, 2011.

39 Walls: *Heaven, Hell, and Purgatory.* A. a. O. , S. 93.
40 Ebd., S. 94.
41 Ebd., S. 96.
42 Lewis: *Letters to Malcolm.* A. a. O., S. 140; Hervorhebung im Original.
43 Gomes: *40 Questions about Heaven and Hell.* A. a. O., S. 124.
44 2. Makkabäer 12,32–45
45 Der Theologe Alan Gomes weist darauf hin, dass die Bibelstelle aus 2. Makkabäer „der katholischen Lehre vom Fegefeuer im Besonderen und der katholischen Lehre von den Sakramenten im Allgemeinen tatsächlich widerspricht". Er führt aus, dass die Sünde, für die Fürbitte getan wird, nämlich Götzendienst, eine Todsünde ist, keine lässliche Sünde. Und mit einer Todsünde zu sterben würde dazu führen, dass die Person in die Hölle kommt, aus der es keine Erlösung gibt. Außerdem hatten die Fürbitter „nicht die Absicht, die Betreffenden durch ihre Gebete aus dem Fegefeuer ins Paradies zu befördern. Sie beteten dafür, dass diese an der leiblichen Auferstehung teilnehmen dürften (2. Makkabäer 12,43–44), die beim letzten Gericht stattfinden würde. Die Erlösung aus dem Fegefeuer ins Paradies hingegen geschieht während des Zwischenzustands und vor dem letzten Gericht." *40 Questions about Heaven and Hell.* A. a. O., S. 123–124.
46 Auch wenn die Seelen der Verstorbenen mit dem Eintritt des Todes unmittelbar in den Zwischenzustand übergehen, sollte dieser nicht mit dem Fegefeuer verwechselt werden. Wie Scot McKnight betonte, ist an keiner Stelle der Bibel davon die Rede, dass der Zwischenzustand ein Ort wäre, an dem für Sünden gebüßt wird oder die Menschen geläutert werden, damit sie gut genug für den Himmel sind.
47 Siehe „Cremation Today: Trends and Statistics for Cremation in the U.S." Green Cremation Texas, www.greencremationtexas.com/cremation-today.
48 https://www.aeternitas.de/inhalt/bestatten_beisetzen/themen/bestattungsformen/feuerbestattung/geschichte_zahlen.
49 N. T. Wright: *Surprised by Hope: Rethinking Heaven, the Resurrection, and the Mission of the Church.* San Francisco: HarperOne, 2008, S. 24.
50 Hanegraaff: *Afterlife.* A. a. O., S. 161–162.
51 Billy Graham: *The Heaven Answer Book.* Nashville: Nelson, 2012, S. 86.
52 1. Mose 3,19
53 McKnight: *The Heaven Promise.* A. a. O., S. 171–172.
54 2. Samuel 12,23
55 Matthäus 19,14; siehe auch Markus 10,13–16; Lukas 18,15–17
56 Graham Twelftree: *Life after Death.* Grand Rapids: Monarch, 2002, S. 153.

57 Der Molinismus, der nach dem im 16. Jahrhundert lebenden spanischen Jesuiten Luis de Molina benannt ist, ist eine theologische Richtung, die den Versucht unternimmt, die Souveränität und Gnade Gottes mit dem freien Willen des Menschen in Einklang zu bringen.
58 Johannes 14,2–3
59 1. Korinther 15,1–5
60 2. Timotheus 2,8; Hervorhebung des Autors
61 Apostelgeschichte 2,14–39
62 Apostelgeschichte 10,27–48
63 Kreeft: *Everything You Ever Wanted to Know about Heaven*. A. a. O. S. 248; Hervorhebung im Original.
64 Ebd., S. 249; Hervorhebung im Original; das letzte Zitat stammt von Jesus selbst und steht in Johannes 14,6.

Kapitel 7

1 Dante Alighieri: *Die Hölle* (übers. v. Karl Witte). Berlin: Askanischer Verlag, 1916, Dritter Gesang, Zeilen 1–3. 9, http://www.zeno.org/Literatur/M/Dante+Alighieri/Epos/Die+G%C3%B6ttliche+Kom%C3%B6die
2 Alighieri: Die Hölle. A. a. O., Einunddreißigster Gesang, Zeile 81.
3 Ebd., Vierunddreißigster Gesang, Zeile 61.
4 Ebd., Zweiunddreißigster Gesang.
5 Ebd., Fünfter Gesang, Zeilen 137–140.
6 Preston Sprinkle (Hrsg.): *Four Views on Hell* (2. Aufl., Nachdr. v. 1996). Grand Rapids: Zondervan, 2016, S. 12.
7 Zum Beispiel in Lukas 12,5: „Aber ich sage euch, wen ihr wirklich fürchten sollt: Fürchtet Gott, der die Macht hat, Menschen zu töten und sie danach in die Hölle *[Gehenna]* zu werfen."
8 Mark Jones: *Living for God: A Short Introduction to the Christian Faith*. Wheaton, IL: Crossway, 2020, S. 223.
9 Steve Gregg: *All You Want to Know about Hell: Three Christian Views of God's Final Solution to the Problem of Sin*. Nashville: Nelson, 2013, S. 17.
10 Zitiert nach Mark Strauss: „The Campaign to Eliminate Hell", in: *National Geographic*, 13. Mai 2016, www.nationalgeographic.com/news/2016/05/160513-theology-hell-history-christianity.
11 Tracy Munsil: „AWVI 2020 Survey: 1 in 3 US Adults Embrace Salvation through Jesus; More Believe It Can Be ‚Earned'", Arizona Christian University: Cultural Research Center, 4. August 2020, www.arizonachristian.

edu/blog/2020/08/04/1-in-3-us-adults-embrace-salvation-through-jesus-more-believe-it-can-be-earned.
12 Matthäus 7,13
13 John Gerstner: *Repent or Perish*. Morgan, PA: Soli Deo Gloria, 1990, S. 31.
14 N. T. Wright: *Surprised by Hope*. San Francisco: HarperOne, 2008, S. 175; Hervorhebung im Original.
15 Gregg: All You Want to Know about Hell. A. a. O., S. 20.
16 Clark Pinnock: „The Destruction of the Finally Impenitent", in: *Criswell Theological Review* 4, Nr. 2, Frühjahr 1990, S. 243–259, https://davidlarkin.files.wordpress.com/2012/05/pinnock-the-destruction-of-the-finally-impenitent-original-paper.pdf, S. 15.
17 Bertrand Russell: *Why I Am Not a Christian*. New York: Simon & Schuster, 1957, S. 17.
18 Paul Copan: *Is God a Moral Monster? Making Sense of the Old Testament God*. Grand Rapids: Baker, 2011; Paul Copan und Matthew Flannagan: *Did God Really Command Genocide? Coming to Terms with the Justice of God*. Grand Rapids: Baker, 2014.
19 Paul Copan: *Loving Wisdom: A Guide to Philosophy and Christian Faith* (2. Aufl., Nachdr. v. 2007). Grand Rapids: Eerdmans, 2020, S. 246–257.
20 C. S. Lewis: *Über den Schmerz*. Gießen: Brunnen Verlag, 1991, S. 119.
21 1. Mose 18,25
22 Robert Bellah et al.: *Habits of the Heart: Individualism and Commitment in American Life*. Berkeley: University of California Press, 2007; Allan Bloom: *The Closing of the American Mind*, rev. Auflage. New York: Simon & Schuster, 2012.
23 Greg Lukianoff und Jonathan Haidt: *The Coddling of the American Mind: How Good Intentions and Bad Ideas Are Setting Up a Generation for Failure*. New York: Penguin, 2018.
24 Richard Wurmbrand: *Gefoltert für Christus*. Neukirchen-Vluyn: Aussaat, 1968, S. 39.
25 Jesus in Lukas 13,3: „Ihr werdet genauso umkommen, wenn ihr euch nicht von euren bösen Wegen abkehrt und euch Gott zuwendet."
26 John F. Walvoord, „The Literal View", in: William Crocket (Hrsg.): *Four Views on Hell*. Grand Rapids: Zondervan, 1996, S. 28.
27 Andere bekannte Christen und angesehene Theologen, die die Flammen nicht wörtlich verstehen, sind z. B. Billy Graham, C. S. Lewis, D. A. Carson, J. I. Packer, Sinclair Ferguson, Charles Hodges, Carl Henry, F. F. Bruce, Roger Nicole, Leon Morris, Robert Peterson und J. P. Moreland. „[Diese Theologen] weisen darauf hin, dass auch in vielen anderen

Bibelstellen vom Feuer die Rede ist – nicht nur im Hinblick auf die Hölle –, und zwar ganz eindeutig im übertragenen Sinn", schreiben Francis Chan und Preston Sprinkle in: *Hölle Light: Was Gott über die Hölle sagt – und was wir daraus gemacht haben*. Asslar: Gerth Medien, 2021, S. 130.

28 Siehe 2. Thessalonicher 1,9. Copan schreibt: „Gott wird natürlich die Menschen sehen, die von ihm getrennt sind; dennoch ‚werden [sie] *in der Gegenwart* der heiligen Engel und *des Lammes* mit Feuer und Schwefel gequält werden' (Offenbarung 14,10). Es ist also so, dass Jesus/Gott zwar diejenigen sieht, die dieses Getrenntsein erleiden (‚in der Gegenwart ... des Lammes'). Die Betonung in 2. Thessalonicher 1,9 liegt jedoch darauf, dass Ungläubige vom Segen Gottes als Quelle der Hoffnung und der Freude abgeschnitten sind: ‚Sie werden für immer vom Herrn und seiner herrlichen Macht getrennt sein.'" *Loving Wisdom*. A. a. O., S. 247–248; Hervorhebung im Original.

29 Apostelgeschichte 7,54

30 Dallas Willard: *The Allure of Gentleness: Defending the Faith in the Manner of Jesus*. San Francisco: HarperOne, 2016, S. 67.

31 Michael Card: „Who Can Abide?", aus dem Album *The Word: Recapturing the Imagination*, https://genius.com/Michael-card-who-can-abide-lyrics.

32 Willard: Allure of Gentleness. A.a. O., S. 67, 69.

33 Beispiel entnommen aus: James K. Beilby: *Postmortem Opportunity: A Biblical and Theological Assessment of Salvation after Death*. Downers Grove, IL: IVP Academic, 2021.

34 John G. Stackhouse jr.: „Terminal Punishment", in: Sprinkle (Hrsg.): *Four Views on Hell*. A. a. O., S. 79.

35 Rob Bell: Deutsch: Das letzte Wort hat die Liebe. Gießen: Brunnen Verlag, 2013, S. 109.

36 Denny Burk: „Postscript on Hell", 13. Juli 2011, www.dennyburk.com/postscript-on-hell; Burk verwendet dieses Bild mit der freundlichen Gehmigung seines Freundes und Mentors Joe Blankenship, der es in einer Predigt angeführt hatte.

37 Thomas von Aquin: *Effects of Sin, Stain, and Guilt*, Band 27 der *Summa Theologiae*. Cambridge: Cambridge University Press, 2006, S. 25.

38 D. A. Carson: *How Long, O Lord? Reflections on Suffering and Evil* (2. Aufl.). Grand Rapids: Baker Academic, 2006, S. 91.

39 Lee Strobel: Glaube im Kreuzverhör. Asslar: Gerth Medien, 2001, S. 215–248.

40 Craig Blomberg: *Interpreting the Parables* (2. Aufl.). Downers Grove, IL: IVP Academic, 2012, S. 236.

41 Augustinus: *The City of God* (übers. v. Marcus Dods). Peabody, MA: Hendrickson, 2009, S. 710–711.
42 Matthäus 12,31. Nach Ansicht der meisten Theologen besteht die Sünde wider den Heiligen Geist darin, sich ein Leben lang gegen Gottes Angebot der freien Gnade zu verschließen.
43 Johannes 19,11
44 1. Mose 18,25
45 Offenbarung 16,9–11.21
46 C. S. Lewis: *Die große Scheidung*. A. a. O., S.
47 N. T. Wright: *Following Jesus*. Grand Rapids: Eerdmans, 1995, S. 100.
48 Lewis: *Über den Schmerz*. A. a. O., S. 126.
49 Johannes Calvin: *Commentary on a Harmony of the Evangelists, Matthew, Mark, and Luke* (übers. von William Pringle). Grand Rapids: Baker, 1970, 1: S. 201.
50 Lukas 16,19–31
51 Diese Geschichte wird in der Bibel nicht ausdrücklich als Gleichnis bezeichnet. Falls sie in diese Gattung fällt, ist sie das einzige Gleichnis, das Namen enthält. Aus diesem Grund denken viele, es könnte sich um eine wahre Geschichte handeln. Der neutestamentliche Theologe Craig Blomberg weist darauf hin, dass der Bericht „Parallelen zu den bekannten jüdischen und ägyptischen Volksmärchen [der damaligen Zeit] aufweist" und dass „Jesus vielleicht einfach auf bekannte Bilder zurückgegriffen hat, um diese dann auf neue, überraschende Weise zu verwenden". *The Historical Reliability of the Gospels* (2. Aufl.). Downers Grove, IL: IVP Academic, 1987, S. 52–53. Steve Gregg bietet eine hilfreiche Analyse der verschiedenen Sichtweisen in: *All You Want to Know about Hell*. A. a. O., S. 75–84. Er schreibt: „Die Schlussfolgerung, die viele ziehen – dass die Bilder in der Geschichte nicht unbedingt dazu gedacht waren, irgendetwas über die wahre Natur der Hölle zu lehren oder gängige Überlieferungen zu diesem Thema zu bestätigen, ist vermutlich berechtigt. Die Absicht des Gleichnisses bestand nicht darin zu zeigen, wie das Leben nach dem Tod beschaffen ist, sondern Lektionen zu erteilen, die damit gar nichts zu tun haben" (S. 83). Einer der Theologen, die bezweifeln, dass das Gleichnis uns irgendetwas Wesentliches über das Leben nach dem Tod lehrt, ist Robert Yarbrough. Er schreibt: „Es ist allgemein akzeptiert, dass diese Geschichte gleichnishaft zu verstehen ist. Sie ist nicht dazu gedacht, den Zuhörern eine detaillierte Landkarte der Hölle zu liefern." „Jesus on Hell", in: Christopher W. Morgan und Robert A. Peterson (Hrsg.): *Hell Under Fire*. Grand Rapids: Zondervan, 2004, S. 74.

52 Randy Alcorn: *Heaven*. Carol Stream, IL: Tyndale, 2004, S. 25–26.
53 Alan W. Gomes: *40 Questions about Heaven and Hell*. A. a. O., S. 287.

Kapitel 8

1 Stotts Äußerung zum Annihilationismus (Auslöschungslehre) erschien in: David L. Edwards und John Stott: *Evangelical Essentials: A Liberal-Evangelical Dialogue*. Downers Grove, IL: InterVarsity, 1989, S. 320. Stotts Kapitel zu diesem Thema („Judgment and Hell") wurde in neuerer Zeit wieder aufgenommen in: Christopher M. Date, Gregory G. Stump und Joshua W. Anderson (Hrsg.): *Rethinking Hell: Readings in Evangelical Conditionalism*. Eugene, OR: Wipf & Stock, 2014, S. 48–55. Es gibt zwar geringfügige Unterschiede zwischen der Auslöschungslehre und der Lehre von der bedingten Unsterblichkeit, diese sind jedoch so unwesentlich, dass ich die Begriffe synonym verwenden werde, ebenso wie die Begriffe Annihilationist und Konditionalist.
2 Date, Stump und Anderson (Hrsg.): *Rethinking Hell*. A. a. O., S. 54.
3 Robert A. Peterson: „Undying Worm, Unquenchable Fire", in: *Christianity Today*, 23. Oktober 2000, www.christianitytoday.com/ct/2000/october23/undying-worm-unquenchable-fire.html.
4 John Wenham: *Facing Hell: The Story of a Nobody*. Carlisle, Cumbria, UK: Paternoster, 1991, S. 254, www.truthaccordingtoscripture.com/documents/death/conditional-immortality-wenham.php
5 Ebd., S. 256.
6 Römer 6,23
7 Peterson: „Undying Worm, Unquenchable Fire". A. a. O.
8 Zu den Vertretern der Auslöschungslehre gehören der australische Theologe Philip Hughes, der kanadische Theologe Clark Pinnock, der neutestamentliche Theologe F. F. Bruce, der emeritierte Professor für Philosophie Richard Swinburne an der Universität Oxford, der Professor für Neues Testament Dr. Stephen Travis (Cambridge), der neuseeländische Philosoph Dr. Glenn Peoples (Otago), der Rechtsanwalt und Theologe Edward Fudge, der britische Evangelist Michael Green, der schottische Neutestamentler I. Howard Marshall, der anglikanische Theologe Dr. Richard Bauckham (Cambridge), der Baptist Dr. David Instone-Brewer (Cambridge) und Dr. John Stackhouse jr. (University of Chicago), der sagt, dass die Auslöschungslehre „unseren guten Gott von dem abstoßenden Image eines ewigen Peinigers befreit". Stackhouse Jr.: „Terminal Punishment", in: Preston Sprinkle (Hrsg.): *Four Views on Hell* (2. Aufl.). Grand Rapids: Zondervan, 2016,S. 81.

9 Zitiert nach Mark Strauss: „The Campaign to Eliminate Hell", in: *National Geographic*, 13. Mai 2016, www.nationalgeographic.com/news/2016/05/160513-theology-hell-history-christianity.
10 Date, Stump und Anderson (Hrsg.): *Rethinking Hell*. A. a. O., S. xv.
11 Ebd., S. xvi.
12 Stott: „Judgment and Hell", in: Date, Stump, and Anderson (Hrsg.): *Rethinking Hell*. A. a. O., S. 51.
13 Alle Zitate entnommen aus Stott: „Judgment und Hell". A. a. O., S. 51–55.
14 Matthäus 25,31–46
15 Kolosser 1,20
16 1. Korinther 15,28
17 Stott: „Judgment and Hell". A. a. O., S. 55.
18 Matthäus 3,12; Matthäus 7,19; Johannes 15,6
19 Hebräer 10,26–29
20 1. Mose 19
21 Judas 7 (Willkommen daheim)
22 Jaroslav Pelikan: *The Emergence of the Catholic Tradition (100–600)* (Bd. 1 von *The Christian Tradition*). Chicago: University of Chicago Press, 1971, S. 51.
23 2. Korinther 5,3
24 1. Korinther 15,53–54
25 Johannes 5,29 (Einheitsübersetzung)
26 Bart D. Ehrman: *Heaven and Hell: A History of the Afterlife*. New York: Simon & Schuster, 2020, S. 155.
27 Josephus: *Jüdischer Krieg* 2.8.14; *Jüdische Altertümer* 18.1.3. https://de.wikisource.org/wiki/Juedischer_Krieg/Buch_II_1-9 und https://de.wikisource.org/wiki/J%C3%BCdische_Altert%C3%BCmer/Buch_XVIII.
28 Matthäus 8,12; 13,42.50; 22,13; 24,51; 25,30
29 Robert A. Morey: *Death and the Afterlife*. Minneapolis: Bethany House, 1984, S. 117–118.
30 Weitere Ausführungen zur Bedeutung von *aiōnios* siehe Steve Gregg: *All You Want to Know about Hell: Three Christian Views of God's Final Solution to the Problem of Sin*. Nashville: Nelson, 2013, S. 99–109.
31 Augustinus: *The City of God* (übers. v. Marcus Dods). Peabody, MA: Hendrickson, 2009, S. 716.
32 G. K. Beale: *The Book of Revelation. New International Greek Testament Commentary*. Grand Rapids: Eerdmans, 1999, S. 762–763.

33 Matthäus 7,13. In anderen Bibelübersetzungen ist auch von „Hölle" oder „Verdammnis" die Rede.
34 Je nach Bibelübersetzung wird das hier verwendete griechische Verb *apollymi* auf Deutsch mit *vernichten, zerstören, untergehen* oder *zugrunde gehen* wiedergegeben. (Anm. d. Übers.)
35 Epheser 2,1
36 Markus 14,21
37 Matthäus 5,29–30
38 Craig L. Blomberg: *Can We Still Believe in God? Answering Ten Contemporary Challenges to Christianity.* Grand Rapids: Brazos, 2020, S. 29.
39 Siehe Matthäus 12,31–32
40 Johannes 3,36
41 2. Thessalonicher 1,9
42 4. Makkabäer 9,9; 10,10–11; 12,12.18
43 Markus 9,48
44 Judith 16,17 (Luther). Dasselbe Bild von Feuer und Würmern findet sich auch im Buch Sirach 7,17. Reale, „unsterbliche" Würmer, die sich fortwährend von realen Körpern ernähren – wie in Jesaja 66,24 und in Markus 9,48 erwähnt –, erscheinen auch in späterer Literatur wie der Vision von Esra im 3. Jahrhundert (34) und der Apokalypse von Paulus im 4. Jahrhundert (42).
45 Stott: „Judgment and Hell". A. a. O., S. 54.
46 Zitiert nach: „#103: Polycarp's Martyrdom", *Christian History Institute*, https://christianhistoryinstitute.org/study/module/polycarp.
47 Peterson: „Undying Worm, Unquenchable Fire". A. a. O. In diesem Artikel schreibt Peterson auch, er teile die Einstellung nicht, dass „die traditionalistisch-konditionalistische Debatte über die Hölle nur zweitrangige Bedeutung habe und nicht überbewertet werden solle".
48 Peterson: „Undying Worm, Unquenchable Fire". A. a. O.
49 David Bentley Hart: *That All Shall Be Saved: Heaven, Hell, and Universal Salvation.* New Haven, CT: Yale University Press, 2019, S. 208.
50 Michael McClymond: „David Bentley Hart's Lonely, Last Stand for Christian Universalism", *Gospel Coalition*, 2. Oktober 2019, www.thegospelcoalition.org/reviews/shall-saved-universal-christian-universalis-david-bentley-hart. McClymond geht in diesem Artikel auf drei Argumente zum Thema „Universalismus" ein, die Hart in seinem Buch vorbringt.
51 Ebd.
52 Rob Bell: *Das letzte Wort hat die Liebe.* Gießen: Brunnen Verlag, 2011, S. 114. Francis Chan und Preston Sprinkle schreiben: „In seinem Buch

Das letzte Wort hat die Liebe sagt Bell an keiner Stelle geradeheraus, dass er so etwas glaubt. ... Doch er präsentiert diese Position in so wohlwollenden Worten, dass man kaum behaupten könnte, er würde nicht dahinterstehen." Chan und Sprinkle: *Hölle Light*. A. a. O., S. 149.
53 Hart: *That All Shall Be Saved*. A. a. O., S. 84.
54 Robin A. Parry: „A Universalist View", in: *Four Views on Hell* (2. Aufl.). A. a. O., S. 101.
55 Origenes' Ansichten waren „sehr komplex und auch nicht immer in sich stimmig". Was das Kirchenkonzil anbelangt, „wurde dieses Konzil wie auch andere Konzile der alten Kirche zu einem großen Teil von politischen Erwägungen geleitet, sodass wir Origines' Auffassungen nicht allein aufgrund der in Konstantinopel getroffenen Entscheidungen als häretisch beurteilen sollten." Chan und Sprinkle: *Hölle light*. A. a. O., S. 21.
56 Ebd.
57 C. S. Lewis (Hrsg.): *George MacDonald: An Anthology*. San Francisco: HarperOne, 2001, S. xxxv.
58 1. Johannes 2,2; Johannes 1,12
59 In 1. Timotheus 4,10 steht: „Denn dafür arbeiten und kämpfen wir, weil wir auf einen lebendigen Gott hoffen, der ein Retter aller Menschen ist, besonders der Gläubigen" (Einheitsübersetzung).
60 Kolosser 1,22–23; Hervorhebung des Autors
61 1. Korinther 15,21–22 (Einheitsübersetzung)
62 2. Thessalonicher 1,9
63 Galater 1,8–9
64 Matthäus 14,34–36
65 Lukas 19,10 (Einheitsübersetzung)
66 Johannes 17,12 (Einheitsübersetzung)
67 Johannes 19,30
68 Jesaja 53,11
69 William Barclay: *William Barclay: A Spiritual Autobiography*. Grand Rapids: Eerdmans, 1977, S. 67.
70 C. S. Lewis: *Über den Schmerz*. Gießen: Brunnen Verlag, 1991, S. 119-120.
71 Zefanja 2,11
72 Das wörtliche Zitat lautet sprachlich und orthografisch leicht angepasst: „Das wäre wohl eine andere Frage, ob Gott etlichen im Sterben oder nach dem Sterben den Glauben könnte geben und also durch den Glauben könnte selig machen. Wer wollte daran zweifeln, dass er das tun könnte. Aber dass er es tut, kann man nicht beweisen." Martin Luther:

„Ein Sendbrief über die Frage, ob auch jemand, ohne Glauben verstorben, selig werden möge", in: Karl Drescher (Hrsg.): *D. Martin Luthers Werke. Kritische Gesamtausgabe;* 10/II. Schriften 1522. Weimar: Hermann Böhlaus Nachfolger, 1907. Online verfügbar bei: https://archive.org/details/pt2werkekritisch10luthuoft/page/322/mode/2up?view=theater.

73 Der Ausdruck „postmortale Gelegenheit" (postmortem opportunity) geht auf den Titel eines Buches des Theologen James Beilby zurück: *Postmortem Opportunity: A Biblical and Theological Assessment of Salvation after Death*. Downers Grove, IL: IVP Academic, 2021. Paul Copan merkte an, dass sich einige seiner Überlegungen zu diesem Thema an Beilbys Buch anlehnen.

74 Preserved Smith: *The Life and Letters of Martin Luther*. Boston: Houghton Mifflin, 1911, S. 342.

75 Jerry L. Walls: *Heaven, Hell, and Purgatory*. Grand Rapids: Brazos, 2015, S. 187–211.

76 J. Oliver Buswell: *A Systematic Theology of the Christian Religion* (Bd. 2). Grand Rapids: Zondervan, 1963, S. 162.

77 Johannes 3,16–17

78 1. Johannes 2,2. Beachten Sie, dass der Ausdruck „die ganze Welt" nur noch an einer einzigen weiteren Stelle auftaucht: In 1. Johannes 5,19, wo darauf verwiesen wird, dass sich „die ganze Welt" in der Gewalt des Bösen befindet.

79 Hesekiel 33,11; 1. Timotheus 2,4; 2. Petrus 3,9.

80 Apostelgeschichte 17,30

81 Johannes 21,22

82 Lee Strobel: „Träume und Visionen", in: *Wunder. Was ist wirklich dran?* Asslar: Gerth Medien, 2019, S. 144–166.

83 Apostelgeschichte 17,30

84 Matthäus 25,31–46

85 Offenbarung 20,15

86 Lukas 13,24

87 Michael McClymond: *The Devil's Redemption*. Grand Rapids: Baker Academic, 2018.

88 Paul Copan: „How Universalism, ‚The Opiate of the Theologians', Went Mainstream", in: *Christianity Today*, 11. März 2019, www.christianitytoday.com/ct/2019/march-web-only/michael-mcclymond-devils-redemption-universalism.html.

89 Chan und Sprinkle: *Hölle light*. A. a. O., S. 10.

90 Ebd., S. 89.

91 Johannes 14,6

Kapitel 9

1. Der Titel dieses Kapitels wurde übernommen von Norman L. Geisler und J. Yutaka Amano: *The Reincarnation Sensation*. Eugene, OR: Wipf & Stock, 2004.
2. Herbert Brean: „Bridey Murphy Puts Nation in a Hypnotizzy", in: *Life* 40/12, 19. März 1956, https://oldlifemagazine.com/march-19-1956-life-magazine.html.
3. „How Many People in the World Believe in Reincarnation?" *Reincarnation after Death?* 4. März 2016, www.reincarnationafterdeath.com/how-many-people-believe.
4. Die Details zum Fall „Bridey Murphy" verdanke ich dem Skeptiker Paul Edwards, der diesem Thema in seinem Buch: *Reincarnation: A Critical Examination*. Amherst, NY: Prometheus, 2002, ein ganzes Kapitel widmet: „The Rise and Fall of Bridey Murphey", S. 59–79.
5. Ebd., S. 60–61.
6. Ebd., S. 61.
7. Zitiert auf der Rückseite der Taschenbuchausgabe.
8. Time-Life Books: *Psychic Voyages*. Alexandria, VA: Time-Life, 1988, S. 114; kein Autor angegeben.
9. Edwards: *Reincarnation*. A. a. O., S. 62.
10. Shirley MacLaine: *Out on a Limb*. New York: Bantam, 1983, S. 362.
11. Edwards: *Reincarnation*. A. a. O., S. 86.
12. Ebd., S. 86; siehe auch John Leo: „I Was Beheaded in the 1700s", in: *Time*, 10. September 1984, S. 68.
13. Edwards: *Reincarnation*. A. a. O., S. 86.
14. Geisler und Amano: *Reincarnation Sensation*. A. a. O., S. 12.
15. William Rounseville Alge: *A Critical History of the Doctrine of a Future Life*. Philadelphia: Childs, 1964, S. 475.
16. Geisler und Amano: *Reincarnation Sensation*. A. a. O., S. 37.
17. John B. Noss: *Man's Religions* (6. Aufl.). New York: Macmillan, 1980, S. 52.
18. Wörtlich: „Solcher Erinnerungen [an seine Erfahrungen aus vergangenen Leben] also sich recht gebrauchend, mit vollkommener Weihung immer geweiht, kann ein Mann allein wahrhaft vollkommen werden." Zitiert nach https://www.projekt-gutenberg.org/platon/platowr1/phaidro1.html.
19. *The Bhagavad Gita* (2. Ausg., übers. v. Eknath Easwaran). Tomales, CA: Nilgiri, 2007, S. 91–92.
20. „Reincarnation", www.merriam-webster.com/dictionary/reincarnation.

21 Geisler und Amano: *Reincarnation Sensation*. A. a. O., S. 27.
22 Thomas Ryan: „25 Percent of US Christians Believe in Reincarnation. What's Wrong with This Picture?", in: *America: The Jesuit Review*, 21. Oktober 2015, www.americamagazine.org/faith/2015/10/21/25-percent-us-christians-believe-reincarnation-whats-wrong-picture.
23 Geisler und Amano: *Reincarnation Sensation*. A. a. O.
24 Ebd., S. 36.
25 Edwards: Reincarnation. A. a. O., S. 59.
26 Ian Stevenson: *Twenty Cases Suggestive of Reincarnation*. Charlottesville: University Press of Virginia, 1978; Stevenson: *Children Who Remember Previous Lives: A Question of Reincarnation* (rev. Ausg.). Jefferson, NC: McFarland, 2001.
27 Stevenson: *Twenty Cases Suggestive of Reincarnation*. A. a. O., S. 48.
28 Hans Schwarz: *Beyond the Gates of Death: A Biblical Examination of Evidence for Life after Death*. Minneapolis: Augsburg, 1981, S. 101.
29 Ryan: „25 Percent of US Christians Believe in Reincarnation". A. a. O.
30 Herbert Bruce Puryear: *Why Jesus Taught Reincarnation: A Better News Gospel*. Scottsdale, AZ: New Paradigm, 1993, S. 2–3.
31 Quincy Howe jr.: *Reincarnation for the Christian*. Wheaton, IL: Theosophical, 1987, S. 93, S. 88.
32 Geddes MacGregor: *Reincarnation in Christianity. A New Vision of the Role of Rebirth in Christian Thought*. Wheaton, IL: Theosophical, 1978, S. 17, S. 24.
33 MacGregor: *Reincarnation in Christianity*. A. a. O., S. 16–17; Hervorhebung im Original.
34 Lee Strobel: *Wunder: Was ist wirklich dran?* Asslar: Gerth Medien, 2019, S. 248–268.
35 Douglas Groothuis: *Walking through Twilight: A Wife's Illness – A Philosopher's Lament*. Downers Grove, IL: InterVarsity, 2017.
36 Strobel: *Wunder: Was ist wirklich dran?* A. a. O., S. 258.
37 Douglas Groothuis: *Christian Apologetics: A Comprehensive Case for Biblical Faith*. Downers Grove, IL: IVP Academic, 2011.
38 Douglas Groothuis: *Philosophy in Seven Sentences: A Small Introduction to a Vast Topic*. Downers Grove, IL: InterVarsity, 2016.
39 Douglas Groothuis: *Truth Decay: Defending Christianity against the Challenges of Postmodernism*. Downers Grove, IL: InterVarsity, 2000.
40 Douglas Groothuis: *Unmasking the New Age*. Downers Grove, IL: InterVarsity, 1986; Groothuis: *Confronting the New Age: How to Resist a Growing Religious Movement*. Downers Grove, IL: InterVarsity, 1988;

Groothuis: *Revealing the New Age Jesus: Challenges to Orthodox Views of Christ*. Downers Grove, IL: InterVarsity, 1990.
41 Edwards: *Reincarnation*. A. a. O., S. 86.
42 Raynor C. Johnson: *The Imprisoned Splendour*. New York: Harper & Row, 1953, S. 381.
43 „Advaita Vedanta" ist Sanskrit; „a" bedeutet „nicht" und „dvaita" bedeutet „zwei". Die wörtliche Übersetzung lautet also „nicht zwei". In dieser hinduistischen Schule ist alles eins und alles ist Brahma.
44 Es handelt sich hier um die indische Version, nicht um die bekannte gleichnamige schottische Zeitschrift.
45 Edwards: *Reincarnation*. A. a. O., S. 39.
46 Deepak Chopra: *Life after Death: The Burden of Proof*. New York: Three Rivers, 2006, S. 11.
47 Edwards: *Reincarnation*. A. a. O., S. 45.
48 Diese Bewertungen bezogen sich auf einen 2002 erschienenen Nachdruck des Buches, den man auf Amazon.com erwerben konnte.
49 Edwards: *Reincarnation*. A. a. O., S. 79.
50 Ebd., S. 88.
51 Ebd., S. 66–68.
52 Ebd., S. 65.
53 Brean: „Bridey Murphy Puts Nation in a Hypnotizzy", zitiert nach Edwards: *Reincarnation*. A. a. O., S. 68.
54 Ebd., S. 69.
55 Ebd., S. 70.
56 Ebd., S. 70.
57 Ebd., S. 66.
58 Ebd., S. 72. Tighe starb am 12. Juli 1995 an Krebs. www.nytimes.com/1995/07/21/obituaries/virginia-mae-morrow-dies-at-70-created-bridey-murphy-hoopla.html.
59 Stevenson: *Children Who Remember Previous Lives*. A. a. O., S. 43.
60 Geisler und Amano: *Reincarnation Sensation*. A. a. O., S. 67; Hervorhebung des Autors.
61 Ebd., S. 67.
62 Edwards: *Reincarnation*. A. a. O., S. 71.
63 Paul Edwards schreibt (*Reincarnation*, S. 71): „Bei Bridey Murphys Kenntnissen der irischen Geschichte und Gebräuche handelte es sich mit allergrößter Wahrscheinlichkeit um einen Fall von ‚Kryptomnesie'." Ian Stevenson (*Children Who Remember Previous Lives*, S. 274) hingegen betont: „Der Fall von Bridey Murphy ist kein eindeutiger Fall von

Kryptomnesie." Er räumt jedoch ein: „Der Fall ist kein überzeugender Beweis für Reinkarnation, da keine Person ausfindig gemacht werden konnte, auf die Bridey Murphys Aussagen zutreffen, und sie einige Details über das Leben im Irland des 19. Jahrhunderts falsch beschrieben hat."

64 Stevenson: *Children Who Remember Previous Lives.* A. a. O., S. 3; Hervorhebung des Autors.
65 Edwards: *Reincarnation.* A. a. O., S. 256; Hervorhebung des Autors.
66 Selbst der Reinkarnationsforscher Ian Stevenson räumt ein: „Es gibt einige andere Erklärungen, mit denen sich viele dieser Erfahrungen besser begründen lassen als mit Reinkarnation" (*Children Who Remember Previous Lives.* A. a. O., S. 48).
67 Ebd., S. 45.
68 Matthäus 8,28–33; Lukas 4,33–36; Apostelgeschichte 16,16–18; Apostelgeschichte 19,11–16
69 Gary R. Habermas und J. P. Moreland: *Beyond Death: Exploring the Evidence for Immortality.* Eugene, OR: Wipf & Stock, 2004, S. 242.
70 Matthäus 11,14
71 Shirley MacLaine: *It's All in the Playing.* New York: Bantam, 1987, S. 217–19.
72 2. Könige 2,9–18
73 Matthäus 17,1–3
74 Matthäus 17,9 (King-James-Bibel)
75 Robert A. Morey: *Death and the Afterlife.* Minneapolis: Bethany House, 1984, S. 207.
76 Matthäus 17,9 in Übersetzungen wie Neues Leben, Hoffnung für alle oder Neue Genfer Übersetzung
77 Johannes 1,21 (Einheitsübersetzung)
78 Lukas 1,17
79 Howe Jr.: *Reincarnation for the Christian.* A. a. O., S. 92–94.
80 Ebd., S. 93.
81 Johannes 9,3
82 Geisler und Amano: *Reincarnation Sensation.* A. a. O., S. 145.
83 Kenneth Ring: *Heading toward Omega: In Search of the Meaning of the Near-Death Experience.* New York: Morrow, 1985, S. 158.
84 Origines von Alexandria (ca. 184 – ca. 253) war ein christilicher Theologe und produktiver Schriftsteller.
85 Allan Menzies (Hg.): *The Ante-Nicene Fathers,* Band 9. New York: Christian Literature, 1896, S. 474.

86 Mark Albrecht: *Reincarnation: A Christian Critique of a New Age Doctrine*. Downers Grove, IL: InterVarsity, 1987, S. 44–49; siehe auch Joseph P. Gudel, Robert M. Bowman Jr. und Dan R. Schlesinger: „Reincarnation: Did the Church Suppress It?", in: *Christian Research Journal* 10, Nr. 1, Sommer 1987, S. 8–12, www.issuesetcarchive.org/articles/aissar14.htm.

87 „Weil Gott so gnädig ist, hat er euch durch den Glauben gerettet. Und das ist nicht euer eigenes Verdienst; es ist ein Geschenk Gottes. Ihr werdet also nicht aufgrund eurer guten Taten gerettet, damit sich niemand etwas darauf einbilden kann" (Epheser 2,8–9).

88 Offenbarung 21,1–4

Kapitel 10

1 Matilde Palaus Geschichte und weitere Details über Luis Palaus frühe Kindheit können Sie in Luis Palaus Buch nachlesen: *Palau: A Life on Fire*. Grand Rapids: Zondervan 2019.

2 „Luis Palau Association: About", www.palau.org/about.

3 Liz Robbins: „An Evangelical Revival in the Heart of New York", in: *New York Times*, 10. Juli 2015, https://layman.org/an-evangelical-revival-in-the-heart-of-new-york.

4 Ich erzähle die Geschichte von Andrew Palaus Entscheidung für Gott in: *Gott auf der Spur*. Asslar: Gerth Medien, 2016, S. 187-212.

5 2. Korinther 5,8

6 „Denn Christus ist mein Leben, aber noch besser wäre es, zu sterben und bei ihm zu sein. Doch wenn ich lebe, dann trägt meine Arbeit für Christus Früchte. Deshalb weiß ich wirklich nicht, was ich wählen soll. Ich fühle mich zwischen zwei Wünschen hin- und hergerissen: Ich sehne mich danach, zu sterben und bei Christus zu sein, denn das wäre bei Weitem das Beste. Doch für euch ist es besser, wenn ich lebe" (Philipper 1,21–24).

7 Jonathan Edwards: „The Pure in Heart Blessed", www.biblebb.com/files/edwards/heart.htm.

8 Diese Formulierung stammt aus dem Gleichnis von dem anvertrauten Vermögen in Matthäus 25,14–30.

9 Matthäus 7,23

10 Johannes 14,30

11 „Ist es dir gleichgültig, wie freundlich, geduldig und nachsichtig Gott mit dir ist? Siehst du nicht, wie Gottes Freundlichkeit dich zur Umkehr bewegen will?" (Römer 2,4).

12   Rebecca Manley Pippert: *Stay Salt: The World Has Changed, Our Message Must Not.* Charlotte, NC: Good Book, 2020, S. 231.

Welche Schlussfolgerungen ergeben sich für uns?

1   Nabeel Qureshi vor einem unbekannten Publikum. Tweet von @RZIMhq. 16. September 2020, 16:07. Leicht korrigiert zur besseren Verständlichkeit.
2   N. T. Wright: *Surprised by Hope.* San Francisco: HarperOne, 2008, S. 293.
3   Ed Romine: „Spurgeon on the Hope of Heaven". The Spurgeon Center, 3. Mai 2018, www.spurgeon.org/resource-library/blog-entries/charles-spurgeon-on-heavens-hope.
4   Max Lucado: „Who Can Fathom Eternity?" FaithGateway, 22. Januar 2014, www.faithgateway.com/who-can-fathom-eternity/#.YBMCjuhKi-Uk.
5   Auch wenn die ursprüngliche Quelle dieses Zitats im Dunkeln liegt, wird es im Allgemeinen Teresa von Ávila zugeschrieben, einer karmelitischen Ordensfrau, die im 16. Jahrhundert lebte. Siehe zum Beispiel www.azquotes.com/author/19882-Teresa_of_Avila/tag/heaven.
6   Eugene Peterson: *Living the Resurrection: The Risen Christ in Everyday Life.* Colorado Springs, CO: NavPress, 2006, S. 67.
7   Römer 12,18
8   Lee Strobel: „God Can Give You Power as Power Is Needed" in: *God's Outrageous Claims: Discover What They Mean for You* (2. Aufl.). Grand Rapids: Zondervan, 2005, S. 88–105.
9   Brother Andrew: *The Calling: A Challenge to Walk the Narrow Road.* Grand Rapids: Revell, 1996, S. 39.
10   5. Mose 29,28
11   Römer 2,15
12   Römer 1,20
13   „Wenn ihr mich sucht, werdet ihr mich finden; ja, wenn ihr ernsthaft, mit ganzem Herzen nach mir verlangt, werde ich mich von euch finden lassen" (Jeremia 29,13–14); „Wer zu ihm kommen möchte, muss glauben, … dass er die, die ihn aufrichtig suchen, belohnt" (Hebräer 11,6).
14   Lee Strobel: *Wunder: Was ist wirklich dran?* A. a. O., S. 144–166.
15   Nabeel Qureshi: *Allah gesucht – Jesus gefunden: Eine außergewöhnliche Biografie.* Dillenburg: Christliche Verlagsgesellschft, 2015.
16   1. Mose 18,25
17   Ronald H. Nash: *Is Jesus the Only Savior?* Grand Rapids: Zondervan, 1994, S. 165.

18 1. Korinther 4,5
19 Lee Strobel: „Jesus Is the Only Path to God" in: *God's Outrageous Claims*. A. a. O., S. 221–236.

Was passiert, nachdem wir sterben?

1. Manche Experten spekulieren, dass wir im Zwischenzustand möglicherweise eine Art Übergangskörper erhalten, weil zum Beispiel in Offenbarung 6,9–11 davon die Rede ist, dass die Märtyrer Kleider trugen. Diese Beschreibung ist jedoch eindeutig metaphorisch zu verstehen. „In der gesamten Schrift gibt es keinen Hinweis darauf, dass wir während des Zwischenzustands einen Übergangskörper erhalten", schreibt Hank Hanegraaff, bekannt als der Bible Answer Man. Eine ausführlichere Betrachtung dieses Themas findet sich in Hank Hanegraaff: *Afterlife*. Brentwoold, TN: Worthy, 2013, S. 75–79.
2. Lukas 16,19–31
3. 2. Korinther 5,2
4. Timothy Phillips schreibt: „Der Hades besteht nur für eine begrenzte Zeit; die Gehenna oder Hölle ist der endgültige Verdammungsort für die Verlorenen. Viele Bibelübersetzungen stiften Verwirrung, weil sie beide Ausdrücke mit ‚Hölle' übersetzen." Phillips: „Hades" in: Walter A. Elwell (Hrsg.): *Evangelical Dictionary of Biblical Theology*. Grand Rapids: Baker, 1996, S. 322.
5. Randy Frazee: *What Happens After You Die? A Biblical Guide to Paradise, Hell and Life after Death*. Nashville: Nelson, 2017. S. 25.
6. Alan W. Gomes: *40 Questions about Heaven and Hell*. A. a. O., S. 139.
7. Ebd., S. 141. Manche bezweifeln vielleicht, dass auch Christen gerichtet werden, weil Jesus sagte: „Wer meine Botschaft hört und an Gott glaubt, der mich gesandt hat, der hat das ewige Leben. Er wird nicht für seine Sünden verurteilt werden, sondern ist bereits den Schritt vom Tod ins Leben gegangen" (Johannes 5,24). Gomes zitiert jedoch Verse wie Römer 14,10, die zeigen, dass das Jüngste Gericht allen Menschen gilt, die jemals gelebt haben, was bedeutet, dass es auch Christen einschließt. Darüber hinaus gibt es Bibelverse, die sich speziell auf das Gericht über Gläubige beziehen. Dazu gehören Matthäus 18,23, Matthäus 25,19, Römer 2,6-7.16, Römer 14,10–13 und 1. Korinther 3,11–15. Außerdem heißt es in 2. Korinther 5,10: „Denn wir alle müssen einmal vor Christus und seinem Richterstuhl erscheinen, wo alles ans Licht kommen wird. Dann wird jeder von uns das bekommen, was er für das Gute oder das

Schlechte, das er in seinem Leben getan hat, verdient." Gomes stellt fest: „Aus dem Gesamtzusammenhang von 2. Korinther 5 und auch der vorangegangenen Verse in Kapitel 4 geht eindeutig hervor, dass Paulus sich an Gläubige und (sehr wahrscheinlich) nur an sie wendet." Gomes: *40 Questions about Heaven and Hell.* A. a. O., S. 141–142.

8 Ebd., S. 161.
9 Ebd., S. 157, unter Bezugnahme auf Matthäus 5,11–12 und Lukas 6,23.
10 Matthäus 6,20; 19,21; Markus 10,21; Lukas 12,33; 18,22
11 Matthäus 10,41–42
12 Jesus verwendet das Bild eines üppigen Festmahls, um die großen Freuden zu beschreiben, die seine Nachfolger erwarten (nachzulesen in Matthäus 8,11; 22,1–10; 25,10; 26,29; Markus 14,25; Lukas 13,28–29; 14,16–24; 22,16.29–30.
13 Simon Kistemaker: *The Parables of Jesus.* Grand Rapids: Baker, 1980, S. 78. Eine detailliertere Erörterung der himmlischen Belohnungen für Christen finden Sie in Kapitel 6 des Buches.
14 Römer 6,23
15 Zu der Frage, ob wir uns nach unserem physischen Tod noch dafür entscheiden können, Christus nachzufolgen, siehe Kapitel 8.

Der Verlag weist ausdrücklich darauf hin, dass im Text enthaltene externe Links nur bis zum Zeitpunkt der Buchveröffentlichung eingesehen werden konnten. Auf spätere Veränderungen hat der Verlag keinerlei Einfluss. Eine Haftung des Verlags für externe Links ist stets ausgeschlossen.

Die amerikanische Originalausgabe erschien im Verlag Zondervan, Grand Rapids, Michigan, unter dem Titel „The Case for Heaven". Published by arrangement with HarperCollins Christian Publishing, Inc.
© 2021 by Lee Strobel
© 2023 der deutschen Ausgabe by Gerth Medien in der
SCM Verlagsgruppe GmbH, Dillerberg 1, 35614 Asslar

Wenn nicht anders angegeben, wurden die Bibelzitate der
Neues Leben-Übersetzung entnommen. *Neues Leben. Die Bibel*,
© der deutschen Ausgabe 2002, 2006 und 2017 SCM R.Brockhaus in der
SCM Verlagsgruppe GmbH, Witten/Holzgerlingen

1. Auflage 2023
Bestell-Nr. 817955
ISBN 978-3-95734-955-2

Redaktion: Kai S. Scheunemann, Nicole Schol
Umschlaggestaltung: Andreas Sonnhüter
Satz: Apel Verlagsservice, Celle
Druck und Verarbeitung: GGP Media GmbH, Pößneck
Printed in Germany

www.gerth.de